中国工程院重大咨询项目（2017-ZD-02）
国家重点研发计划项目（2018YFD1100300）
中国博士后科学基金面上项目（2020M673358）

# 秦岭南麓小流域
# 乡村聚落的空间集聚与优化
## —— 基于乾佑河柞水段小流域案例研究

Spatial Agglomeration and Optimization of Rural Settlements
in Small Watershed in the Southern Foot of Qinling Mountains:
Case Study of the ZhaShui Section in QianYou River

吴 锋◎著

U0330290

中国建筑工业出版社

**图书在版编目（CIP）数据**

秦岭南麓小流域乡村聚落的空间集聚与优化：基于乾佑河柞水段小流域案例研究 = Spatial Agglomeration and Optimization of Rural Settlements in Small Watershed in the Southern Foot of Qinling Mountains：Case Study of the ZhaShui Section in QianYou River / 吴锋著. —北京：中国建筑工业出版社，2022.4

ISBN 978-7-112-27241-9

Ⅰ.①秦… Ⅱ.①吴… Ⅲ.①秦岭－小流域－乡村地理－聚落地理－研究－柞水县 Ⅳ.①K928.5

中国版本图书馆CIP数据核字（2022）第055205号

责任编辑：唐 旭
文字编辑：李东禧 孙 硕
书籍设计：锋尚设计
责任校对：王 烨

## 秦岭南麓小流域乡村聚落的空间集聚与优化
### ——基于乾佑河柞水段小流域案例研究

Spatial Agglomeration and Optimization of Rural Settlements in Small Watershed in the Southern Foot of Qinling Mountains: Case Study of the ZhaShui Section in QianYou River

吴 锋 著

\*

中国建筑工业出版社出版、发行（北京海淀三里河路9号）
各地新华书店、建筑书店经销
北京锋尚制版有限公司制版
北京建筑工业印刷厂印刷

\*

开本：787毫米×1092毫米 1/16 印张：16½ 字数：379千字
2022年5月第一版 2022年5月第一次印刷
定价：**79.00**元
ISBN 978-7-112-27241-9
（38936）

随着乡村振兴战略的实施，新型城镇化进程的加快，国家生态保护、扶贫攻坚政策的推进，山地乡村聚落出现人口大量流失与局部回归并存的特征，重新搬迁与集聚的发展态势日渐凸显，村庄空废与不合理扩张，旅游开发与生态保护带来的各种矛盾更加显著，这一切都使得山区聚落原本平静的社会—生态系统开始急剧改变。

秦岭南麓作为这一现象的典型样本，问题更为突出，在生态移民基本完成、村庄仍在减少的情况下，在广泛分布其间、具有数百平方千米跨度的众多小流域中，聚落的各种发展也争议不断。特别是在秦岭中，除了主次河道边的城、镇、乡之外，大量聚落散布在小流域里，他们不仅是自然生态的"干扰"存在，更是山地体系构成的一部分，是林业持续保护、生态农业发展、游憩价值实现的重要支撑，是乡村记忆延续、不同人居类型体现的重要载体，故其"建与不建""如何建设"是在当前乡村发展提速、聚落消解持续、生态观念强化背景下，必须面对、迫切需要解决的根本问题。

为此，本书在理论研究的基础上，以矛盾最为突出的乾佑河柞水段众多小流域为实证研究对象，按照"乡村聚落空间集聚表征总结—内在机制探寻与类型归纳—健康发展评价与优化建议"的逻辑进行组织与研究，展开深入剖析与探讨：

首先，借助A.N.syrahler水系划分方案对相关标准及研究确定的小流域进行三级细化，梳理了不同层面的流域嵌套关系与特征；并将之与既有村组划分进行匹配，展开典型案例小流域的选择与调查，进行耦合于小流域细分的乡村聚落空间集聚发展趋势分析；同时，借助RROD聚居单元与GIS核密度估算等理论及方法进行了聚落"核点集聚区域"的"设定"及空间体系、具体形式的提取，建构了满足小流域空间特征、适宜进行聚落社会影响要素耦合分析及量化比较的研究基础。

其次，为了更清晰地发现小流域聚落空间集聚的具体特征和内在作用机制，文中分时段、分层次对小流域进行了产业发展、农户收入以及产居互动行为等特征的调查分析；通过"场域"理论的借鉴与运用，围绕具体的"关联"变化，梳理了小流域内各聚落空间集聚的本底特征，进行了"基础型""复合型""游憩型""表征型"4类核点集聚区域的"界定"；并结合前文"核点"集聚空间体系及相关调研参数梳理，归纳了以"无核点""单核点""双核点""多核点"为基础，且具有不同强弱关联特征的5种集聚类型9种集聚形式。

最后，在生态适宜性分析及社会—生态相关研究借鉴的基础上，在小流域社会—生态系统三生融合总结的基础上，结合"压力—状态—响应"健康评价方法，进行了各指标因子的筛选，建构了以聚落空间集聚为焦点的小流域及核点集聚区域PSR健康发展评价体系；展开了各项指标的综合比对、数据化聚焦，以及存在问题与现象的再剖析，对相应的研究区域进行了"核点集聚单元""小流域域化单元"的概念"提升"，进行了以点轴集聚为基础的"小流域域化体系"建构；并以此为导向提出了具有不同侧重的"三级联动"优化模式和强调单元化管控的"三生双控"优化措施，以期实现初始问题的更好解决。

# 目录

## 1 绪 论

**1.1 研究背景、目标与意义 / 2**
  1.1.1 研究背景 / 2
  1.1.2 研究目标 / 4
  1.1.3 研究意义 / 4

**1.2 相关概念释义及研究范围层次 / 5**
  1.2.1 相关概念释义 / 5
  1.2.2 研究范围层次 / 7

**1.3 研究内容与方法 / 8**
  1.3.1 研究内容 / 8
  1.3.2 研究方法 / 9

**1.4 国内外研究现状 / 10**
  1.4.1 关于乡村聚落及山地乡村聚落空间集聚的研究 / 10
  1.4.2 关于小流域及小流域人居环境与聚落的研究 / 15
  1.4.3 国内外相关研究的综合评述 / 18

**1.5 秦岭南麓及乾佑河流域柞水段人居环境概况与典型性 / 19**
  1.5.1 秦岭南麓的基本人居环境概况 / 19
  1.5.2 乾佑河流域柞水段城乡发展概况 / 22
  1.5.3 乾佑河流域柞水段乡村聚落研究及规划的典型性 / 26

## 2 理论基础梳理与研究框架构建

**2.1 乡村聚落空间集聚的理论基础研究 / 36**
  2.1.1 乡村聚落空间集聚的结构体系与时间维度认知 / 36
  2.1.2 空间集聚的乡村聚落中心、边界及量化基础研究 / 37
  2.1.3 空间集聚的体系化理论基础研究 / 39

**2.2 社会—生态系统的基础理论及乡村聚落应用研究 / 41**
  2.2.1 社会—生态系统的发展与界定 / 41
  2.2.2 适应性与脆弱性——社会—生态系统干扰下的阈值指向分析 / 43
  2.2.3 基于人居营建视角的社会—生态系统认知及"RROD单元"聚焦 / 44
  2.2.4 社会—生态系统与可持续发展、绿色营建评价方法 / 48

**2.3 聚焦小流域乡村聚落空间集聚的社会—生态认知及作用机制分析 / 50**
  2.3.1 小流域社会—生态系统的客观存在 / 50
  2.3.2 小流域乡村聚落空间集聚的表征、特征与社会—生态系统的干扰 / 52

2.3.3 小流域乡村聚落空间集聚的异化、 优化与社会—生态系统的评价 / 55

2.3.4 小流域社会—生态PSR健康发展评价方法提出 / 56

## 2.4 研究框架构建 / 59

2.4.1 研究问题与研究思路聚焦 / 59

2.4.2 研究要素及理论应用聚焦 / 59

2.4.3 技术路线 / 62

# 3

# 小流域分级与乡村聚落空间集聚的关联表征

## 3.1 乾佑河柞水段小流域的基本特征与分级 / 64

3.1.1 乾佑河柞水段的基本水系特征 / 64

3.1.2 依托主干河流的小流域划分与建构 / 66

3.1.3 乾佑河柞水段小流域的自然存在特征 / 68

## 3.2 基于村—组匹配的典型小流域选择 / 71

3.2.1 乡村基层组织体系与小流域的关联与匹配 / 71

3.2.2 基于村组分类的典型小流域基本概况 / 73

3.2.3 小流域乡村聚落的基本空间特征 / 77

## 3.3 耦合于小流域细分的乡村聚落空间集聚表征提取 / 79

3.3.1 小流域乡村聚落点轴集聚趋势 （线性散点） 与构型提取 / 81

3.3.2 基于核密度估算的小流域乡村聚落核点集聚空间体系提取 / 83

3.3.3 点轴集中区——基于核密度估算的小流域核心研究范围提取 / 87

3.3.4 基于聚落斑块占地特征分析的小流域集聚形式划分 / 89

## 3.4 本章小结 / 99

# 4

# 典型小流域乡村聚落空间集聚的产居影响调查与分析

## 4.1 小流域产业发展定位与聚落空间集聚 / 102

4.1.1 生态条件限制下的产居供给基本保障 / 102

4.1.2 突出产业指向的典型小流域农户收入综合比对 / 104

4.1.3 突出产业指向的农户分化调查 / 107

4.1.4 小流域产业发展类型界定与聚落斑块集聚比较分析 / 110

## 4.2 基于核点集聚的小流域乡村聚落产居空间特征分析 / 111

4.2.1 基于核点划分的农户宅院集聚变化与搬迁分析 / 111

4.2.2 家庭结构及空间分布特征调查分析 / 121

4.2.3 相关产业设施与公共及商业服务设施的变化调查分析 / 124

## 4.3 基于核点集聚的农户产居行为及满意度调查与分析 / 127

4.3.1 农户产居行为及满意度调研设置 / 127

4.3.2 农户问卷调研及相关专项分析 / 128

4.3.3 焦点访谈小组专项调查与分析 / 131

4.4 **基于流动迁居的乡村聚落空间集聚与空废常住关联分析 / 133**

4.4.1 乡村聚落空置废弃与流动迁居的关联解读 / 133

4.4.2 综合产居关联分析的聚落空废常住与流动迁居类型划分 / 135

4.4.3 针对聚落集聚的空废独居与流动迁居关联分析 / 137

4.5 **本章小结 / 142**

## 场域关联解读下的小流域乡村聚落空间集聚特征与类型

5.1 **乡村聚落空间集聚的社会适应与小流域场域关联认知 / 146**

5.1.1 乡村聚落空间集聚的社会适应多层分解与场域关联观念建构 / 146

5.1.2 就地产居平衡主导下传统型小流域乡村聚落的场域关联认知 / 148

5.1.3 小流域乡村聚落空间集聚的社会主导要素变化及场域关联改变 / 150

5.2 **小流域乡村聚落空间集聚的场域关联变化特征 / 152**

5.2.1 错位关联扁平化交互发展，但强弱有差异 / 153

5.2.2 局部关联类型化核点发展，但匹配不同步 / 154

5.2.3 整体关联惯性化动态发展，但结果易改变 / 157

5.3 **基于场域关联匹配的聚落空间集聚类型提取 / 159**

5.3.1 无核点弱关联集聚类型 / 160

5.3.2 单核点双关联集聚类型 / 162

5.3.3 双核点局部强关联集聚类型 / 164

5.3.4 多核点强关联集聚类型 / 165

5.3.5 其他核点关联集聚类型的推断 / 167

5.4 **本章小结 / 169**

## 聚焦乡村聚落空间集聚的社会—生态PSR健康发展评价

6.1 **小流域乡村聚落空间集聚的生态影响及用地建设适宜性分析 / 172**

6.1.1 乾佑河柞水段小流域的生态敏感性分析 / 172

6.1.2 典型高生态敏感区小流域生态足迹模型构建及承载力分析 / 176

6.1.3 小流域典型核点集聚区域用地适宜性分析 / 182

6.2 **基于聚落空间集聚的社会—生态PSR健康发展评价模型确定 / 184**

6.2.1 小流域社会—生态系统的三生融合分析 / 184

6.2.2 小流域社会—生态PSR健康发展评价指标选择及标准值确定 / 185

6.2.3 指标的标准化处理及权重等相关参数确定 / 188

6.2.4 小流域乡村聚落核点集聚区域PSR健康发展评价 / 189

6.3 **典型小流域的社会—生态PSR健康发展评价及总结 / 190**

6.3.1 典型小流域社会—生态PSR健康评价的综合及分类指标比较 / 190

6.3.2 核点集聚区域社会—生态PSR健康评价的综合及分类指标比较 / 192

6.3.3 基于核点集聚区域与小流域PSR健康评价的总结 / 194

6.4　本章小结　/ 196

**7　小流域乡村聚落空间集聚的域化体系建构与优化**

7.1　小流域点轴域化集聚体系的提出与建构　/ 198
　　7.1.1　村组管理单元与社会—生态单元　/ 198
　　7.1.2　基于核点集聚的多层级小流域社会—生态单元界定　/ 199
　　7.1.3　基于不同单元界定的小流域点轴域化集聚体系建构　/ 203
7.2　基于小流域域化体系建构的三级联动优化引导模式　/ 205
　　7.2.1　小流域三级联动优化引导模式的提出　/ 205
　　7.2.2　不同小流域社会—生态单元间的统筹协调与组织引导模式　/ 205
　　7.2.3　小流域域化单元的动态转换与发展引导模式　/ 207
　　7.2.4　核点集聚单元的保留提升与调整引导模式　/ 210
7.3　基于小流域域化体系建构的三生双控优化引导措施　/ 213
　　7.3.1　小流域三生双控体系及管控原则的提出　/ 213
　　7.3.2　"导则式""小流域域化单元"的发展管控及基本指标设定　/ 214
　　7.3.3　"图则式""小流域核点集聚单元"的建设管控及基本指标设定　/ 218
7.4　聚焦小流域集聚的"上位流域乡村聚落发展管控规划"建议　/ 221
　　7.4.1　当前小流域乡村聚落管控的主要依据、规范与不足　/ 221
　　7.4.2　"上位流域乡村聚落发展管控规划"编制的建议　/ 222
　　7.4.3　发展管控规划与相关规划的差异与不同　/ 224
7.5　本章小结　/ 225

**8　总结与展望**

8.1　研究的主要结论与创新　/ 228
　　8.1.1　主要结论　/ 228
　　8.1.2　主要创新　/ 235
8.2　研究的不足与展望　/ 235
　　8.2.1　研究不足　/ 235
　　8.2.2　研究展望　/ 236

附录1　乾佑河柞水段小流域聚落空间集聚之农户产居特征调查　/ 237
附录2　乾佑河柞水段小流域乡村聚落发展的游客感知调查问卷　/ 239
附录3　焦点小组集中座谈与走访　/ 241
附录4　小流域乡村聚落相关评价指标得分调查　/ 243

参考文献　/ 245

# 绪论

◎ 研究背景、目标与意义

◎ 相关概念释义及研究范围层次

◎ 研究内容与方法

◎ 国内外研究现状

◎ 秦岭南麓及乾佑河流域柞水段人居环境概况与典型性

# 1.1 研究背景、目标与意义

## 1.1.1 研究背景

1) 人地和谐的山林聚居类型存在

山地聚落由于地形地貌、道路交通等因素的制约，长期以来都是以一种渐进的方式在河流之侧进行着缓慢的发展与变化，这在秦岭中，特别是在秦岭中相对封闭的河流末端区域和广泛存在的小型支流区域（相关概念与尺度界定，后文会进一步解释），显得尤为突出，众多零散的人居聚落以一种平静的方式在小流域中构建着朴素的人地和谐关系。

这里伴河而筑的乡土聚落、老树石桥旁的缕缕炊烟，是乡愁记忆的延续，也是陶渊明世外桃源的空间显现，这里是山林守护者的栖居地，是生态农业耕作者的家园，是秦岭山地体系的有机组成，更是独特乡村社会的基本载体。

2) 城镇化推动下的人口流失加速

随着现代社会的快速发展，乡村人口在大量迁移，乡村聚落在快速消失，特别是在我国城镇化水平超过50%（2011年）的时候，这种趋势进一步加速，乡村社会正变得越来越不稳定。从发达国家城镇化经验可知，当平均城镇化水平超过70%的时候，城乡人口转变将处于相对稳定的状态，这也意味着仍有大量的人口处于适宜居住的乡村地区。

而秦岭，虽然处于国家的生态保护重要区域，但因其丰富的资源、广袤的地域，包含有市、县、镇、村的完整行政区划系列，同样也是不可避免的居住生活区域、绿色经济发展区域。所以未来这里的城镇化水平甚至还会低于国家平均值，会有更高比例的村民生活于此。故如何面对当前的人口快速流失与未来不可避免的、一定规模的新型村民留住，进行聚落营建与消解的选择，也变得尤为迫切。

3) 新型城镇化背景下的乡村价值提升

随着我国乡村振兴战略的实施（2018年），生态保护政策的强化、扶贫攻坚工程的展开，作为国家级的重点生态功能区、但拥有380万贫困人口的重点扶助区秦岭，也将因更多的移民搬迁、土地流转等自上而下的政策推动，各种项目的快速落地，在城镇化进一步发展、人口大量减少的基本背景中，迎来巨大的变化。

而另一方面，当农业对GDP的贡献不到10%（2014年为10%，2018年为7.2%）的时候，我国已经进入了一个新的发展周期，城乡人口之间流动进一步复杂，城乡发展模式也相应发生着巨大改变，尽管乡村的数量仍在大幅减少，但其内涵在不断丰富，它已不再仅仅是生产场所，同时也成了消费场所，成为一个提供农业生产、干净空气与水、不同文化精神、休闲等功能的承接者，特别是在与网络对接之后，返乡创业村民、社会公众投资、绿色农业培育、跨越式的发展理念将使悠久的农业文明重新散发光彩，乡村在消解的同时，也自发地产生着新的集聚。

4）生态文明建设导向下的保护力度加强

2012年，党的十八大做出了"大力推进生态文明建设"的战略决策，指出："建设生态文明，是关系人民福祉、关乎民族未来的长远大计，面对资源约束趋紧、环境污染严重、生态系统退化的严峻形势，必须树立尊重自然、顺应自然、保护自然的生态文明理念"[①]。秦岭正是实现生态文明建设的重要管控区，是《全国主体功能区规划》及《全国生态功能区划》的重要保护区。

在这样的背景下，《陕西秦岭国家级生态功能保护区规划》《秦岭生态环境保护行动方案》《商洛市秦岭保护规划》《西安市秦岭生态环境保护条例》等保护规划、条例、政策相继出台，包含中国工程院的《秦巴绿色循环发展研究》在内的不同研究也相继落地，人们越来越重视各种建设的生态影响管控，甚至也出现了将乡村聚落从秦岭诸多峪道彻底迁出的声音。

5）社会—生态不同侧重的矛盾聚焦

在当前社会经济快速发展的背景下，尽管经济条件相对落后，但秦岭因其特殊的资源条件，也迎来了高速发展的机遇，正处在生态保护与经济发展协调博弈的关键阶段。这里既是"十三五"脱贫的重点区域，绿色经济发展焦点区域，又是国家生态保护的核心区域；既是人口大量流失与乡村聚落空废率最高的地方，又是人们最向往、很多村民开始逐渐返回的地方，聚落呈现差异化非常明晰的集聚与衰落趋势，推进科学的发展，管控引导大量存在的空置现象及不合理建设迫在眉睫。

而秦岭南麓广为存在的小流域，正是这些活动发生最剧烈的地方，在这里，各种聚落受行政管理、市场发展、村民更高生活需求等因素以及承载地域的生态因素的影响，开始主动或被动地迁徙、消解、重新集聚，流域内不同区段之间、相邻层级流域之间的交流也变得越来越频繁，原有的社会—生态关系正在经历着急剧、多样的转变，围绕着聚落营建展开的各种活动随处可见。

在生态移民搬迁工程基本完成的背景下，在仍有大量村民居住的小流域内，在用地有限但资源又相对丰富的山区里，这种种的活动是否合适，都与聚落保留与否、建设与否、如何建设有着密切的关系，这已经不是一个简单的生态问题，而是一个绿色人居营建的系统工程，是一个多层次内外协调互动的综合结果，故如何从流域统筹的角度推进山地区域乡村聚落合理搬迁集聚，为以生产、生活、生态为核心的社会—生态协同发展提供有力的支撑，值得我们深思。

---

[①] 2012年11月，中国共产党第十八次全国代表大会报告。

## 1.1.2  研究目标

本文以秦岭南麓"小流域"这一广泛存在，且具有数百平方千米跨度，及特殊生态基底的末梢型微区域为基本研究范围，以乾佑河柞水段小流域聚落为研究对象，以"大分散、小集聚"的基本原则为导引，在流域自然特征分析的基础上，进行聚落集聚关联表征的总结；进而通过各种影响要素的关联调查及系统分析，以期发现符合这一末梢型人口过疏山地地区乡村聚落空间消解与集聚的内在规律与作用机制，梳理相应的集聚类型；建构以不同层级、不同规模聚落集聚为焦点的小流域社会—生态PSR健康发展评价体系，从流域协同发展的角度提出在人口流失、主观需求加强的大背景下，小流域乡村聚落营建与保留的整体发展策略及相应的空间优化模式与措施，为具有这一特殊背景的乡村聚落建设与发展提供了"张弛有度"的管控引导方案。

## 1.1.3  研究意义

1）理论意义：建构山地微区域的社会—生态系统认知，进行特殊背景下乡村聚落空间集聚内在机制探寻

因社会观念的转变、生产技术的更新、交通条件的改善、网络技术的跨越式影响，山区聚落正以更主动的姿态融入社会发展之中，村民支柱性收入也正发生着颠覆性的转变；尽管人口流失不可避免，大量空谷开始出现，但随着公共资本、社会资本越来越多的介入，也开始出现一定村民逐渐回归的现象，经济发展与生态保护的矛盾、集约高效与原生分散的矛盾、社会需求与自我更新的矛盾也日渐突出，"大分散、小集聚"的内涵、作用也变得更加复杂。

针对这些问题，本书以秦岭南麓广泛存在的、具有较大跨度与典型特征的小流域为研究范围，以增减或转型程度不一的、具有代表性的乾佑河柞水段小流域乡村聚落为对象，以乡村游憩服务、外出务工为典型代表的多种村民生计转型与产业、聚落、生态的关联关系分析为基础，以社会—生态系统理论为支撑，从场域关联的角度，从生产、生活与生态有机协调、可持续发展的角度对聚落空间集聚的具体作用及影响进行探讨，并进行相应集聚类型的总结，为新型山地人居环境及更具针对性、系统性的"小集聚"营建提供科学的理论基础。

2）现实意义：建构"末梢型"聚落集聚的调研、评判及优化方法，探寻特殊背景下山地乡村聚落建与不建、如何建设的发展方向与管控措施

小流域内的聚落到底需不需要建设，如何建设，这不是一个简单的生态问题，而是一个复杂的系统工程，本书通过"集聚"这一聚落营建过程的研究，在充分考虑生态环境保护的前提下，基于山地区域可持续发展、乡村记忆延续、人居类型示范的不同诉求，从社会—生态复合的角度进行深度分析，建构相应的评价模型，展开量化比较，进一步明确在人口大量流失的背景下，小流域这一末梢型乡村聚落的不同发展方向与评判标准，科学系统地回答"建与不建"的战略目标，进而体系化地设计出优化模式与措施，为山地聚落的建设及相关体系规划提供更

为科学的指导依据，为小流域实用研究寻找新的突破与尝试。

此外，"小集聚"长期以来是乡村聚落消解背景下的一个重要建设指导原则，然而在山地聚落，特别是上位规划允许建设的末梢型小流域中，其具体的优化、管控措施仍然缺乏，究其缘由，小流域内部聚落与聚落之间的模糊，聚落与自然山体之间界限的模糊，使得各种需要进行量化的比较调研难以展开，什么样的方式算是集聚，什么样的规模算是集聚，很难说清，从而导致作用机制剖析不足，评价缺乏针对性，故结合小流域的空间自然特征、人文特征进行"小集聚"的设定与论证，从而建构合理的调研平台、调研路径是本研究的重要基础，也是其他相关研究可以借鉴与思考的成果。

3）社会意义：实现乡村聚落的合理有序发展、秦岭南麓生态安全屏障的保护

秦岭是《全国主体功能区规划》划定的25个国家级重点生态功能区之一，是南水北调的核心水源区，然而，在2013年全国城镇化水平达到53.73%的时候，这一拥有着7万平方千米，人口达到900万的地区，城镇化水平却仅为22.3%，贫困人口近乎400万，按照城市经济学的相关理论研究，该地区虽然处于中国城镇化的落后地区，但也必将因为"发展资源、发展资本，发展需求"的优势机遇，进入城镇化的快速轨道之中。2015年，陕西提出其GDP的增长值要比其他区域高1～2个百分点，将其作为陕西省重要的经济增长空间予以支持与建设，2018年，国家乡村振兴战略实施，秦岭地区——特别是秦岭南麓更是重点推动的焦点区域，长期进行的生态移民及正展开的精准扶贫，循环经济发展等措施将为该地区迎来新的"建设"高潮。

故以广泛存在的不同层次河源小流域为研究尺度，以不同区位乡村聚落的空间特征为基础，以生态保护为底线，借助新型山地人居环境发展条件及趋势的分析进行统筹考虑，探寻秦岭南麓聚落空间可持续建设的引导措施，将对山地聚落的更新与营建起到切实可行的理论指导与示范作用，对缓解秦巴国家水源地保护与扶贫攻坚重点区域的矛盾具有重要的社会意义。

## 1.2 相关概念释义及研究范围层次

### 1.2.1 相关概念释义

1）小流域

小流域是山地、丘陵之中广泛存在的末梢型支流空间，是以分水岭和出口断面为界、流域面积比较小的闭合集水区，它是较大流域内的一个最基本单元[1]。这个末梢区域，不仅指主干河流的源头区，也指支流的源头区，或者支流本身，故影响的范围非常大。2013年，国家相关机构专门制定了《小流域划分及编码规范》，从水土治理的角度进行了概念界定（图1-1），其定义如下：

（1）小流域指面积不超过50平方千米的集水单元，划分应以自然地形地貌为基础，尽量保

证小流域形态特征的完整。小流域面积原则上控制在30～50平方千米之间，特殊情况不宜小于3平方千米或大于100平方千米[1]2；

（2）小流域由一个或多个微流域（为精确划分自然流域边界形成流域拓扑关系而划定的最小自然集水单元）归并而成，微流域最小面积一般以0.1～1平方千米为宜，在实际操作中，可根据地形复杂状况选择合适的阈值[1]2；

（3）当划分区域较大时，为保证成果质量，提高工作效率，将划分区域分割作业单位，每个作业单位一般不大于200平方千米。

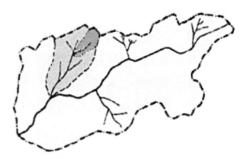

□□流域　▨▨小流域　▓▓微流域

图1-1　流域、小流域、微流域示意图
（资料来源：小流域划分及编码规范：SL653-2013［S］. 北京：中国水利水电出版社，2014.）

从中可以发现，围绕小流域，共涉及微流域、小流域、作业单位三个概念。微流域构成小流域，小流域构成小流域作业单位。但小流域本身近百平方千米"跨度"的界定，已经使得小流域呈现出不同的嵌套关系，呈现出一定的模糊与不确定，从而导致小流域需要进一步细分与定义。此外，因丘陵、山地等地域条件的不同，现实划分中也会有较大差异，超出"规范"所要求的尺度，故具体研究中宜在规范基础上，进一步结合地域背景及人居特征进行深层次剖析。

2）小流域乡村聚落

乡村聚落是指在地域和职能上与农业密切相关的人口聚居地[2]，是由人、自然、社会、建筑、支撑网络等要素构成的复杂系统[3]，包括村庄（自然村与中心村）与集镇（一般集镇与中心集镇）等空间类型[4]。

本书小流域乡村聚落特指位于秦岭南麓范围内可建设用地狭窄的河流末梢区域，及广泛存在的小型支流中的乡村聚落，它是山地聚落的一种，一般人口规模很小，较为分散。这里所强调的乡村聚落，不仅仅指聚落本身，更指散落小流域其间的聚落群体，包括微观聚落单体与微观聚落体系。

3）小流域乡村聚落的空间集聚

乡村聚落作为人类聚居的空间载体，其本身就是一种空间现象，故乡村聚落空间是指乡村聚落的地域空间属性，涉及乡村聚落的空间功能、空间过程、空间结构、空间尺度等方面，也可以相应地划分为单个聚落空间及聚落空间体系[5]。

山地乡村聚落，特别是秦岭山地小流域这种末梢型乡村聚落，相对平原地区及一般低缓山区而言，由于区域位置的特殊，往往聚落规模较小，数量较多，且相互间界限划分更加模糊，故空间研究更侧重体系层面，属于微区域层面的空间体系。

乡村聚落的集聚，主要指在内外各种干扰要素影响下，分散聚落正在集中的过程、状态与趋势，是一种融合生态、生活、生产多种指向的集聚。由于研究目标设定，本文的空间集聚更

图1-2 乾佑河流域柞水段空间范围 （资料来源：作者自绘）

着重于在空间体系方面的变化，其他相关体系并不进行专门的设计，仅以其在空间集中的影响与评判标准进行分析与安排。

### 1.2.2 研究范围层次

秦岭南麓狭义而言，主要指陕南汉中、安康、商洛三市的大部分地区，其北界由西向东依次为陈仓区—凤县分界；渭滨区—凤县、太白县分界；太白县桃川镇东界、南界；周至县厚轸子镇；周至—佛坪、宁陕分界；户县—宁陕分界；长安区—柞水县分界；蓝田—柞水、商州区分界；洛南县—商州区、丹凤县分界[1]；南界以汉中平原北缘、汉江为界，总面积约41500平方千米。

图1-3 本文聚焦的三个层次 （资料来源：作者自绘）

虽然同样山高坡陡，但相对于北麓的峪谷特征，相对于其将村民全部搬出的做法，秦岭南麓地域广袤，谷底核心区域提升变化较缓，仍有大量村民生活在这里，仍需进行较大规模村民聚落建设的考虑，故本书将视角放在南麓仍有较多村民生活的沟谷之中。考虑到研究典型性与可行性，选择的小流域主要集中在乾佑河这一秦岭南麓腹地中最典型[2]的较高级别流域范围中（图1-2）。

本研究共分三个层次（图1-3）：

第一层次：宏观层次，以秦岭南麓柞水县三大流域之一乾佑河流域（较高级别流域）为基础，对其中小流域进行宏观尺度社会、生态特征的分析与初判。具体范围以陕西省测绘地理信

---

① 2012年1月10日陕西省测绘地理信息局发布，陕北、关中、陕南准确界定。
② 其典型性及分级研究具体详见本书第1.5节。

息局发布的"关中—陕南界线"中长安区—柞水县分界为北界[①]；以柞水、镇安两县交接之处为南界，共涉及3镇办（2015年前为两镇、两办）、8个社区、14个行政村、42条小流域（该42条小流域是经过相关方法计算，由直接流入主干河流及三级以上河流的9条三级河流、7条二级河流、26条一级河流，生成的集水区域划定，详见本书第3.1节）。

第二层次：在乾佑河柞水段42条小流域宏观分析的基础上，对7条具有代表性的河流峪道进行分析与判定；以聚落与小流域的耦合关系、变化关联为导向，进行剖析与研究。

第三层次：按照村组、核点集聚区域[②]、集聚斑块对7条小流域中的聚落进行研究，但考虑到聚落尺度规模以及与小流域耦合的紧密性，选择与第二个层次进行统一的同步研究。

# 1.3 研究内容与方法

## 1.3.1 研究内容

1）结合相关理论分析进行小流域乡村聚落空间集聚的研究框架建构

对聚落集聚的本体理论、空间要素及结构的体系化研究进行深化分析，对影响集聚的社会—生态相关成果及典型实践进行原理性总结，并结合秦岭山地聚落集聚的基本背景认知，以小流域为载体进行两者之间的理论分析，明确要解决的核心问题，建构起包含提取、分析、归纳、评价及优化的基础框架。

2）对小流域分级并进行与之关联的乡村聚落空间集聚表征归纳

通过流域划分、GIS空间数据分析等相关成熟的理论与研究方法，对该地域内小流域展开进一步级别细化与界定，进行相应空间特征的归纳；在此基础上，选择典型的小流域案例，借助不同年代内聚落空间基础数据调查及GIS核密度估算，对小流域内聚落集聚特征进行初判，在形态多变的小流域与聚落集聚之间建构一套易于研究的空间集聚基础体系。

3）对典型小流域乡村聚落进行以产居为核心的社会性影响要素调查分析

针对表现出的集聚特征及建构的点轴集中区，进一步按照产业发展、农户分化特征对小流域进行二次分类；并以GIS导出的"核点集聚区"为主要对象，按照以人为本的理念，通过不同数据调查，进行产业发展、家庭结构、居住位置、搬迁状态、满意度及空废常住等特征的对比与分析。

4）结合场域关联对小流域乡村聚落集聚进行具体影响机制与类型的总结

通过场域关联概念的引入，对各种聚落集聚的影响分析进行提取归纳；并通过社会主导要

---

① 2012年1月10日陕西省测绘地理信息局发布，陕北、关中、陕南准确界定。
② 核点集聚区域的提出详见第3.1节。

素变化的适应性分析，探究聚落集聚的作用机制与本底特征，梳理关键因子及相应指标，对空间集聚展开类型化归纳与提取。

5）筛选相关因子完善社会—生态PSR健康发展评价体系并进行应用与总结

在前文社会因子分析的基础上，展开生态影响方面的分析；并通过生态、生活、生产的综合总结，实现小流域社会—生态PSR健康发展评价方法的指标筛选与体系建构；最终通过两个层级的健康评价，围绕发展的问题特征进行再次归纳。

6）结合域化体系建构提出小流域乡村聚落空间集聚的优化模式与措施

针对健康评价结果、场域关联分析和集聚类型归纳，进行"核点集聚单元""小流域域化单元"的概念"提升"，建构以点轴集聚为基础的"小流域域化体系"，提出相应集聚优化模式、管控优化措施，及"跨镇域"的发展管控规划建议。

## 1.3.2 研究方法

1）实地调研与文献分析相结合的方法

通过相关科研及实际课题的展开对秦岭南麓山区进行大量的基础研究，初步了解一些基本的规律与特征，进而对研究区域展开全域的踏勘调查以及典型案例小流域的深度调研，通过观察记录、问卷发放、焦点小组访谈的方式，深度收集相关生产、生活的特征与数据。

同时进行大量水文资料、地质资料、文史资料、统计资料的整理与分析；进行各种区域地图、图片的收集与运用，展开相关文献、相关研究成果的学习，建构起合理的理论基础与框架体系，保证研究必要的广度与深度。

2）多学科交叉与相关技术运用的方法

通过城乡规划学、自然地理学、景观生态学、类型学等学科的交叉研究；社会—生态系统理论、流域层级划分、场域关联研究等相关理论方法的借鉴；借助GIS流域提取、核密度估算等技术手段对区域内流域特征、聚落空间集聚进行分析，展开理论的规律探寻，为研究建构重要的基础平台。

同时在借助生态敏感性分析、生态足迹分析、用地适宜性分析等方法展开生态影响评价的基础上，结合社会要素分析成果，利用PSR评价、绿色营建评价等技术方法，建构符合小流域空间集聚的PSR健康发展评价体系，为数据化聚焦并剖析其中存在的具体问题与现象奠定良好的基础。

3）定性定量与宏观微观协同考虑的方法

小流域尺度不大，细微变化，都会影响到发展趋势的判断，所以仅仅是定性的描述，缺乏说服力与可操作性，必须通过相对准确的不同尺度量化比较，才能真正把握其规律性。故本书展开了大量的数据搜集与比对，它是各种模式提取、各种评价因子建构加权的重要基础与依据。

小流域虽然规模很小，只有上百平方千米，其每条需真正统计的点轴集中区域，最大也仅有二十几千米长、几平方千米大，但这并不代表其是封闭的，孤立的。为了能准确把握其发展的客观性，做出合适的判断，需从上千平方千米的范畴去审视、去平衡，从秦岭南麓这一大的社会生态背景去解读，做到宏观、微观统筹兼顾。

# 1.4 国内外研究现状

## 1.4.1 关于乡村聚落及山地乡村聚落空间集聚的研究

从前文概念释义中，可以知道乡村聚落是一个复杂的综合体，虽然研究对象聚焦到"空间"层面，但因为空间的形成、变迁及组织离不开聚落的自然基底、人本需求、建筑营造等其他要素的内在驱动，故空间变化是各种社会要素作用互动的结果、现象，又是未来各种要素发展引导的目标、方向，所以空间研究实质上仍是聚落不同要素的分析与研究，只是侧重有所不同，前者侧重于现象形式与表征结果；后者侧重于内在作用及动因分析。

另一方面，前文也已提出，由于山地小流域的特殊属性，其内聚落的规模小、数量多等原因，其边界相对模糊，聚落空间与空间体系的关联更是紧密，所以除了特色聚落个案研究之外，空间体系是这一类型聚落的研究重点。

此外，由于山地聚落作为乡村聚落研究的一种，很多内容都是在后者研究的基础上展开，且独立的研究成果相对较少，故关于一般乡村聚落集聚的研究进展与成果必须进行分析，所以本节以乡村聚落及山地乡村聚落的空间变化研究为对象，按照空间集聚形式、特征与变化；影响空间集聚的核心因子、问题两个方面对直接关联的研究进行阐述与分析：

1）乡村聚落及山地乡村聚落空间集聚形式、特征与变化研究

聚落空间集聚形式、特征（格局或体系的直接表现）与变化，实际上也是聚落的诞生、生长、收缩、消解的过程与结果，以人地关系研究为起始展开，通过聚落的区位、形态、数量、距离特征、边界、密度等研究来体现。

由于技术等因素的影响，早期研究更多聚焦于此，20世纪初，阿·德芒戎就在《农村的居住形式》和《法国农村聚落的类型》中对聚落空间的集聚和分散特征进行了界定[6]，其后相关学者通过聚落统计性描述的方式，根据集聚的特征，将聚落做了进一步的划分，如索普提出了街道聚落、庄园聚落[7][8]、线性聚落的划分方式；德伯里提出了条形、团形、环形、墙院式和网格式等不同集聚类型的描述[9]。近年来，希尔等专家借助GIS等工具进行了分类统计[10]，归纳出"规则型、随机型、线型、低密度型和高密度型"5种乡村聚落的空间集聚形式。

而从个体案例性研究开始走向关联的系统研究，则主要从1933年克利斯特勒发表中心地学说开始，这时，乡村聚落越来越多地被视为更广泛功能区域的一个组件，强调乡村规划需要反映整体空间战略与空间协调[11][12][13]。阿·德芒戎1952年在《人文地理学问题》一书中，在

解析了自然条件、社会条件和农业经济等3类因素对欧洲农村聚落区位、空间结构及其演变的影响后，结合农业制度、发展阶段分析，提出并推动了聚落体系的研究[14]，但由于国外人口规模、空间分布、发展阶段等原因，这方面的研究较为有限，更多聚焦在区位选择等方面。

在这一方面，英国学者罗伯茨（Roberts B. K.）在综合分析影响村庄区位选择的各种因素之后，认为乡村集聚的选择应该从点和位置两个方面考虑；英国学者Chisholm则根据5种与村庄选址密切相关的影响要素，提出了可量化的村庄区位模型；而廖什、艾萨德都从不同方面结合市场分布站点提出了相应的空间模型。

同时，围绕空间及空间体系的变化方面，美国地理学家Hudson将人类定居活动的空间集聚过程概括为开拓、扩展、再度开拓与再度扩展[15][16]；瑞典学者Bylund在其提出的聚落空间演化模型中指出[17]，在所有地区条件相同的情况下，聚落都是从母聚落开始逐渐向外扩展，扩展过程一般可以分为两个阶段：第一阶段，区域外围居民长距离迁移导致区域扩展；第二阶段，居住区内部居民短距离移动导致居住形态改变①。

在我国，空间集聚研究最初也是围绕聚落形态展开，特别是在山区地区，多以"散村、集村"的方式进行论述，早在20世纪30年代，林超先生考察了大巴山区聚落[18]，认为该区域聚落是"以散居为主"的特征，乡村规模都相对较小；朱炳海先生结合西康山地（川西地区）乡村聚落的考察[19]，指出其主要分布于河谷冲积扇区域、规模较大聚落多集聚于两河交汇处等5大特征。40年代，李旭旦先生根据陇南白龙江中游山区聚落空间分布[20]，开始了高山孤屋和山隈小村聚落集聚、扩张的发展研究；70年代，胡振洲则是系统地研究了乡村聚落的景观类型及空间结构[21]，对散居乡村聚落的成因和类型进行了探讨，并将散村划分为交通困难、地形复杂等7类不同特征的孤屋和小村；80年代，金其铭进一步对聚落做出归纳[22]，将集村按照形态分为团状、条带状，并指出散村聚落空间组织不明显。

由于我国农业发展的现实国情，相关研究更是持续不断、成果丰硕，20世纪90年代以来，乡村聚落空间集聚研究也得到进一步发展，其基本框架与内容都基本确立，从宏观、中观、微观都进行了相应探讨，也有了较为深刻的研究成果。如鲁西奇、岳邦瑞、林涛等[23][24][25]从地域自然、经济、人文等特征分别对南方、新疆、浙北的乡村聚落形态进行了研究（同时也进行了集聚过程机制的详细探讨）。

随着研究的逐步深入，围绕乡村聚落形态结构的集聚研究也开始了"形成过程演化机制"的侧重[26]。2007年，邢谷锐、徐逸伦将乡村聚落的空间演变分为主动型、被动型与消极型[27]，最终提出升级质变、扩张收缩、消亡重构的集聚过程。2008年，学者李伯华把乡村聚落空间演变分为6个阶段[15][12][28]：聚落处于封闭状态的原始时期（农户因土地承包经营需要就近劳作而引起乡村聚落的分散化）、村庄核心部位老化荒废的空心化时期、农户经营多样化和交通改善后的道路依附时期（包括道路依附初期、中期和晚期）、交通网络系统稳定后

---

① 详见2.1.1节，属于发散式或者扩张式集聚。

的村镇空间格局的网络化时期（原均质单一的自然村演化扩展为"连位村、中心村"等）。甘枝茂把乡村聚落空间演进按影响因素针对性地分为蠕动式、扩充（扩展）式、散迁式、巨迁式（整村迁移）演进4类[29]；2011年，乔家君则把不同的集聚按照无序分布阶段、有序拓展阶段和有序转变阶段3个不同的阶段进行了划分[30]；王勇、李广斌在分析了南方聚落[31]，特别是苏南聚落集聚的过程后，提出"三位一体"集聚、"去工业化"集聚、"三置换"集聚，及其阶段、模式与特征。

同样，研究也开始从个体类型化向群体结构化拓展，1994年，范少言就提出乡村聚落空间结构研究应分为区域乡村聚落空间结构、群体乡村聚落空间结构和单体乡村聚落空间结构。而这种以结构研究集聚演变的实践，多见于"村庄布点"方面，在中国知网的"中国期刊全文数据库"上，以"村庄布点"这一词汇来搜索，达到1774条。如印亚男、高宜程就以安徽省繁昌县为例[32][33]，对该县农村居民点进行了综合评价，依据村庄布局规划原则，确定了"迁并型居住空间重构""保留型居住空间重构"的农村居民点体系重构方式，类似这种较大尺度的空间营建管控探索不胜枚举。

还有些学者，开始了农村经济中相对较小的基本空间单元——村域的研究，如许家伟、李培蕾、乔家君等就从这一微观单元入手[34]，通过各个层面农村社会经济数据的统计分析及大量样本调查，总结出不同空间尺度、文化背景、地理条件下村域经济差异及发展态势，剖析其自主发展能力的不同，提出村域发展集聚的建议[35]；雷振东、于洋以"空废化"为突破口进行了村庄的整合消解、重构体系建构[36]。

此外，随着GIS等技术的不断出现，乡村聚落集聚研究又进一步围绕乡村聚落空间分布规律、乡村聚落景观格局、聚落形态和农村居民点规模等问题进行了量化分析和地域性差异分析[37]：1995年尹怀庭借助临近指数总结了包括陕南山区在内不同地貌乡村聚落的空间集聚特征；2008年王焕进一步按照密度将村落空间集聚形态分为低密度块状、低密度点状、高密度点状、高密度条状四种[35][17][38]；2012年浦欣成结合密度等要素分析，进行了聚落集聚的中心、边界量化研究[39]。

汤国安、赵牡丹以地理信息系统为基本技术手段[37][31][40]，对陕北榆林地区乡村聚落的空间分布规律进行了分析，得出了不同土地类型区域乡村聚落的空间分布差异明显、聚落集聚密度随距城镇距离的增大而降低的结论；同样吴江国对江苏镇江地区[41]、郭晓东等对秦安县乡村聚落空间演变特征进行了研究[42]；邸琰茗对山地区域重庆市开县乡村聚落空间分布特征进行了分析[43]，并用景观格局分析法进行了空间集聚演变的归纳与总结。

2）影响乡村聚落及山地乡村聚落空间集聚的核心因子与问题研究

乡村聚落空间集聚的特征、形态以及空间分布本身就不是一个孤立事件，它是一系列相关因子作用的结果，最早在这一领域性研究开始时，就是由德国地理学家科尔围绕地形及交通差异对乡村空间形式影响展开；1935年，法国地理学家白吕纳就已提出"海中孤岛"等自然作用结果的聚落形态认知，对空间形式与环境关系进行了全面的研究[44][45]。由于当时生产力水平的制约，相关研究的影响要素更聚焦于自然环境方面。

从20世纪60年代开始，乡村聚落空间形态、空间集聚影响要素的研究日益拓展，基士姆根据土地利用特征对影响聚落集聚形态进行了系统研究；George W.Hoffman围绕聚落进行政府政策、人口迁移宏观因素分析[46]……而英国学者Pacione.M对乡村聚落空间格局演变进行系统分析后[15][12][47]，提出了5类主要影响因素：①生存环境改变，威胁居住安全，导致迁移；②技术进步，资源利用方式和生产方式转变，引起乡村聚落区位选择变化；③人口增长、家庭规模扩大，促使房屋建筑占用面积增加或居民外迁；④土地利用方式转变，促使乡村聚落空间格局重新调整；⑤源于政策或经济因素的政府行为，迫使乡村聚落格局改变或迁移。

而同时，随着20世纪60年代雅各布"社区活力"、道温斯"行为革命"等主张的推广，乡村聚落的研究也进一步将心理因素、社会因素引入，研究方向也从空间为主导的分析逐渐向社会和人文方向的内在因素过渡。特别是90年代以来，乡村聚落空间集聚的影响因素除了人地关系等经济、自然的基本制约条件研究外，开始了更深度的乡村社区、社会问题及城乡关系等方面的研究：如乡村多样化、社会经济转型及老龄化等[48][49]。

另一方面，乡村聚落空间集聚研究也进一步从早期的自然地形研究，开始拓展为综合的生态可持续研究，1978年，澳大利亚生态学家Mollison提出永恒村的概念，强调生态要素的系统化构建[50]，随后丹麦学者Gilman提出"生态村"[51]①，自此，相关的聚落进一步开始了以可持续发展为导向的系统化研究。

国内在进行了乡村聚落空间体系构建后相关集聚的探讨，也同样开始从空间的区位、分布、形态转向更侧重内涵因子的分析与专项分析，涉及经济、人文、生态等多方面，且空间形态、格局的相关研究变得越来越多元与复杂。早在20世纪80年代末，金其铭先生对中国农村聚落做了系统的研究[15][10][22]，对比了不同地区、山区乡村聚落规模的差异，认为山区乡村聚落分散的主要原因是地形限制下的耕地分散，集中居住不利于就近种植。

在经济产业方面：角媛梅等以耕作半径为基础进行了聚落空间集聚的研究[52]；龙花楼、靳洪武从土地整治的角度进行了乡村聚落空间集聚的讨论[53][54]；李小建、乔家君[55]、邵帅、刘科伟[56]、李宪保[57]等结合农户生计转型、分化进行了聚落空间集聚的探讨；孟祥林结合产业发展进行了农村聚落集约发展的原因及制约因素等方面的分析[58]；席建超、王新歌等通过旅游产业研究对乡村聚落空间的变化进行了详尽分析[59]；康晓光认为尽管山地资源有限，从而导致贫困农户较多[60]，但他们并不是对应的关系，故其对聚落空间发展也必须有更加可持续的思考。而对应的，陈诚等从经济发展的特点对乡村聚落的集聚提出了建议[61]。

在人文社会方面：首先是以传统聚落为起始的相关研究，特别是重庆、云贵地区的相关机构从宗族、文脉等方面进行了大量的空间格局、空间集聚、空间逻辑的分析，如赵万民以三峡地区的自然特征及文化背景进行了聚落空间形态的地域化研究[62]；其次则是社区化的营建，

---

① 本内容在第2章进行了专门论述。

在2012年，乔家君就开始了乡村社区界面的研究[30]，陈百明分析了中国农村社区更新的未来取向[63]。

此外，李伯华围绕聚落中农户的空间关系与活动行为进行了大量分析[64]；甘枝茂从具体的建设行为进行综合分析[29]，强调独户窑洞改造或村内搬迁、人口增加或分户；舒波、兰芳从现象学角度对聚落空间集聚及布局进行了场所精神的分析[65]；陈琪玲从移民社会关系对巴蜀村落空间进行了研究，余咪咪则围绕秦巴山区移民展开了乡村聚落集聚营建的探讨[66]：认为个别农户乡村聚落外围近距离搬迁、乡村聚落整体改变或搬迁是聚落再次发生集聚的重要作用因素；另外有一些年轻的学者也开始以"空间句法"为手段进一步展开了空间的社会行为逻辑研究[67][68]。

而雷振东以乡村聚落普遍存在的空废化现象及其他问题分析，提出了乡村聚落空废化概念[69]；李君以河南丘陵地区聚落为对象[70]研究了空心化过程中的村庄变化的特征与内在机制；龙花楼则认为山区乡村聚落的空心化多是受自然环境或基础设施影响，且不如平原地区普遍[71]。

在生态可持续方面：近年来，越来越多的学者运用生态系统来进行乡村聚落的空间演化、空间集聚的分析，并从生态因素逐渐上升到可持续发展的因素。如王智平就提到，如将自然村定义为乡村聚落生态系统的基本单元[72]，山区乡村聚落由于分散性特征显著，其虽为人工生态系统，但与自然生态系统演化的协同性会更强；陈勇等研究了岷江上游聚落的空间集聚、分布和生态特征，提出作为独立的生态系统，乡村聚落的生存和发展既受到耕地数量和量的制约[73]，也受到能源和水源供给的制约。同样，如朱怀等[74]，以生态安全格局为出发点，进行了乡村聚落的空间体系研究；于洋进行了聚落绿色消解的探讨[75]；关小克、王秀丽从生态刚性约束出发，通过"精明退出"路径的建构[76]，提出了村庄的整治与调控措施。

随着乡村聚落各主要因子研究的深入，其复合性研究也在加强，形成了多元多层次的分析评价体系，并逐渐强化或者体现了可持续发展的意义与目标。早期时候，张小林就从职业结构、功能属性、生态、社会文化等角度对乡村社区的内涵进行了分析[37][41][77]，对空间系统的演变进行了总结，提出乡村空间系统由经济、社会、聚落三者相互联系，共同形成。

乔家君认为，不同的集聚大致分为无序分布阶段、有序拓展阶段和有序转变阶段三个不同的阶段[30][33][10]。每个阶段因为核心作用要素不同，而表现出的形式也不尽相同：当聚落开始形成时，自然地理因素起到决定性的作用，但是随着人类能动力的增强，经济因素、社会因素、生态因素也越来越多地被考虑进来，聚落因为生产、生活、生态的影响，开始重新改变与集聚。

周国华、贺艳华等根据各影响要素对乡村聚落变化的影响程度[35][15][78]，将其分为基础因子、新型因子和突变因子3类；李立敏先生更是以"熵评价"为基础进行了多方位的综合性的可持续发展分析[79]；史俊宏借用"PSR模型"进行了移民安置区可持续发展评价[80]。

### 1.4.2 关于小流域及小流域人居环境与聚落的研究

1）基于水土保持的小流域相关界定与基础研究

小流域，是由分水线界定的微观地域单元，我国《小流域划分及编码规范》SL 653—2013将它的流域面积定义为50平方千米以下，但这一规范又提出特殊情况下可以达到100平方千米，并增加了200平方千米的小流域作业单元的尺度；印度从农业可持续发展角度，规定为5～50平方千米；而美国在1954年566号公共法，即小流域防洪和保护法明确规定其流域面积为1000平方千米以下[81]。由此可见，其作为一个地质单元，尽管有一定的规定，但是具体大小尺度的定量还存在不同认识，存在范围的模糊性。

以小流域为视角展开的研究，最早主要集中于水土流失的综合治理，在美国1936年738号公共法中，就初步规定"为了更好地进行防洪管控，小流域要开展测量和规划"[82]；欧洲更是成立了小流域工作组，作为欧洲林业委员会下属机构，以治理山洪泥石流和滑坡、雪崩以及保护山地水土资源为重点展开山区流域治理工作；20世纪80年代以来，小流域治理引起了国际性组织的高度重视，并在1982年12月召开了亚太地区小流域管理会议[81]2[83]。目前，从水土流失、防洪防灾到退耕还林，从黄土高原到高山沟壑，相关研究与实践持续不断。

我国早在民国30年（1941年）7月，当时的黄河水利委员会（简称黄委会）在西安市高桥镇设立关中水土保持实验区，就已提出按规划进行以小流域为单元，进行工程措施、生物措施和耕作措施综合治理[84]。到了50年代初期，国家更是对水土流失严重的黄土高原小流域开始了有组织的水土保持工作，选定绥德韭园沟、延安碾庄沟进行试点，展开规划、观测、试验、综合治理和研究工作[81]3。1983年初，长江水利委员会流域规划办公室开始在安康县白鱼河进行小流域试点[81][83]，1989年"长治"工程展开，随后"丹治"工程跟进，作为该系列工程的核心组成，秦巴山区以小流域为单元，与"治山保川"相结合，开展了大规模的沟道治理。其间，围绕水土研究、治理、保护形成了一系列的丰硕研究成果。孙立达等根据小流域综合治理示范区小流域水土流失规律的失控分布特点，提出建立以坡面和沟道植物为主的小流域水土流失综合防护体系[81]3[85]；李云峰、王疆霞等[86][87]围绕小流域水土资源优化配置进行了研究，同样是硕果累累。

2）基于小流域限定的乡村聚落相关研究

1997年3月，联合国亚太地区经济社会委员会在泰国曼谷召开了流域管理和减灾工作中土地利用规划与实施的纲要和指南研讨会[81]3，由此可见，小流域的研究已不仅仅是山洪泥石流防治与水土保持综合治理，更开始强调保持人—山区小流域生态经济系统的稳定和协调，开始用"混沌""灾变""分形"和"等级"等概念和理论来描述山区小流域这样的复杂特性。Hohmann（1992年）等更是提出将山区小流域周围居住的人[88]视为山区小流域的一部分，从整体上考虑人—山区小流域系统结构、功能，及其可调控性。

国内学者李怀甫先生同样根据生态经济系统理论，在小流域生态系统和经济系统的组成、结构、功能、规律进行分析的基础上，提出小流域生态经济系统理论，1993年段巧甫先生在总结20世纪80年代我国小流域开发经济的基础上，提出建立小流域经济理论依据和应采取的措施[81]3。此时，我国有关小流域的研究已经开始从单纯的地质条件改造，走向复杂的社会经济发展手段。

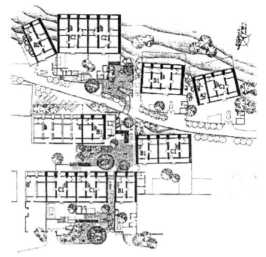

图1-4　枣园绿色住区示范建设图
（资料来源：周若祁等. 绿色建筑体系与黄土高原基本聚居模式［M］. 北京：中国建筑工业出版社，2007.）

正是基于这样一个背景，1997年西安建筑科技大学绿色建筑研究中心在进行"绿色建筑体系——黄土高原绿色住区基本聚居单位模式研究"[89]，展开"枣园绿色住区示范建设"（图1-4）的同时，针对其黄土高原小流域背景，创造性地提出了"黄土高原小流域人居环境研究"这一命题，并指出小于300平方千米以内的支流流域都可以称为小流域，其作为一个完整的生态单元，也是一个经济发展单元，大致与一个村镇体系的初级单元相吻合，自此启动了以小流域作为生态单元背景展开相应人居环境内在规律的研究。

随后，刘晖团队基于景观格局开始了黄土高原小流域生态单元及安全模式的研究，进一步强化了"镇域"这一尺度单元的界定，按照不同景观格局划分了山地、川道、台塬型小流域，并以承载力、极限阈值、安全格局建立了相应的安全评价准则，提出了安全导向下规划设计模式[90]。

周庆华团队在黄土高原地区进一步研究之后（图1-5），以5～50千米的长度、人口1000～3000人[91]的规模尺度，进行了小流域空间界定，并以此为基础进行了黄土高原沟壑区聚居环境的宏、中、微观流域体系化的分形研究和可持续发展研究：在中观层面，提出小流域分为3种——保持乡村形态、转化为城镇形态、恢复为自然形态；在微观层面，提出整体枝状模式、支沟环状模式、六边形模式。

尽管小流域单元尺度定义不尽相同，但针对小流域内部聚落的体系化研究仍在继续推进之中，目前周若祁团队中赵霁欣以文献及GIS比对的模式进行了盘河小流域的聚落空间演进调查[92]、虞春隆以姜家河小流域进行了人居环境类型及环境适宜性评价[93]；王竹带领的团队在黄土高原、江浙一带从生态系统进行了更详细的小流域研究，并专门进行了流域内个体聚落的边界及中心量化研究[39]；中国农业大学张军连先生也进行了宁南黄土丘陵区小流域景观生态重建的理论与方法研究[94]，以小流域为背景进行的人居环境相关研究得到进一步推动。

此外，在中观、宏观层面，西安交通大学虞春隆围绕泾河[95]、西北师范大学石培基围绕石羊河进行了流域城镇体系[96]与流域空间结构关联作用等方面系列研究。

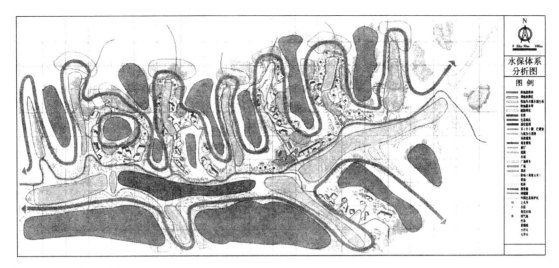

图1-5 高西沟村水土保持体系规划图
（资料来源：周庆华. 黄土高原·河谷中的聚落：陕北地区人居环境空间形态模式研究［M］. 北京：中国建筑工业出版社，2009.）

目前随着山地旅游价值的凸显，聚落变化变得日趋活跃，故研究团队日益增多，刘春腊、张义丰、刘彦随等在北京门头沟区域[97]，进行了以沟域经济为主导包括生态、人文、空间等一系列的研究；西北大学围绕旅游等方面进行了金丝峡小流域的聚落空间组织研究，长安大学武联团队在秦岭平利等区域进行了生态安全为基础的小流域聚落空间组织探索研究。

此外，如赵万民先生从更宏观的角度[98]，以大尺度流域的统筹分析进行了西南地区流域开发与人居环境建设研究；李晓峰先生展开了汉江流域文化线路上[99]的聚落形态变迁及其社会动力机制研究（表1-1）。

20世纪90年代以来国内相关研究的整合与归纳　　　　　表1-1

| | 侧重方向 | 主要研究者 | 观点及备注 |
|---|---|---|---|
| 乡村聚落及山地聚落集聚形式、特征与变化研究 | 聚落形态结构 | 鲁西奇、岳邦瑞、林涛等 | "散村" — "集村" 两个方面展开，研究者众多 |
| | 聚落过程机制 | 邢谷锐、徐逸伦 | 主动型、被动型、消极型 |
| | | 李伯华、曾菊新 | 六个阶段 |
| | | 甘枝茂、岳大鹏 | 蠕动式、扩充式、散迁式、巨迁式 |
| | | 乔家君、马玉玲 | 无序分布、有序拓展、有序转变 |
| | | 王 勇、李广斌 | 三位一体、去工业化、三置换 |
| | 聚落群体结构 | 范少言、郭晓东等 | 空间结构体系 |
| | | 印亚男、高宜昌等 | 县域及更大区域村庄布点，研究者众多 |
| | 基本空间单元集聚—村域 | 许家伟、李培蕾等 | 乡村社会、经济文化、地理条件 |
| | | 雷振东、于洋等 | 乡村空废 |

续表

| | 侧重方向 | 主要研究者 | 观点及备注 |
|---|---|---|---|
| 乡村聚落及山地聚落集聚形式、特征与变化研究 | GIS分析及量化研究 | 尹怀庭、王 焕等 | 临近指数及聚落密度 |
| | | 浦欣成、董一帆等 | 中心及边界量化研究 |
| | | 汤国安、吴江国等 郭晓东、邸琰茗等 | 不同地域乡村聚落的空间分布；多集中于县域地区，研究者众多 |
| 影响空间集聚的核心因子与问题研究 | 经济产业方面 | 角媛梅、胡文英等 | 耕作半径 |
| | | 龙花楼、靳洪武等 | 土地整治 |
| | | 李小建、乔家君等 | 农户生计转型 |
| | | 席建超、王新歌等 | 旅游服务 |
| | | 康晓光、陈 诚等 | 资源特征、经济结构 |
| | 人文社会方面 | 赵万民、乔家君等 | 地域人文背景、乡村社区 |
| | | 李伯华、曾菊新等 | 空间关系与活动行为 |
| | | 冯蕾成、徐荣荣等 | 空间句法与活动行为 |
| | | 甘枝茂、岳大鹏等 | 搬迁行为 |
| | | 雷振东、李 君等 | 乡村空废 |
| | | 舒 波、兰 芳等 | 现象学与场所精神 |
| | | 陈琪玲、余咪咪等 | 巴蜀、秦岭等移民及政策研究 |
| | 生态可持续方面 | 王智平、安 萍等 | 自然村的生态系统基本单元研究 |
| | | 陈 勇、陈国阶等 | 闽江等地区上游聚落的生态系统 |
| | | 朱 怀、关小克等 | 生态安全格局 |
| | 各因子复合评价 | 张小林、乔家君等 | 不同方面、时段的因子综合研究 |
| | | 周国华、贺艳华等 | 基础因子、行性因子、突变因子 |
| | | 李立敏、史俊宏等 | 熵评价、PSR评价 |
| 小流域及其他层级流域人居环境研究 | 小流域地质及生态系统研究 | 孙立达、孙宝平等 | 水土流失 |
| | | 李云峰、王疆霞等 | 资源优化 |
| | 小流域与聚落人居关联研究 | 周若祁、王 竹等 | （黄土高原）小流域人居环境课题建构 |
| | | 刘 晖、张军连等 | 小流域景观安全格局 |
| | | 赵雳欣、虞春隆等 | 典型特征小流域人居环境研究 |
| | | 周庆华、魏 秦等 | 黄土高原人居环境体系研究 |
| | | 刘春腊、刘彦随等 | 沟峪经济及旅游发展研究 |
| | | 武 联、喻忠磊等 | 秦巴山区小流域的人居环境研究 |
| | 中观、宏观流域人居环境研究 | 石培基、虞春隆等 | 泾河等高级别流域 |
| | | 赵万民、李晓峰等 | 汉江等区域级别流域 |

## 1.4.3 国内外相关研究的综合评述

1）聚落空间集聚的研究基础丰富，但微区域空间集聚研究相对较少

根据国内外研究现状可以发现，乡村聚落空间集聚的相关研究在宏观——地域市域层面、

中观——县域镇域层面、微观——村域组域（含个体聚落：核心的、相对集中的两到三个组）层面，都有所研究。但主要成果多聚焦于宏观、中观以及微观层面的核心村组本身（一般为行政村村委会所在地或特殊空间格局的集中聚落），而微观层面"域"状研究，尽管也有成果，但相对较少。

究其原因，本文认为主要存在以下两个方面，在平原地区，村域内聚落数量过少，研究意义不大，即使进行研究，也往往聚焦于核心聚落或者人口大于1500人、相对较集中的单元体个体，对其展开集聚形态、模式等表征及影响要素分析。

相反山地地区，三四十个聚落斑块，使得一个行政村具有了"域"的空间基本特征，但由于相互间界限的模糊及聚落延伸边界的模糊，数据统计与比较缺乏针对性，难以进行有效比较。即使在小流域内部，虽有着具体规范的规模界定，有着山脊线这一明晰的空间边界，但小流域上百平方千米跨度的复合嵌套关系，以及小流域自身形态的千变万化，使得相关研究都缺乏对比的基础与标准。

2）社会、生态与空间关联的微区域系统性作用机制探讨较少

社会、生态等因子作为聚落空间集聚的影响要素进行研究，已取得了丰硕成果，相互间的系统性、复合性也得到更多的重视，以小流域这一层面的微区域研究也在生态保护、经济发展、人居环境建设等方面逐步展开，特别是在黄土高原地区，已有多个团队取得了较好的成果（但小流域的相关界定仍较模糊）。

但将其整体作为以动态过程，展开整体空间关联、相互影响的系统性分析仍有缺失，特别是在山林之中、小流域特性更加明晰的秦岭（黄土高原的小流域涉及河谷川道、黄土源和黄土丘陵，而山地区域两侧相对陡峭，多为河谷川道型），以此为视点的聚落集聚相关研究更是空白，故聚落都被称之为山地聚落、河谷聚落，动态、整体的统筹建构仍较为缺乏。

秦岭区域，虽然建设用地紧张，但特殊的自然优势，使得满足村民基本生存需求的用地相对黄土高原地区较多，虽聚落规模相对更小，分布更为零散，但居住生产较为稳定，故长期以来相关研究多聚焦于用地的适宜性研究以及因地质灾害影响、生态保护等原因造成的生态移民等方面，从微区域的角度进行更有效的协同发展，系统地围绕聚落建设展开合理管控与引导方面仍有所缺失。

# 1.5 秦岭南麓及乾佑河流域柞水段人居环境概况与典型性

## 1.5.1 秦岭南麓的基本人居环境概况

1）秦岭南麓社会发展基本情况

秦岭南麓狭义而言，主要指陕南汉中、安康、商洛三市的大部分地区，约41500平方千

米。共涉及县区行政机构22个（包括凤县、太白、周至、略阳、勉县、汉台区、留坝、城固、洋县、佛坪、宁陕、石泉、汉阴、紫阳、汉滨区、白河、柞水、镇安、商州、山阳、丹凤、商南），乡镇级行政机构345个，村级行政机构4724个。城市密度仅为59.5个/万平方千米，村落密度为1.277个/平方千米[①]。

该地区人口规模小，且分布分散，总人口约为697.9万人，平均人口不足0.017万人/平方千米，最小的佛坪县，人口仅为3.5万人左右。整个区域经济收入水平较低，截至2017年，陕西省共有50个国家贫困县，仅该地区就有17个[②]，故也是国家扶贫攻坚的重要区域，每个村都设置了扶贫攻坚驻村办公室。

在生产技术有限的条件下，该地区以传统粮食作物为主的农业生产也在向经济作物种植转变，依托该地区汉江流域较为便捷的水运网络及当前正在转变高速交通网络，多元的小农生产方式正在形成与扩张。另一方面，随着秦岭南麓铁矿、煤矿、金矿等资源的有限开发，资源型的木器业、造纸业传统产业的发展，城市和交通要道的工商业市镇正在形成。

故秦岭腹地除了大量的自然农业聚落，还涌现了一定规模的、不同特色的人文聚落，但由于用地及人口规模问题，这些聚落多位于较高级别河流区域，鉴于研究精力与重点，本文更聚焦于区域内大量存在的农业及相关产业衍生的不同聚落。

此外，秦岭南麓内水系丰富、山体秀美，仅国家级自然保护区就有10个，国家森林公园13个，国家地质公园2个，拥有陕西省最大的林区，总面积达到700多万亩。秦岭腹地文化底蕴深厚，各种人文景观遍布，拥有褒斜、子午等著名古道，拥有凤凰古镇、漫川关古镇、云盖寺古镇等一批特色文化旅游名镇。这些不同级别的各种自然人文资源，虽然不是研究焦点，但对周边村落发展都有很强的影响。

2）秦岭南麓山体基本特征

秦岭南麓可以分为西、中、东三段[100][101]。西段分别是清姜河与嘉陵江、嘉陵江左岸支流与沮水河干、支流以及褒河一些支流的分水岭和发源地；中段称终南山，主要山岭有四方台、首阳山（海拔2720米）、终南山（海拔2604米）和东光秃山等，海拔均在2500～3000米，是北麓沣河、涝河、浐河、子午河、南麓旬河和金钱河等的发源地；东段呈手指状，向东南展开，是丹江、南洛河以及秦岭东段北坡山涧溪流的分水岭与发源地。

秦岭整体北高南低，就地质构造而言，是一个山脉主脊偏于北侧的掀升地块，故其北麓为一条大断层崖，坡面短而陡峭，气势雄伟，河流形成的峡谷高差较大、数量众多，俗称秦岭"七十二峪"；南坡长而和缓，地形相对复杂、地貌相对破碎，受东西向和西北-东南向的构造断裂所影响，有许多条近于东西向的山岭和山间盆地，并形成山沟谷峰纵横交错的掌形叶脉状地貌，整体可以划分为3大类型：高山沟壑地貌、丘陵缓坡地貌、河谷平川地貌[102]。秦岭南麓

---

① 根据2015年陕西省测绘地理信息局提供GIS地图绘制与统计。

② 根据陕西省扶贫办提供数据。

自然地理地貌，对区域的空间发展、交通联系、经济产出有着决定性的影响，一条条高低不同的山脊在区域内形成了众多、大小不一的"两山加一川"基本格局。同时也创造了河川坝子地、丘陵地、低山地、沟谷地等多种类型，且呈现出"山地多、平地少、陡坡地比重大"的特点。

秦岭的"高山沟壑地貌、丘陵缓坡地貌、河谷平川地貌"三种地貌，分布不均，规模不等，其中，前者由于山峰连绵、坡陡沟深，作为秦岭南麓标志性的沟谷小型空间，广泛分布，约占秦岭南麓格局的70%，且由于多位于秦岭腹部地区，其典型性尤为突出。该地形使得每个沟峪建设用地都不是很大，可高效集约发展的规模有限，同时，也使得流域交通极为不便。一座座山脉将县城与乡镇、乡镇与村庄分割，减弱了城市对县、乡镇的带动作用，导致农村公共产品供给水平低下，农村基础设施差，县域和乡镇经济发展缓慢，农村和农业经济发展落后。并进一步限制了规模农业化的发展，限制了居民规模集约化的可行性，限制了区域城镇的快速发展，这种情况广泛分布于秦岭南麓的西段、中段和东段北部，包含旬河上游地段。

3）秦岭南麓水系基本特征

由于秦岭山脉的特殊构造，地面破碎、沟谷纵横，除了较宽的川道外，其他区域并不适于人类大规模的居住和生产，但由于秦岭山区水系及动植物资源的丰富，故只要人们经过一定程度的垦殖，就能进行自给自足的生活，这也是秦岭山区人口稀少但却分散的主要原因。

秦岭是我国南北水系的分水岭，其北面水流汇入渭河，在潼关附近汇入黄河。其南麓属长江水系，由西边的嘉陵江水系、东边的丹江水系（汉江支流）以及汉江水系构成，其中后者汉江也是秦岭南麓最主要的水系。

汉江：又称汉水（图1-6），中国长江最大的支流[103]，常与长江、淮河、黄河并列，合称"江淮河汉"，陕西省境内的汉江为汉江上游段，基本上自西向东流，源于陕西宁强县的嶓冢山，经勉县、汉中市、城固县、洋县、石泉县、汉阴县、紫阳县、安康市汉滨区、旬阳县，

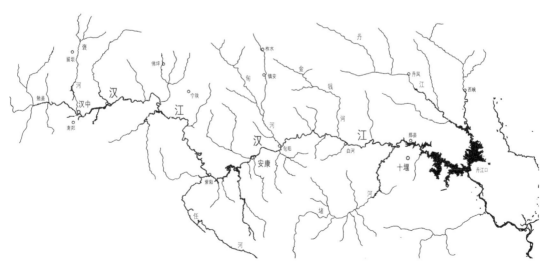

图1-6　汉江水系示意图

于白河县进入湖北省。该河流在源地名"漾水",流
经沔县（现勉县）称"沔水",东流至汉中始称"汉
水",自安康至丹江口段古称"沧浪水",襄阳以下别
名"襄江""襄水"。因秦巴山脉的关系,支流众多,
长度在50千米以上的河流有68条,在100千米以上的
有18条,呈不对称树枝状分布。

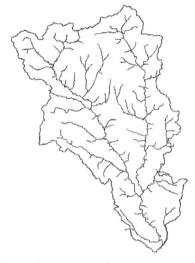

秦岭南麓各水系属于汉江的北岸支流[103],一般
比南岸多而长,河网密度也比南岸大,北岸为1.69千
米/平方千米,南岸只有1.52千米/平方千米。主要支流
有漾水、沮水、褒河、湑水河、酉水河、金水河、子
午河、月河、旬河、蜀河及金钱河等。汉江流域属亚
热带季风气候区,易形成暴雨洪水。

图1-7 旬河水系图 （资料来源：作者自绘）

旬河是陕南秦岭山地里较大的河流,位于陕西省
商洛市西南部和安康市东北部,是汉江上游长度仅次于任河（汉江南岸）的一条大支流,一作
"洵河",古称"旬水"。其流域呈狭长的羽毛状,集水面积6300平方千米（GIS统计为5791.54
平方千米）,如图1-7所示。旬河源出西安市长安区西南角麦秸磊东南侧的甘沟脑,称为"沙
沟河";继而向西南流入宁陕东北的江口,渐转东南流,始称"旬河",在接连容纳达仁河、
乾佑河后,再南经赵湾,复东南经甘溪,到旬阳县城西南转东北流,绕城西、北、东三面,在
东南面注入汉江,全长218千米。旬河年均径流20.67亿立方米,年际差最大可达5：1,其在秦
岭腹地内下切作用明显,干流或支流都形成典型的"V"形夹谷,其最大支流乾佑河谷地最宽
300米,最窄40米,更是一典型的山溪性河流。

总而言之,旬河流域是秦岭南麓汉江流域最具代表性的流域,自北至南覆盖了"高山沟壑
地貌、丘陵缓坡地貌、河谷平川地貌"三种地貌,且主体位于柞水、镇安境内,位于秦岭腹
地,以秦岭内广泛存在的高山沟壑地貌为主。

## 1.5.2 乾佑河流域柞水段城乡发展概况

按照陕西省水利志所载,旬河共有支流42条（较大支流）,其中流域最大的分别为乾佑
河、达仁河、月河。而乾佑河,古称"柞水",为汉江支流旬河的一级支流,后汉乾佑二年（公
元949年）改名"乾佑河"。其全长151.2千米,流经柞水、镇安、旬阳三县,在旬阳县小河镇
两河关汇入旬河。

乾佑河在柞水境内长57.69千米。流域面积880.38平方千米,比降5.02‰。占整个秦岭南
麓山地面积的2.1%,具体为"北纬32°54″38′～33°50″8′,东经108°24″20′～109°26″9′之间
（图1-8）"[104]。

1）流域内城乡概况

柞水县乾佑河流域共涉及营盘镇、乾佑街办（县城）、下梁街办3个街镇（原为4街镇，2015年合并石翁镇），8个社区，14个行政村，71个村民小组，具体如表1-2所示，3镇办共有人口71154人，其中，农业人口47860人，非农业人口23294人；人口密度为71.10人/平方千米（以乡、镇人口统计为基础）。

区内经济水平较低（因为营盘镇的两河村和北河村不在乾佑河流域范围内，故研究中将两个村划定在研究范围外，见图1-9、图1-10），但在秦岭南麓腹地属于相对较好的状态，工农业总产值达65.52亿元。其中，工业发展也有一定规模，但主要集中于县城新建区

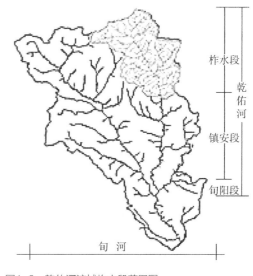

图1-8 乾佑河流域柞水段范围图
（资料来源：作者自绘）

域，既有传统生产型小型工业，更有依托秦岭特色而建设的医药加工工业；农业发展有限，产值为4.89亿元，约占流域工农业总产值的7.4%。

区内目前有AAAA级景区2处，AAA级景区3处。此外尚有秦楚古道、旧关孝义厅城遗址、药王晒药台、对峰台等重要自然人文景点及引乾济石调水工程示范点等特殊景点，这些景点及设施对该区域城市乡村的发展起到很大促进作用。特别是随着休闲时代的到来，更多景点被打造出来，如围绕下梁街办羊家沟打造的九天山景区，以及作为本课题典型案例之一的东甘沟"银杏谷"。

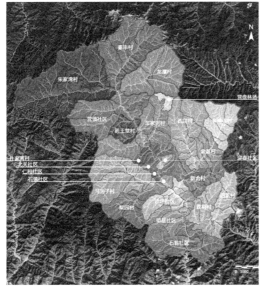

图1-9 流域涉及行政区划图 （资料来源：作者自绘）

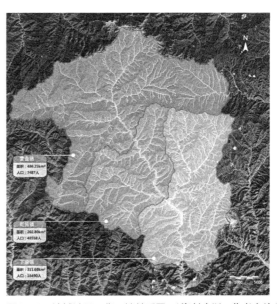

图1-10 流域涉及三街、镇关系图 （资料来源：作者自绘）

随着高速公路贯通、乡村道路整治，全域旅游发展，整个乾佑河流域的各种景点都在开发之中，虽然需要慎重考虑，但这也是当前秦岭发展的真实写照。

乾佑河流域柞水段街镇村组一览表　　　　　表1-2

| 镇街名 | 社区（个） | 居民小组（个） | 行政村（个） | 村民小组（个） | 面积（平方千米） |
|---|---|---|---|---|---|
| 营盘镇 | 1 | 4 | 4 | 19 | 365.90 |
| 乾佑街办 | 4 | 8（另小区32个）[①] | 4 | 20 | 202.80 |
| 下梁街办 | 3 | 23 | 6 | 32 | 311.68 |
| 总计 | 8 | 35 | 14 | 71 | 880.38 |

（1）营盘镇概况

营盘镇地处秦岭南麓，位于商洛西部，柞水西北部，西与安康市宁陕县相接，北与古都西安相邻，是柞水县的北大门。镇内的古西康之路是连接湖广的天然纽带，是南北联通的战略要地，素有"终南首邑""秦楚咽喉"之称。该地因屯兵守营而得名，清乾隆年间升格为孝义厅，境该地区山岭起伏、沟壑纵横，具有相对完整、典型的秦岭地貌特征，北部牛背梁海拔2812米，西北高、东南低，地形复杂。西康铁路、西康高速公路的隧道南口就在该镇[105]。

该镇人口为8106人，其中农业人口7371人，占总人口的90.9%，非农人口735人，占9.1%，是一个典型的农业村镇，总行政面积486.2平方千米，（研究区域内共涉及四村一社区，4个居民小组，19个村民小组），其中总耕地4475亩，人均耕地仅为0.55亩。该区域具有独特的区位优势和丰富的自然资源，区域内旅游资源、药材资源丰富，是秦巴山区最为典型的山区型小镇。镇区为镇政府所在地——营镇社区，户籍人口1555人。

（2）乾佑街办（柞水县城）

乾佑街办，位于柞水县境西南部，紧邻营盘镇，是柞水县政府所在地，为县域政治、经济、文化中心。原为城关公社，1984年根据古乾佑县、乾佑巡检司的名称，改为乾佑镇，由县直辖，后更改为乾佑街办。如今乾佑街办辖区面积为202.80平方千米，核心区域南北长约14千米，东西宽450～1200米。距省会城市70千米，其南侧接下梁街办的沙坪社区，西侧为镇安县云盖寺镇，东部为下梁新河与西川村。

乾佑河主河道从该镇中心（县城）南北穿城而过，带动也促进了乾佑街办的纵向发展，县政府、各种办公机构、医疗机构、教育机构以及大型娱乐等设施围绕着乾佑河两岸相对较为平缓的腹地建设。该镇镇区相对平缓，但用地有限，镇域内其他地区同样是高山环抱、沟壑纵横，该镇所辖的车家河村、什家湾村、马房子村和梨园村就位于这里，随着盘龙产业园、汇生

---

① 仁合、迎春社区作为长期建设的城区，已不存在组的编制，直接为各小区，而另外6个社区作为县城新建社区以及镇中心社区，仍然管辖若干小组，共计35个居民小组，但这里仍有15个居民小组远离城区以及城区发展区，实质仍为村民小组的形式。

源现代农业产业示范园的建设，城区呈现出向周边沟壑发展的态势。域内有4村4社区，8个居民小组（另小区32个），20个村民小组，总人口为46558人，其中农业人口30058人，占总人口的64.6%，非农人口1.65万人，占35.4%，该街办总耕地3905亩。

（3）下梁街办

该街办紧邻城关镇，因境内有下梁街而得名。原为下梁镇，2015年合并石瓮镇形成下梁街道，政府驻地在沙坪社区，距柞水县城5千米。下梁街办大部分地区仍以农业为主，主要作物有小麦、玉米和其他杂粮；盛产核桃、板栗，唐代作为贡品的大板栗即产于沙坪。明清两代曾引乾佑河水灌溉，今仍有明珠渠可灌田1000多亩，并可发电。区域内的赤水沟、花园沟、陈家沟有磁铁矿，茨沟有黄铁矿，并有淘金的历史。西甘沟、银洞沟西坡、龙洞沟北坡、陈家沟有铜矿、马鞍沟、东甘沟有重晶石，目前各种矿业基本关停[①]。

下梁街办共有6村3社区，共计32个村民小组，23个居民小组。但这些居民小组在空间上和主要从事职业的功能上，更多的是具有村民小组的性质。该街办总人口为16490人，其中农业人口10431人，占总人口的63.2%，非农人口6059人，占36.8%，该街办总行政面积311.68平方千米，总耕地3905亩，人均耕地仅为0.38亩。

2）柞水县乾佑河流域的历史发展特征

（1）初始步入期

由于秦岭在我国特殊的地理位置与价值，关于秦岭的记载众多，最早的《禹贡》就有"将华夏大地划分为三条四列"之说；《史记》提到"秦岭天下之大阻也"的论断。虽然有些地区很早就发现了旧石器时代早、中、晚期的文化遗址，有了人类活动，但在秦岭的腹地深处，因"林海茫茫，野兽成群，草木畅茂，禽兽繁殖，五谷不登，禽兽逼人，兽蹄鸟迹之道交于中国。"（《孟子·滕文公上》）人类很少在这里生活与生存。

夏商时期，在陕南境内的秦岭地区属于梁州之地（《禹贡》有记载"华黑水惟梁州"），此时人类也进入到了有组织的农业生产，秦岭山区特别是乾佑河流域，作为开发之地开始迎来了更多的人口迁移，如据《续修孝义厅志》载："商初（约公元前17世纪）雍梁人移徙柞水（今乾佑河）上游，以渔猎为生；鄠人在甲水（今金井河）西源定居，以淘金为业。"柞水境内始有先民。

（2）逐步形成期

西周和春秋时期，商洛地区属于晋，而汉中、安康属于楚。战国时期《史记》，随着秦一统天下，该地区分属内史郡与汉中郡，但尚未设置独立的县，核心区域镇安属于汉中郡西城县（今安康）辖地。

秦末汉初，刘邦以汉中为据点，大兴水利，意欲北定关中，统一天下，陕南地区得到较快发展，秦岭之中的聚落也得以快速发展；三国时期，蜀军因筹粮，至今柞水一带，遂定居于

---

① 作为秦巴山区绿色循环发展的主要措施，同时考虑矿资源的利用现状及战略保存宏观目标，多种矿业生产基地正逐渐缩减规模与停产。

此，后因此地地处山中无战乱，更多人隐居于此；至唐，经大峪、小峪等多条山道已通，人口才逐渐增多，柞水东南、今镇安县由丰阳县（今山阳县前身，原属于秦内史商县，县治在今丹凤，西晋设上洛郡，分京兆南部及平阳北部设丰阳县）分出，建制安业县，属商州，唐末今柞水境人口约增至1.39万。

（3）大力发展期

明清以来，随着开发力度的加强，移民不断涌入，如清顺治初，朝廷下《垦荒令》。《陕西通志》载："镇安等州县田多荒芜，官给牛种招垦。"（时今柞水东南大部为镇安管辖）湖北、湖南、江苏、浙江等省人，通过朝廷在山西大同大槐树下设的移民登记处，办了手续之后，由兵丁押送至柞水垦殖者万余人。清乾隆六年（1741年），户部议准商州所属各县招垦，今柞水召纳"插草为标"垦民3000多户，13000余人。至道光三年（1823年）孝义厅人口达44600人。但因清代后期柞水一直是"兵家必争"之地，各地农民起义军纷纷来孝义厅，官军闻讯赶来剿灭，烽火遍地。人民不堪忍受战乱骚扰，外迁（逃）者不少。

但纵观整个区域的发展，就如同整个秦岭南麓的缩影，人口规模由"始有先民"，到境域人口"1.39万"，再到仅"孝义厅4.46万"，呈现出逐渐增加之势，人口分布也是由河谷地带逐渐向深山峻岭拓延，但由于人口的稀少及战乱等原因，重要文化节点主要集中于镇区（镇区人口规模同平原地区乡村人口规模相差无几）。

### 1.5.3 乾佑河流域柞水段乡村聚落研究及规划的典型性

1）柞水县乾佑河段地形的基本特征与典型性

乾佑河发源地的高山区位于秦岭主脊海拔1500米以上，其中最高点营盘牛背梁，海拔2802.1米，相对高差为1300米。这里重峦叠嶂，沟深谷狭，切割程度大，加之温度低，降水多，日照不足，无霜期短，农作物生长迟缓，海拔1900米已达到农作物生长的上限。中部区的峡谷地带，较大河沟间有河谷阶地，山坡坡度较缓，坡脚土层深厚，气候温和，雨量充沛，宜农作物生长。乾佑河在柞水县药王堂以下为主河道区，是河谷较宽阔的地带，具有亚热带气候特征，是柞水主要产粮区，宜栽培油桐、棕榈、芭蕉等亚热带植物。这里气候垂直分布明显，素有"高一丈不一样，阴阳坡差得多"的说法。

这里的地质构造属秦岭纬向构造体系之秦岭褶皱带，出露的地层主要为奥陶系、志留系、泥盆系和第四系，具有秦岭南麓高、中山沟壑区的典型特征。据柞水县志记载：这里是"九山半水半分田"，山高坡陡，河谷耕地零散，耕地面积只占3%，导致农业生产规模较低[105]。

故无论从水流特征、地形地势、山峦沟壑，乾佑河都是旬河流域最典型的区域，其柞水县段是秦岭腹地流域"高山沟壑地貌"最为典型的区域。

2）基于旬河流域分析的柞水县乾佑河乡村聚落分布特征及典型性

旬河上游位于宁陕林区，河流穿行于高山峻岭之中，山大林密，人烟稀少，森林覆盖率高，水源涵养条件好，河网密度2.23千米/平方千米。

旬河中游大部分位于镇安县中、低山地带，两岸坡度多在40度以上，这里草木茂盛，兼有小块耕地，土地垦殖率低，植被较好，此处平均径流达386毫米，径流总量31556万米，平均流量9.79米/秒[106]。

下游主要指乾佑河汇入后的旬阳境内，为秦岭南部浅山丘陵区，海拔较低，河段较宽，河床多形成漫滩，岸边为阶地分布，人口密度增大，土地垦殖率高，植被条件较差。

旬河因其规模、形态、支流层级以及所承载人居环境的复杂度，在秦岭南麓最具典型性。而当我们进一步以旬河流域为案例，以中国科学院计算机网络信息中心国际科学数据镜像网站的乾佑河流域柞水段30米分辨率地形图为基础，结合研究范围村庄的布点情况（图1-11），利用ARCGIS10.2中的密度分析工具生成研究范围内村庄的密度分布图（图1-12）；利用DEM数据生成高程图和坡度图，并与村落分布情况进行叠加分析（图1-13），研究乡村聚落与海拔、坡度的关系，特征如下：

图1-11 旬河流域村庄分布图
（资料来源：作者自绘）

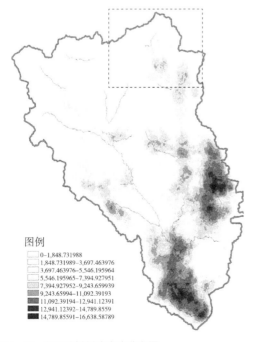

图例
- 0-1,848.731988
- 1,848.731989-3,697.463976
- 3,697.463976-5,546.195964
- 5,546.195965-7,394.927951
- 7,394.927952-9,243.659939
- 9,243.65994-11,092.39193
- 11,092.39194-12,941.12391
- 12,941.12392-14,789.8559
- 14,789.85591-16,638.58789

图1-12 旬河流域村庄密度分布图
（资料来源：作者自绘）

图例

高：2974
低：238

图1-13 旬河流域村庄分布叠加图
（资料来源：作者自绘）

（1）聚落空间分布虽较为分散，但呈现出明显的线状与面状集聚差异

旬河流域乡村聚落数量众多，截至2016年底，共有3332个自然聚落。由图1-12中也可以看出，整体乡村聚落的空间分布极为分散，但仍可以清晰地发现乡村聚落斑块在空间分布上存在着一定的分区，在高山沟壑区（乾佑河地段、旬河上游地段），乡村聚落基本呈线状展开，而在下游地区，乡村聚落相对密集，呈现一定的面状集聚。这种分布格局与区域的自然地理条件（海拔、坡度、高度）密切相关。开阔的河谷地区自然条件较好，地形相对宽阔，交通运输方便，水资源丰富，因而聚落相对密集。而随着河谷的深入、海拔的上升、坡度的增加，饮水及交通都极大不便，人口聚落密度相对偏低。

（2）线性分布的聚落，与河谷等级变化呈现出更强的耦合关系

将河流等级分布图与村庄聚落分布图进行叠加分析，由图1-13中可以看出，这里不同于西北黄土高原，峁、梁、谷全方位的乡村分布，该区域乡村聚落呈现出与河流更强的耦合度，可以更清晰地剥离出不同尺度的线性关系。不但村庄的空间分布与河流等级存在明显对应关系，即河流等级越高，村庄聚落的部分就越为密集，而且等级低的沟壑之中，也有大量的聚落存在。这种明显的"线性"聚落分布，起到了从区域面状到线状研究的抽象提取。

在旬河的相关GIS分析中，也能清晰地看到，作为相对完整独立的支流，乾佑河柞水段也具有相似的地形特征与聚落分布特点与规律。

3）基于秦巴山区生态重要性分析的生态适宜典型性

秦巴山区在国家主体功能区划分中被列为限制开发区，属于其中的森林生态功能区，其作为中国的"中央绿芯"，生态保护具有重要战略意义，并且是实现秦巴山脉绿色可持续发展，对接和落实《全国主体功能区规划》及《全国生态功能区划》，从宏观层面统筹城乡建设、三产布局等的必由途径。乾佑河流域所处的秦岭南麓正是秦巴山区的核心腹地，故研究其生态适宜性时必须将其纳入到这个大的宏观背景之下进行系统认知。这一研究，我们主要借用中国工程院《秦巴山区绿色循环发展研究》课题的相关结果进行归纳[①]。

该课题由于研究尺度较大，故以整个秦巴山区的重点生态功能区（具体包括水源涵养区、水土保持区、生物多样性维护区等类型）、生态环境敏感（这里指原始定义的研究，具体包括水土流失敏感区和石漠化敏感区等）与脆弱区、禁止开发区（具体包括国家级自然保护区、森林公园、风景名胜区、世界自然文化遗产、地质公园、具有水源涵养功能的林地等）及其他不适合开发的区域（如地质断裂带两侧、坡度大于25度的区域等）为对象进行系统研究，划定各自的评价等级，并通过对以上区域的分析和叠加，得到区域综合生态安全格局（图1-14），最终达到保护具有重要战略意义的"底线"空间、完善区域绿色基础设施网络、合理进行产业及人居环境建设的目的。

---

① 2017年中国工程院院士课题《秦巴山区绿色循环发展研究》，作者参与。

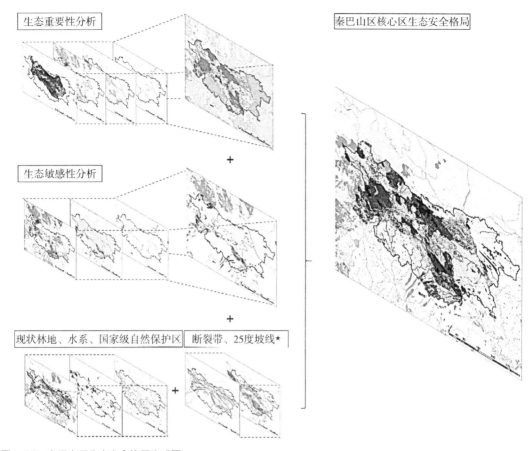

图1-14　秦巴山区生态安全格局生成图
　　（资料来源：2017年中国工程院院士课题《秦巴绿色循环发展研究》，作者参与）

　　通过叠加后，将整个秦巴山脉核心区按其重要性由低到高依次划分为3个级别，分别为协调区、生态重要区域和生态极重要区域，并最终形成了"三核—多点—两横—两纵—多廊"的空间结构。并得到"约44%生态极重要区域、36%生态重要区域、20%协调区域"的结论。在所涉及的31063个村落中，落入生态重要区域村落的占总体的36.5%（图1-15）。

　　就秦岭南麓而言，基本上都处于生态保护极其重要区和重要区，而乾佑河流域柞水段，除了少部分用地属于生态极其重要区域外，多数都处于36%的"生态重要区域"。

　　长期以来这里的聚落除了自行消解之外，更多是处于缓慢的微变之中，随着周边生态极其重要区这一战略性"生态底线"逐渐得到解决，社会游憩休闲需求的爆发，"生态重要区"的居民发生了重大变化。一方面，居民观念在改变，其充分认识到了自身的潜在价值，不再是随意被动搬迁，由于生活、生产条件的质变，村民的生活习惯与方式，聚落间的变化正在加强；另一方面，社会资本大量进入，"生态极其重要区域村民"的迁入，正在改变着这里的结构；此外，大量游憩者的进入，带来经济发展的同时，也带来了生态环境的破坏，保护与发展之间的协调如果失当，将带来难以恢复的巨大损失与被动影响，所以这一区域小流域内聚落的变化

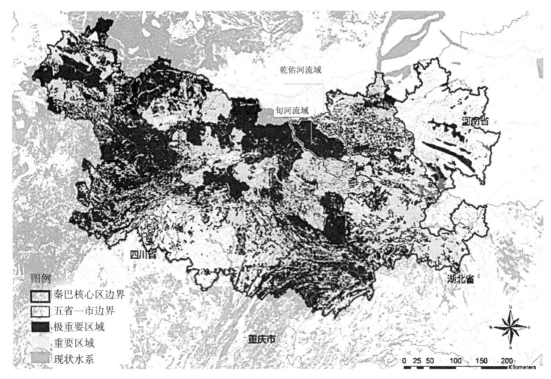

图1-15 乾佑河流域位于生态重要区
（资料来源：2017年中国工程院院士课题《秦巴绿色循环发展研究》，作者参与）

最具代表性与典型性。

4）多主体搬迁及经济发展影响的典型性

乡村聚落的发展变化，由多方面原因共同作用而成，既有来自村民自我需求提升导致的变动，也有来自于外力的影响，这种影响往往还占据多数。据《陕西统计年鉴2012》《陕西统计年鉴2017》显示，5年间，平均每年有1300多个村委会被取消（2011年：27018个村委会；2016年：20276个村委会），每天会平均消失近20个村委会。但当去调查研究时，发现村落自我变迁消解，只是占到了一部分，更多村落消失是由于城市扩张、行政组织合并、各类型搬迁所导致，一个新区的诞生，往往就意味着成百上千的村庄被改变。

在山地之中，由于地形、资源、交通等原因，各种聚落也在发生着此消彼长的变化，这种变化主要通过搬迁的形式来完成。这种搬迁，因为山地特殊背景，有着不同的组织与组合模式，并直接地、快速地，甚至彻底地改变乡村聚落的面貌与格局。这些模式按照动因可分为工赈搬迁、生态移民、扶贫移民；按照组织方式则可分为政府移民搬迁、企业移民搬迁以及农户自发搬迁；按照移民搬迁地点，可分为异地集中移民和异地分散移民等。总之，正是这些搬迁，加快了乡村聚落的改变速度与形式。

而乾佑河流域柞水段，由于经济水平较低，又处于河源地区，故政府2000年左右的工赈搬迁、2011年的陕南地区避灾移民搬迁[107]、2016年陕西省"十三五"易地扶贫搬迁[108]，都十分典型。

此外，这种经济水平较低，也是建立在我们常规认知体系上的，其因为与西安市距离较近，资源较为丰富，人均产值已经远高于秦岭内乡村聚落人均GDP的平均水平，属于秦岭内发展较为活跃、经济体系较为成熟的地域，村民变化、搬迁过程相对较为明显，各主体搬迁模式都有所涉及，故对未来经济进一步发展的周边地区乡村聚落建设有较强的借鉴意义。

5）柞水县乾佑河流域乡村建设相关规划编制的典型性

随着乡村振兴战略的逐渐深入，该地区村庄建设也有了越来越多的规划指导，除了县域、镇域总体规划层面的研究外，也开始了更多的专项规划，包含城乡一体化规划、县域村庄体系规划以及大量的具体村落规划。由于资源丰富、区位较好，相关规划编制也较多、较完善。

在2010年，该地区就编制了《城乡一体化建设规划》，以行政村为基础，进行了人口发展、职能转化的预判（图1-16）；2014年完成《县总体规划》的编制，除了固有的城镇体系规划外，也进行了乡村发展规划的研究，以公共服务设施配建为核心，提出了一村一社区、多村一社区的发展计划（图1-17）；并于最近的2018年在《镇总体规划》中，做了进一步的强调，除了中心村、基层村等级划分外，进一步细化了各社区的配建方案，进行乡村礼堂、托幼等设施的合理布局（图1-18）。

图1-16　居民点体系规划图
　　　　（资料来源：《2010柞水县城乡一体化规划》）

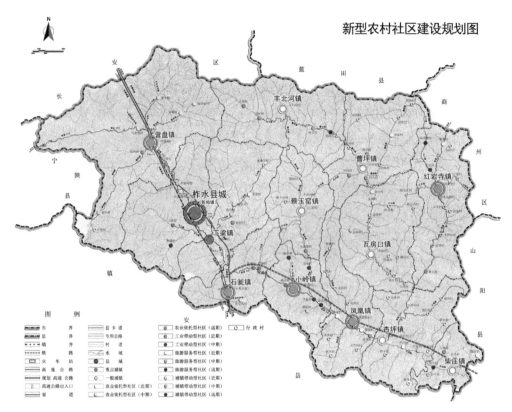

图1-17　新型农村社区建设规划图
（资料来源：《2014柞水县城市总体规划》）

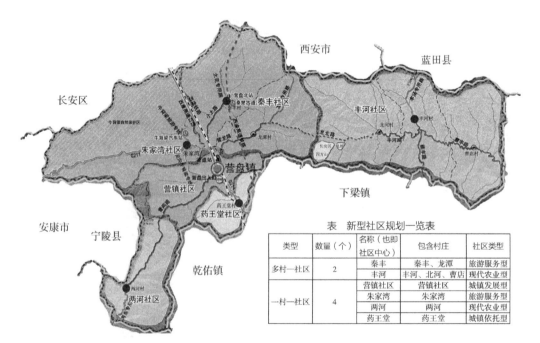

表　新型社区规划一览表

| 类型 | 数量（个） | 名称（也即社区中心） | 包含村庄 | 社区类型 |
|---|---|---|---|---|
| 多村一社区 | 2 | 秦丰 | 秦丰、龙潭 | 旅游服务型 |
| | | 丰河 | 丰河、北河、曹店 | 现代农业型 |
| 一村一社区 | 4 | 营镇社区 | 营镇社区 | 城镇发展型 |
| | | 朱家湾 | 朱家湾 | 旅游服务型 |
| | | 两河 | 两河 | 现代农业型 |
| | | 药王堂 | 药王堂 | 城镇依托型 |

图1-18　新型社区规划
（资料来源：《2018营盘镇总体规划》）

此外，也完成了多个村庄的扶贫规划、修建性详细规划，其中后者由于地形限制、收费较高，即使条件最好、成为美丽乡村的《朱家湾村修建性详细规划》，也仅编制了沟口二组到三组一部分的规划，如图1-19所示，不及沟峪长度五分之一。该规划提出了"一心、两带、四区"的规划结构，并分片区进行了详细的开发设计。

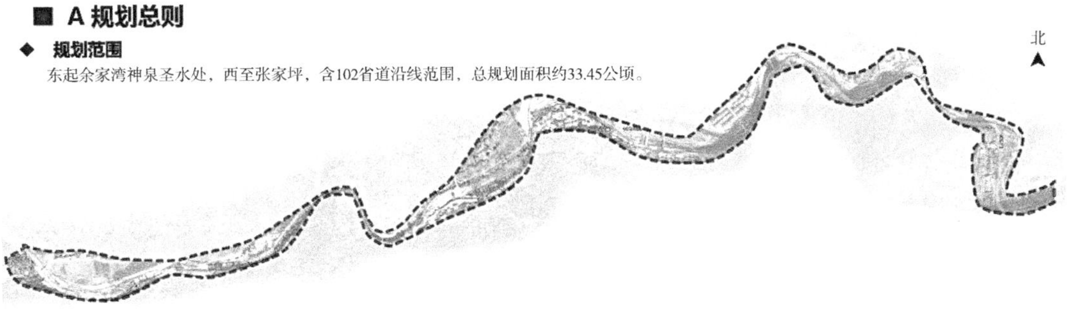

### ■ A 规划总则

◆ **规划范围**

东起余家湾神泉圣水处，西至张家坪，含102省道沿线范围，总规划面积约33.45公项。

北
▲

图1-19 规划范围图
（资料来源：《2015年营盘镇朱家湾村修建性详细规划》）

# 理论基础梳理与研究框架构建

◎ 乡村聚落空间集聚的理论基础研究

◎ 社会—生态系统的基础理论及乡村聚落应用研究

◎ 聚焦小流域乡村聚落空间集聚的社会—生态认知及作用机制分析

◎ 研究框架构建

# 2.1 乡村聚落空间集聚的理论基础研究

## 2.1.1 乡村聚落空间集聚的结构体系与时间维度认知

1）乡村聚落集聚的空间、结构与体系

当聚落中各个建筑集聚时，单体建筑之间的存在关系也就建构起来，群体性的空间也就相继产生，整体结构关系也就逐渐显现。"聚落中建筑之间大部分是相离的，并没有连接成为一个盘体，即使将某些联系紧密的建筑群作为一个整体来看待，也是需要借助建筑之间的虚边界来共同建构一个格式塔式的完形体"，"聚落空间中的公共空间部分，通过相互联系（交通功能使然），使聚落成为一个真正意义上的空间完整体"[39]122。

进行聚落解读，除了建筑实体描述，更多是空间剖析，是通过聚落的空间形式揭示聚落的自然人文特征，通过空间结构提取聚落功能结构。聚落的集聚首先是"树枝型、放射型、线轴型"等空间结构的集聚，其按照聚落演变的状态，可分为"蠕动式、扩充（扩展）式、散迁式、巨迁式"集聚；按照聚落呈现状态，可分为"规则型、随机型、线型、低密度型和高密度型"集聚；按照民众参与状态，可分为"主动型、被动型与消极型"集聚。

当多个聚落集聚在一起，进行系统研究时，尽管也被定义为各种空间体系、空间模式，实则是复合的、相对抽象的名词，是一个侧重形态的综合概念，这种所谓的"空间体系"更多是居住体系、行政体系与功能体系的空间投影，是聚落体系抽象结构的直接反映，是规模与腹地、等级体系与形态、地点与位置、功能与用地组织、景观类型与区划等方面的直接体现[15]11[109]。

此时的集聚概念，也被进一步地丰富与拓展，其不再仅仅是固定地点的增加聚集研究，还包含更多地点增量的关联研究，包含一个区域内更多地点减少、某个地点增加的辩证研究。

2）乡村聚落集聚的时间维度及消解辩证认知

就聚落的集聚而言，自古就有"一年成聚，二年成邑"的重要观念，该古语清晰地将集聚的一个重要属性——时间维度进行了强调。

空间集聚，尽管强调区位这一基本标志性要素，但在时间维度方面，其本身就具有初始、过程、结果的划分，与聚落的空间演变相伴相生，属于不可规避的基本属性，故相关研究尽管没有强调"时间"二字，但不同的演进划分，都可以辨析到聚落集聚的时间差异、阶段差异。

有的学者通过历史演变大跨度时间的考证，提出从初始的无序发展，到逐步拓展发展，再到高级转型发展三阶段高度概括的划分[30]；也有学者进一步细化，提出六阶段的状态划分；封闭状态的原始时期、村庄核心部位老化荒废的空心化时期、农户经营多样化和交通改善后的道路依附时期（包括道路依附初期、中期和晚期）、交通网络系统稳定后的村镇空间格局的网络化时期[15]12[28]。

也有学者，将空间演化按照变化距离的远近，凝练为"长距离迁移"的第一阶段和"短距离迁移"的第二阶段[17][227]；还有学者根据聚落形成后的转变，在小尺度时间跨度层面，提出了升级质变、扩张收缩、消亡重构三阶段基本划分模式；有学者明确以"集聚"为落点归纳出"三位一体集聚、去工业化集聚、三置换集聚"另外一种三阶段划分。

随着社会城镇化改变的加速，乡村人口向城市转移，这是一个必然的大趋势，不过，在乡村生活特有属性无法替代、乡村振兴等一系列战略提出的背景下，乡村聚落尽管会出现势微、消解的必然结果，但也存在膨胀、扩张、重组的机会与可能。故在当前的时间维度下，显然已进入了宏观划分的第三阶段，聚落的集聚是以更多、更大范围聚落消解为代价形成的。

故在当前转型发展或者是消亡重构的阶段中，在当前人口大量减少的背景下，聚落的演变将呈现出什么样的演变规律、什么样的集聚方式，除了空间区域背景基本属性差异外，更需要从更小时间尺度展开进一步详细调查论证。

### 2.1.2  空间集聚的乡村聚落中心、边界及量化基础研究

1）乡村聚落的中心、界域

无论是聚落中建筑之间的公共空间，还是与聚落建筑一起形成的整体空间，乡村聚落的空间问题研究一直是乡村聚落地理学、城乡规划学的重要关注点，这其中除了时间、地点要素的研究之外，范围的确定，更是所有研究的重要基础。

在众多研究中，陈紫兰先生在《传统聚落形态研究》[110]一文中，提出了"中心性与界域性"这两个描述"范围"的重要特征。其中，中心相对较容易感知，也可称之为"核"，具有空间最复杂、人文活动最剧烈的特征，往往是区域能量集聚、散发、扩散的中心，是信息流、交通流、人流集聚最多的地段[111]，是聚落研究的一个重心，主要围绕空间形式、活动、行为展开。

而界域，在《传统聚落保护与更新的自力型模式探析——以西溪古镇为例》中有这样的定义："特定聚落形态（包括物质的和意识的）在空间地理上投影所形成的一定范围，是聚落更新演变中聚落空间肌理与社会肌理的地缘组织形式[112]；所以说，界域就是具有一定边界的区域，将边界与区域整合起来，具有心理意象层面的概念，一般包含三个层次，聚落界域、街坊界域、院落界域[39][38]。"该概念有着丰富的内涵与所指，但作为整体研究平台，一般首先围绕其物质形态所围成的界域展开基础研究，进而才拓展到空间演化、空间肌理、空间模式，以及影响他们的各种社会、经济生态因素的研究（图2-1）。

图2-1  中心与界域：临潼姜寨遗址
（资料来源：董鉴泓. 中国城市建设历史［M］.
北京：中国建筑工业出版社，2004.）

2）乡村聚落空间的边界及量化研究

聚落的边界，客观而言是模糊的。其一，概念意义的模糊，主要是相对我们的心理认知边界、关联影响边界而言，它包含了清晰可见的围墙，也包含了围墙外面的小路、山体、田园，是一个抽象的词汇，在不同层面上，会产生不同的界定；其二，空间限定实体界线的模糊，聚落本身的存在，不同于宅、院，或墙、篱笆、门等可清晰地界定"内与外"，而是一个与外围不断交流的存在，特别是当没有寨墙的时候，建筑的边界并不是连续的，而是以规则或者不规则的形态与周边的空间进行的虚拟隔离。其边界是由建筑单体所建立起来的聚落边界，由建筑单体部分的实体界面与建筑之间空隙部分的非实体虚拟界面连接而成，这一虚实关系决定着边界的密实程度，也体现了开合渗透的空间特性[39] 39。

为了进行更准确的描述，定量的研究方式则显得尤为重要，这样，各种因素的相关比对才更具有合理性与科学性。所有的量化，首先需从边界开始，最终的落位，又需要回归于边界。

边界的确定是相关研究的重要基础。在客观世界中，边界可以是简单直白的，一堵寨墙清晰地界定了聚落的内与外，但更多时候是复杂抽象的，是没有围墙的。聚落内的宅院即使有着相对清晰的聚集方式、逻辑与秩序，但也由于地形、道路、建筑建造等各种偶然性因素，导致边界呈现出不连续、曲折的界面关系，也使得区域有了较大的差异。特别是对小尺度、中等尺度的研究而言，该边界的研究是必须深入面对的，只有这样，才能将聚落研究引入更深的层次。

在平原地区，由于用地相对平坦，生活用地、生产用地相对充沛，本着就近农业生产半径和供养平衡的原则，各个聚落的分布较为分散，之间距离往往较大，虽然边界也出现不连续的界面，越向边缘递进，不连续性越强，但总体而言，大小规模的巨大差异，使得中心、边界较为分明，故聚落的边界基本是可以感知与确定的。但为了更好地研究分析，浙江大学浦欣成博士对边界的确定还进一步利用扬·盖尔先生空间与尺度中的相关原理及佐藤方彦监修的《人间工学基准数值数式便览》的数据，结合具体情况，利用7米、30米、100米作为虚边界尺度进行了详尽探讨，提出了科学的边界划定方法。

100米，是社会性视域的最高限，在更远的距离则是通过人影来体现，其内，则是基本看不清他们是谁或者他们在干什么。30米，人的面部特征、发型和年纪都能看得见，不常见面的人也能看得出；而这也是日本人所言之"识别域"的范围（20～35米）。7米，是日本人所言之"相互认识域"内的"近接相"范围（3～7米）与"远方向"范围（7～20米）的分界点[39] 53。

而在山区，有时聚落之间距离较远，可以清楚地感知到边界，但有时在有限距离内各种聚落大量地碎片化、零星地散布其间，特别是在地形狭窄的区域，往往每个聚落差异并不太大，中心、边缘的界定也相当模糊，更迫切地需要一定的界定。当边界界定清晰后，界域肌理研究、空间模式研究，才可以在定量基础上，通过数据进行分析，实现相互间的比较。

### 2.1.3　空间集聚的体系化理论基础研究

乡村聚落集聚，表现出的是聚落规模的扩张与缩小，实质是农户集聚与扩散的真实写照，在农业社会中，当周边农业腹地带来的经济效益和社会效益不能达到农户的期望值时，转移、搬迁、扩张便是其趋势，但是在可以满足的情况下，集聚又是农户的根本追求。所以说聚落发展是生态、经济、社会选择的结果。

乡村聚落发展由于功能单一，主要为农业种植与居住的统一体，故不可能像城市发展一样有着强烈的经济耦合性，但仍符合一定的、简单的经济发展规律，特别是在今天聚落的复杂性已经远远超出历史时期的现实背景下，必须考虑相关的经济地理基础，这是一种自上而下的研究方式，是借助于公共体系吸引力建构起的逆向行为研究。而与之相伴的，则是行为规律研究的总结，是一种重要的"自下而上"的研究方法，有助于我们更深刻了解受众者的真实主观想法。

1）以中心地为基础的经济地理点轴理论

1933年，德国地理学家克里斯塔勒在其著作《德国南部中心地原理》[113]中首次提出中心地理论，他认为所有的城镇和腹地都有等级，这些高低等级的聚落和腹地组成了一个完整的社会空间系统，当然他有很多的假设条件，如运输方式只有一种，且随距离远近而增减；消费者和生产者均属于经济行为合理的人。在此基础上，提出了市场原则的中心地等级体系、运输原则的中心地等级体系和行政原则的中心地体系。

1950年，法国经济学家帕鲁克斯提出增长极理论[114]，并进而扩展到了"增长地区""增长轴"。强调依托主导产业和"龙头"企业，形成"极化效应"，改变区域结构，借助"扩散效应"，推动区域发展。1966年美国学者弗里德曼提出"核心—边缘"模型[115]，认为核心和边缘互为依托，不断发生着交流与互动，促进边远区域的发展，并有可能产生次级的核心，强调一个特定区域内关键点的有机协同，通过各种变量相互关系的解读，为区域分配组织及发展规划提供指导。

而这些增长极核、增长核心、增长区域，又会形成一定的轴向聚集，进而扩散出若干条增长轴，形成特殊的"点轴"理论：城市和产业的重点发展带是线性，是有等级的，并有着自己的"中心与腹地"。

我国陆大道先生在进行宏观城市体系研究时，也进行了"点—轴系统"理论的研究，并指出随着区域社会经济的进一步发展，"点—轴"必然发展到"点—轴—集聚区"。这里的"集聚区"也是"点"，是规模和对外作用力更大的"点"。"发展轴"具有不同的结构与类型，"点—轴"空间结构系统通过空间可达性和位置级差地租等属性对区域发展产生影响[116]。

虽然小流域中聚落的相关研究与该体系不可同日而语，但点—轴—集聚区的辩证关系却是我们可以借鉴与思考的路径。

2）以行为研究为主体的空间社会逻辑理论

该研究主体较多，本书注重考虑以下两方面，一是希利尔先生的空间句法理论，它是1984年在《空间的社会逻辑》[117][118]一书中正式提出的，不仅关注空间的几何、距离和拓扑关系，更注重空间的可达性、通达性与关联性，主要由空间分割与句法测度的程序来完成，由连接值、控制值、深度值与集成度来评比。由于这些数值一般是通过轴线法[119][120]的运用来实现的，在本书中有一定的制约，不过其主要思想与方法是需要借鉴的。

随着地理学的发展，许多地理学家越来越深刻地认识到，脱离时间就无从进行空间研究，地理学必须深入考察地理环境中时间的性质和作用，必须从静态走向动态，于是时间地理学应时而出，它是一种研究在各种制约条件下人的行为时空间特征的研究方法[121][122]。20世纪30年代西方在生产布局（区位论）研究中就开始注意对行为因素的分析，1941年，索尔（C.O. Sauer）在《历史地理绪言》中提出行为地理学与感应地理学相关研究的问题[123]。这种行为研究既包括了跨国家、跨时空的区域决策，也包括了个人、家庭、企业行为的小尺度感知、应对与调整。"他们从个人开始，在个体组成的群体中寻求普通大众，在大众的基础上再进行汇总，然后寻求潜在的可能被用于修改已有理论或建立新理论的一般规律"[124]。

20世纪70年代地理学家开始关注社会学家提出的社会空间的地域表示，是用小地块人口数据来辨识表征城市社会空间的主要维度以及图示这些社会空间的地域范围，包括了点状要素、面状要素及移动路径。时间地理学者为了将日常活动中时间与空间结合起来而提出"生活轨迹"，指出每一个人在连续不断的行动和事件中，会塑造每一个人之存在的时间与空间属性[122]53。一般常用主成分分析（因子分析）或空间句法来分析，认为通常得到4~10个成分或因子就能够解释初始矩阵中大约80%的方差[124]。

无论来自哪一方面侧重的研究，尽管因子、评价体系不同，但关联度都是重要的研究对象与载体，强调对象与对象之间、对象与区域之间的相互关联，依赖与区域又反作用于区域发展。

3）以景观空间格局为基础的景观生态理论

景观生态学是德国著名的植物学家C·特罗尔（C.Troll）1939年提出来的，是依托地理学、生物学的一门综合性研究方法[125]，借用异质性景观（包含生物、地理和社会，是生态学意义上的景观）的嵌套、组合及大小不同的自然区划进行某一地段上生物群落与环境间主要的、综合的、因果关系的研究，重点主要集中在景观空间格局、景观格局与生态过程的关系、人类活动之间的关联与影响。1995年Forman将其研究重点解读为景观与区域、斑块廊道与基质、大型自然植被斑块、斑块形状、生态系统的相互作用、碎裂种群动态、景观抗性、粒度大小、景观变化、镶嵌系列、外部结合、必要格局等12个方面。景观生态学研究方法主要为景观格局分析法、景观异质性分析法与景观生态适宜性分析法[126]。

其中景观格局分析、异质性分析既是独立的方法，也是相关研究方法的重要基础，通过空间斑块研究整体的空间组织特征、变化及影响因素，这里的景观斑块（可以是植物群落、湖泊、草原、农田或居民区等）又是基础中的基础，包含类型、形状、大小、数量等因子，定量分析包括斑块面积、密度、形状指数、形状比例等；景观空间异质性分析法则包含丰富度指数、异质性指数和优势度指数等。他们既可以为诊断景观敏感区域、类型和景观过程提供依据；也可按照土地利用景观现状分类，对规划区域内的土地利用景观类型、数量、比例和空间结构进行分析[126]40。也可以借助离散度（DCI）分析，发现聚落空间分布的规律[127]。

## 2.2 社会—生态系统的基础理论及乡村聚落应用研究

从秦岭南麓乡村聚落变化的基本背景调查中，可以感受到聚落空间形式的改变，不仅是形态的改变，也是其内在要素、各种社会关系的改变；原有自然基底、生态影响程度的改变。而反过来，这两种关系的改变，又作用于聚落集聚的进一步调整，与聚落集聚呈现出一种因果的互动。而这两种关系本身也是彼此相互影响、相互调节的系统存在，为此，学者建构了社会—生态系统理论来进行重点的研究与总结，这种理论更是一种观念、一种体系，是通过具体的不同方式、方法来完成的。

### 2.2.1 社会—生态系统的发展与界定

在17世纪末18世纪初，社会—生态理论的朴素认识就已逐步展开，当时西方的古典经济学家开始更科学地关注环境容量对经济增长的限制关系，认为在环境可承载的范围内，自然环境可以促进社会经济的发展，但如果超过了承载的容量，则会对经济的发展起到限制作用。1962年，美国生态作家蕾切尔·卡森出版了《寂静的春天》[128]，第一次深刻地剖析了人与自然的关系，指出在科学发展带来人类进步的同时，也带来了始料未及的负面影响；1972年，著名的"罗马俱乐部"在研究报告《增长的极限》[129]中悲观地指出："地球资源是有限的，人类如果无限地索取，在现有系统没有重大变化的假定下，人口和工业的增长，最迟在下一个世纪内一定会停止。"人类第一次开始全球生态危机问题的关注，首次提出"持续增长""均衡发展"的口号，可持续发展观念逐渐形成共识[130]。

到了21世纪初，Gumming等学者进一步提出了"社会—生态系统（SES）"的概念。社会—生态系统①（Social-Ecological System），是一种方法，也是一种系统，由于学者站点的不同[131][132]，定义也有很多种："是指复杂的、动态的自然系统和社会系统相互依赖，紧密相连共同构成的、复杂适应的耦合系统"[133][134]、"立足社会生态经济综合指标，突出社会生态经济系统的

---

① 原文用的是"Social-Ecological"，国内翻译有"社会—生态"，也有"社会生态"。从其内容及目标指向而言，作者认为两者既不是并列关系，也不是修饰关系，而是目标导向加并列的关系，而是"立足社会的社会—生态"，所以在做解释后，仍然采用了国内较多的翻译方法"社会—生态系统"。

整体性，以人地和谐、综合的思想，分析、解决生态和社会经济问题的一种方法。"[135][136]
其最直观的认知是，在自然生态系统中，能量在各营养级中的流动都遵循"生态学金字塔规
律"，低级消费者向高级消费者数量是逐级递减，而社会—生态系统却会表现出相反的规律，
呈倒金字塔结构，人类重要性及其产生的耦合因素要远超过原始生产者——植物、低级消费
者——动物的活动强度与重要性，属于一种不稳定性很强、相对脆弱的生态系统[137]。

2009年，美国学者奥斯特罗姆立足于公共政治学的角度，在《科学》发表了《社会—生态
系统可持续发展总体分析框架》，将之作为一种科学方法展开了进一步的解读。她认为："社
会—生态系统可以分成不同的子系统，而这些子系统又可以进一步分解成不同的层级，分析社
会—生态系统的关键，在于我们如何分析不同时空范围内多层次生态系统的复杂性。"[135]并
把社会—生态系统分为4个子系统：资源系统、资源单元、管理系统、用户，其间通过某种中
介相互作用、互相影响（图2-2）；通过相应的经济规律实现促进与制约的平衡。"而对多数使
用者而言，当资源管理的期望收益超过构建一个更好的制度建构成本时，系统自制就会增大。
但是对自主治理的前期投入，会造成经济收益的短期损失，从而制约使用者改变现有的制度进
行时间和资金上的投资，以建立新的制度"[138]。其次，提出因为系统复杂的特性，其中必然
产生很多不可预测与不确定性，他们与许多变量直接关联，学者们根据核心变量去建立和检验
已建立的成本理论模型，由此来判断和检验资源系统长期可持续发展的可能性。第三，为便于
了解社会人文和自然生态系统两方面影响，奥斯特罗姆引入了"行动情境""焦点资源"作为
分析框架的动态基础，行动及其对焦点资源作用的结果分析是整个框架建构的核心内容。

在国内，叶峻先生同样对该系统进行了长期的研究，系统地进行了理论阐述与体系建构，
认为社会—生态系统是"社会子系统与环境子系统在特定时空的有机结合，只要有人在其中活
动，都是某种社会—生态系统"，"有一定的功能特征与结构形态，按照不同的标准、作用对
象，就会形成不同的类型"。其按照社会职能和形态划分，可以分为"实业生态系统（例如工
业、矿业、农业、林业等）、运载生态系统（例如汽车、飞机、火车等）、居民生态系统（例
如居民小区、职工宿舍区、别墅区、宾馆等）"[137]，按照物质、能量、信息交流又可以划分
为封闭社会—生态系统与开放社会—生态系统。

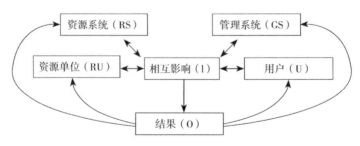

图2-2 社会—生态系统分析框架——核心子系统图
（资料来源：谭江涛，章仁俊等. 奥斯特罗姆的社会生态系统可持续发展总体分析框架述评［J］. 科技进步
与对策，2010,27（22）：42-47.）

此外，叶俊先生认为社会—生态系统具有：①一定区域和范围的空间结构特征，如同级的平行结构、异级的层次结构；②一定时期和阶段的时间系列特征，如初始期、成长期、强盛期以及衰亡期；③新陈代谢的有机生命特征，为此进行着各种能量、信息的变换交流；④自动调控的系统功能特征[137]72。

## 2.2.2　适应性与脆弱性——社会—生态系统干扰下的阈值指向分析

社会—生态系统作为一种重要的研究领域，因研究对象的不同，具体方法、焦点、扩延的选择差异很大，但都遵从"整体性、开放性、动态性与层级性"的系统性原理；遵从"有序循环、发展"的和谐性原理；遵从"自组织和他组织协同"的能动性原理，具有辩证的对立统一。

其中，"层级性、动态性"是该系统的重要表现属性，是认识理解社会—生态系统的重要研究平台。当社会系统受到干扰，能量、信息就会发生改变，当达到一定的阈值，并跨越后，就会从一个平衡进入到另一个平衡中去，或者进入另一个层级之中，社会—生态系统将会进入另一个稳态，它始终处于不断发展、进化和演变的过程中[139][140]。这其中，由于因子变化的不同选择、未来发展稳态也呈现出多样的模式，即使因子选择相同，但因不可预测因素的作用，也会呈现出一定的不可预期性（该不可预期性不是本书的研究重点）。人类作为社会—生态系统的主体要素，所从事的一切活动既要遵从自然发展的规律，也要遵从人类社会的发展规律。

这里面涉及两个概念，"干扰"与"阈值"，前者是指"不同时空尺度上偶然发生的不可预知事件，直接影响系统的结构与功能演替"[141][142]，而特纳（Turner）观点更直接，他认为"是物理环境的任何时间上发生的相对不连续事件"[141]83。随着当今社会开放度的增强，来自不同方向的干扰越来越多，也使得城市变得更加躁动，即使原本平静的村落都开始出现更多的、不可预期的多种发展趋势，奥斯特罗姆先生的"行动情境"便是"干扰"的具体写照（图2-3）。而阈值，是指一个效应能够产生的临界点或者临界区间，或者释放一个行为反应所需要的最小刺激强度与值域[143]，是物理学中的中重要指标，其在不同的研究方向中表现的参数是大不相同。在项目管理中的项目质量管理方面，阈值是通过成本、时间、资源价值等参数来定义[144]；在开发建设中，建筑高度、容积率等指标则是阈值的一种体现。

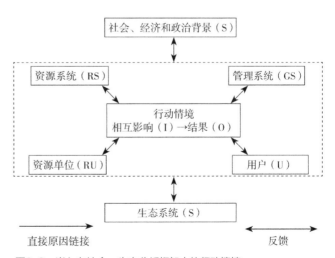

图2-3　嵌入在社会—生态分析框架中的行动情境
（资料来源：谭江涛，章仁俊等. 奥斯特罗姆的社会生态系统可持续发展总体分析框架述评［J］. 科技进步与对策，2010，27（22）：42-47.）

这些概念的社会—生态研究最早起源于20世纪70年代，霍林（Holling）在《生态系统的弹性（恢复力）和稳定性》中首先提出弹性（恢复力）概念，将弹性定义为在维持系统结构、功能和反馈等不变的前提下，通过调整系统状态变量和驱动变量等参数，系统能吸收的扰动量[145][146]；梅（May）在1973年针对生态系统的多个稳定状态的实验观测提出了阈值理论模型（Theoretical Models）[147][148]。戈夫曼（Groffman）等更是提出生态阈值是生态系统的转变带（Region or Zone），而非一系列的离散点，指出探寻某个前置条件下的阈值，是相关研究必须考虑的重点[149][150]。

在一个弹性社会—生态系统中，干扰意味着有潜力来创造机会以便于系统的革新和发展，在脆弱的系统中，即使小的干扰也可能会引起剧烈的社会后果[145]682。这里包含以下3层含义：①系统可吸收的扰动量（强调了系统的敏感度、适宜度）；②系统自组织调整的程度（强调了运作的机制，内力外力的影响度）；③系统能构建并提高学习和适应能力的程度——强调了系统的适应度、更新的能力与结果。

社会—生态系统干扰后的阈值研究，既包含这种不同系统高耦合的复合分析评价，还包含过程中不同系统的深入分析验证，这种深入分析则主要通过系统的适应性与脆弱性来体现，他们是维持系统稳定和谐的关键。

（1）适应性（Adapatation）——强调社会经济适应分析

通常是指一个系统的变化过程、行为和结果，即为更好地处理、管理或调节以适应系统一些变化（如压力、风险或机遇）。在一个社会—生态系统中，相当于人类管理弹性的能力，尽管人类行为能控制该系统的动态变化，但适应复杂系统的本质特征是自组织。由于社会—生态系统的发展动态和方向受到人类活动的控制，系统的适应性主要是社会成分的功能。适应性指标主要度量以下方面：控制系统变化路径的能力，改变稳定景观拓扑结构的能力，或改变系统在其他尺度范围动态响应过程的能力[145]683。根据乡村变化及发展要素的理论解读，其主要聚焦于社会生活、产业发展等方面的主要因素，具体权重及特征则需要类型化的针对分析。

（2）脆弱性（Vulnerability）——强调生态安全适宜评价

与弹性一样，脆弱性通常被看作是对系统有重大影响的特定干扰，即一个系统对于某些干扰相对脆弱，对于其他干扰并非如此。弹性和脆弱性之间的不同在于脆弱性指维持系统结构的能力，而弹性是指系统从动力学非结构变化中恢复的能力[151]，相对于整个社会—生态系统而言，它主要运用于自然生态环境之中，随着人们开始注重人与自然的共同演进，倡导聚居模式与自然生态环境的共生。乡村聚落的建设，因自然环境而开始，但反过来，又作用和反馈于自然环境，从而导致土地适宜性、生态敏感性、生态足迹等互动的影响与改变。

## 2.2.3 基于人居营建视角的社会—生态系统认知及"RROD单元"聚焦

### 1）基于人居营建视角的社会—生态系统认知

社会—生态系统，作为一种认知研究的观念与方法，虽然冠以名称不同，但是各家学者，也都进行了不同侧重的研究，如马世骏先生是以"社会—经济—自然复合生态系统"的概念进行了系统的全域梳理[152]，而吴良镛先生以道萨迪亚斯"人类聚居学"为基础，从人居环境学的角度高屋建瓴地进行了这一系统的分析与阐述，进行了更侧重于"人"的、以"人"为核心的、满足人类居住为目的的体系研究，具体包括自然系统、人类系统、社会系统、居住系统与支撑系统五大系统（图2-4）[3]40。它们通过"自然、人、社会、建筑物、网络"耦合在一起，该体系完善、清晰，且相互间有着不可割裂的联系。

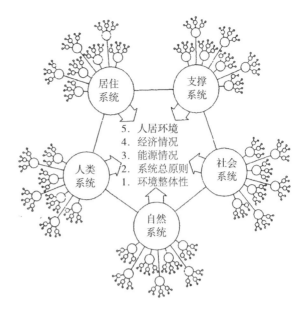

图2-4 人居环境系统模型
（资料来源：吴良镛. 人居环境科学导论 [ M ]. 北京：中国建筑工业出版社，2001.）

叶俊先生在其专著《社会生态学与协同发展论》中[137]76，指出生态具有"自然性、经济性、社会性"的特征，可以分别从生态中的自然构成、生物圈；生态经济效益、价值、流通；生态美学、生态文化、生态思维、生态哲学展开拓展研究，它已经是一个非常复合的概念。从中可以看出，社会—生态系统，进一步强调了"社会"属性的生态复合；扩展并明晰了其研究的界域，充分认识自然生态的价值，但更强调"人"属性的主导，强调"生态打底，人文造境"的指向，是一种有侧重的共生系统。

社会—生态系统是一个非常复杂的概念，涉及方方面面，按作用对象可以有不同的侧重与划分：（1）自然生态基底不同，社会—生态系统不同，如按地理条件可划分为绿洲地区社会—生态系统、高原地区社会—生态系统、滨海地区社会—生态系统、丘陵地区社会—生态系统；按地形划分的河谷地区社会—生态系统、平坝地区社会—生态系统；（2）社会经济属性不同，社会—生态系统不同，如按经济收入情况可划分为发达地区社会—生态系统、欠发达地区社会—生态系统；按照主导产业不同，可以划分为服务业为主体的社会—生态系统、工业为主体的社会—生态系统等。

正因如此，各种研究的视角也非常多，如蔡晶晶先生就从社会—生态耦合的角度进行了林权制度的探究[153]。所以根据落脚点不同，社会—生态系统的内容选择、侧重应该是不同的。就本书所研究的聚居的系统指向，则更侧重于"以人为本"，建构符合自然生态基底、符合社会发展状态，以"土地使用、空间建设、道路组织"为目标展开的社会—生态系统。

2）社会—生态系统的人居"单元"聚焦

早先道氏为了避免概念上的混乱，按照类型和规模对聚居机构进行了划分，将聚居单元分为15个单元[154]，3个层次，后在《建设安托帮》一书中，归纳为"家具、居室、住宅、居住组团、邻里、城市、大都市、城市连绵区、城市洲、普世城"10个层次。人居环境学中将其简化为全球、区域、城市、社区（村镇）、建筑五大层次，且在该系统学中，明确进行了时间维度的研究，提出在生产力低下的早期，经济发展缓慢、交往联系较少，城市发展也非常缓慢，很长的周期内几乎静止、不发展，然而现代技术和现代化交通的发展使得城市得以前所未有的速度进行增长，时间背景是"形态、结构、规模"描述的一个重要参考指标。

这里的单元，是按照层次划分的，落脚点是人居的"单元"，是不同的实体和空间本身，是人居环境研究的重要对象。单元（Unit）是现代科学研究中常用的一个基本概念，《近代词源》中解释为"整体中自成段落、系统，自为一组的单位"，"单元"不同于"单位"，应该是一种组合体。不同学科从各自的角度都有不同的单元划分，如水文单元、居住单元、存储单元等。即使同一学科，根据研究范畴、研究重点不同，单元分类、分级也有很大差异，可以提取到3个层级，也可以细致到15个层级。所以聚落可以是一个单元，几个聚落也可以成为一个单元。重在研究视角、研究意义的选择。

然而，相关研究更多聚焦于区域整体观下的宏观"单元"，聚焦于大尺度的核心要素关联，如京津冀区域社会—生态系统、市域社会—生态系统、县域社会—生态系统。由于该层面尺度较大，所涉及规模、功能等各种要素过于复杂，对于社会、经济、生态的全面耦合而言，会更多侧重于战略性的研究，如一提京津冀，会优先聚焦于经济、社会、生态的战略性发展。虽然各种研究没有冠之以名，但是从其内涵出发展开的研究是不可否认的事实，并获得广泛的认可。

就微区域尺度而言，同样需要社会发展与自然生态相互影响互动下的人居单元应对分析与干预，寻找"合适的、有针对性的""资源单元"，并以此建构相应的"管理系统"。但往往由于区域边界模糊、规模总量较小，且体系特征简单等原因，围绕之进行扰动过程中的持续发展、融合脆弱性、适应力于一体的社会—生态系统适宜性应用研究较少。特别是乡村相关方面的研究，除了个体本身之外，更多是聚焦于县域层面，更多偏重于经济层面。

3）生产生活统一的RROD单元

作为不同的社会—生态单元研究样本，从强调一定地域范围内的人们基于共同的利益和需求、密切的交往而形成的具有较强认同的社会生活共同体——社区单元[155][156]，到侧重一定区域内人居系统与自然生态的复合的人居生态单元[157][158]，都为本书的研究提供了一定的方向，是本书研究必须考虑与借鉴的。

但RROD（Rural Road-Oriented Development Model，简称RROD模式）单元的研究更为直接，它是基于生产、生活研究进行乡村聚落单元研究的一种，是以生活质量导向进行乡村聚落空间优化基本框架为指导，依托乡村交通布局的、功能完善的、规模适中的新型乡村聚居单元。在一定区域范围内，由多个等级有序、布局合理、彼此关联的RROD，基于区域地理环境条件，依托乡村公路系统，共同组成RROD体系（图2-5）[5]1466。

RROD单元的基本尺度，主要从乡村服务设施的半径（供水设施、供热设施、燃气设施）

和农业劳作半径、农业规模效益、出行距离感知、邻里认知尺度等方面验证的。其合理半径为450～700米，人口规模为1500～3500人，单元之间距离尺度为3.5～5千米，一个完整体系的RROD可以包含7个单元，人口规模在24500人[5]1467。由于乡村聚落分散布局，可将多个小规模的基础服务设施置于低层次的系统之内，关键基础设施服务半径的主要作用不是确定单元规模，而是当单元规模确定之后，用以验证是否符合基础设施的要求[5]。如按照出行半径，通过居民非机动车出行距离来测算，则宜为3千米。

这实质上是一个聚居区位转换、聚落职能调整的过程，其中聚居区位的转换包括个体区位转换与群体区位转换。伴随聚居区位的转换过程，逐步移拆部分散乱且不适宜居住的衰落村落，保留部分规模适中、居住适宜的一般村落，扩大部分居住适宜、集聚潜力较大的重点村落，新建部分区位优越、设施完善、特色突出的新型村落[5]465。聚落单体的规模尺度与聚落之间的距离尺度是刻画乡村聚落空间尺度的两个关键指数。但这两个关键因子主要来于乡村聚落社区化、农业产业化复合化的分析与研究（图2-6）。

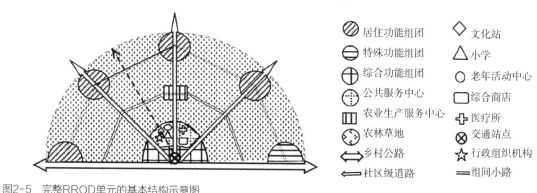

图2-5　完整RROD单元的基本结构示意图
（资料来源：唐承丽，贺艳华等. 基于生活质量导向的乡村聚落空间优化研究［J］. 地理学报，2014，69（10）：1459-1472.）

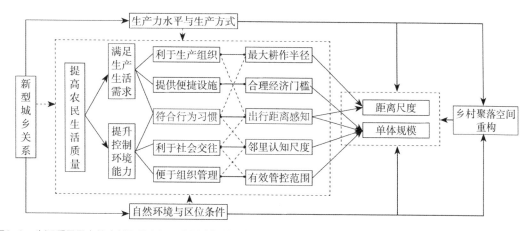

图2-6　生活质量导向的乡村聚落空间尺度影响机制示意图
（资料来源：唐承丽，贺艳华等. 基于生活质量导向的乡村聚落空间优化研究［J］. 地理学报，2014，69（10）：1459-1472.）

## 2.2.4　社会—生态系统与可持续发展、绿色营建评价方法

1）社会—生态系统的可持续与绿色发展观

社会—生态系统作为对象的一种描述，一种对象认知方法，无论是"行动情境"，还是"干扰"；无论是"动态层级"还是"阈值"，都是理解研究对象的基础研究、本质研究。然而，社会—生态系统的提出，不仅是一种客观、整体的认识观念与方法，更是可持续发展观念的体现与深度回应，1987年联合国社会环境与发展委员会在《我们的共同未来》[159]中，就倡导一种"建立在生态承载力之上的经济、社会和生态全面、协调、同步的发展机制"，即"可持续发展"，将之定义为"既满足当代人的需求，又不对后代人满足其自身需求的能力构成危害的发展"。该定义不仅体现了代际可持续的战略思想，更是"自然、经济和社会的协调统一、与自然资源相适应、与社会自组织协调"的强调。

伴随着可持续发展研究的逐步深化与总结，1989年Pierce在《绿色经济蓝图》一书中提出"绿色经济"的概念，2002年约翰内斯堡世界高峰会议开始了"全新绿色新政"，"迈向绿色经济"的实行，可持续发展的理念进一步由理论和概念走向行动，从"得到普遍认同"走向"思考如何实施"[160][161]。2005年联合国亚太经社会（UNESCAP）会议提出"绿色增长"的概念，将之看作是实现可持续发展关键战略，认为绿色增长是"环境可持续的经济增长"，2012年，联合国可持续发展大会又进一步强调了"绿色转型"，并重点强调了贫困地区的"绿色转型"。

故"社会—生态系统"的概念本身就是一个具有色彩倾向词汇，隐含着"符合发展规律、趋势""正确、合理、科学"的发展观念及评价标准。相关的评价基础也应该是有倾向性的、绿色的，是"以人的活动为基本对象""以生态影响为基础标准""具有发展观念"的耦合统一。这也是美国学者奥斯特罗姆《社会—生态系统可持续发展总体分析框架》的本源与核心。

在"可持续及绿色发展"领域，自1987年相关概念提出以来，先后出现了众多的评价指标体系。如联合国开发署人文发展指数（HDI）、世界银行可持续发展指标体系、中国科学院可持续发展战略组的现代化指标体系[162][163][164]等。基于研究对象与目标的选择，本文围绕聚焦"可持续"的"PSR"评价指标体系和"空间绿色营建"的"LEED"等评价指标体系进行了分析。

2）基于"压力—状态—响应"（PSR）模型的评价指标体系

"压力—状态—响应"（PSR）概念模型，是由联合国OCED和UNEP提出的，已经非常成熟，广泛运用于各领域之中。它综合考虑社会、经济、资源与环境，突出人地之间的互动因果关系，即人类活动对环境施加一定的压力；环境改变了其原有的性质或自然资源的数量（状态）；人类社会采取一定的措施对这些变化做出反应，以恢复环境质量或防止环境退化[165][166][167]。

PSR评价体系是目前融社会生态于一体的较科学的评价体系[168][169]，它以人的活动为干

扰，探讨环境受到的压力和环境退化之间的因果关系，借助压力、状态、响应3个相互制约、相互影响的环节，进行过程评价，为决策和制定对策措施提供合理的依据。该评价体系包含准则层、因素层、指标层3个层级，涉及评价函数、标准值等评价指标，其固有信息加专家评价确定指标权重的方式，有利于克服主观赋值法所带来的结果不稳定的现象。

3）有关空间绿色营建的社区、住区评价指标体系

"绿色"已经成为一种系统、一种态度，既包含了内生的生态融合，又包含健康的有机开放，是一种拥有多元生态观的可持续发展。其次，"绿色"应该是共识基础上的不同所指，因层次不同、对象不同，聚焦、评价也不尽相同，相对日照强势地区的住宅，其"绿色"则需重视太阳能的使用；相对城市高度密集住区，其"绿色"则应更聚焦于社会属性的强调。

目前而言，住区、社区聚落中关于绿色建筑方面评价较多，无论是从技术、经济、空间等方面都较为成熟，但关于其住区整体营建的针对性评价较少，多见于各种绿色建筑评价下面的一个分章。如英国绿色建筑评估体系BREEAM专门设置了社区（Communities）评估子系统[170][171][172][173]；美国的LEED评估体系设置了邻里发展（Neighborhood Development）评估子系统。其中，BREEAM由15个子系统组成，而涉及社区部分的评估体系主要对项目进行8个方面的环境性能评估：①气候和能源；②社区；③场地塑造；④生态和生物多样性；⑤交通和行为；⑥资源；⑦商业和经济；⑧建筑。LEED-ND是专门针对社区方面的评估体系，总共分为5个大项进行评估：①精明选址和连接；②邻里模式和设计；③绿色基础设施和建筑；④创新和设计过程；⑤区域优先。

西安建筑科技大学绿色建筑体系研究中，也进行了相应的绿色住区综合评价指标体系建构，但更"着眼于资源与能源的有效利用、材料与建造方法的无害性与经济性、高质量的人居环境、弹性可变的空间体系以及对地方技术及建筑历史的尊重"，同时"也充分重视历史文化生态的平衡，对住区建设质量进行全面的综合评价"[79]29。2014年10月中国城市建设协会制定《绿色住区标准》①，相对建筑本身技术的绿色评价而言，更侧重"场地""交通""公众性"等社会属性的绿色评价。

这些评估指标体系及相应标准，除强调"绿色技术的优化与整合，增加建筑生命周期的适应性和可改性"外，特别注重了"既有设施的配套高效的循环利用、城市与住区的系统融合、人文传承与社区和谐"等方面内容的构建，是一种人文属性的绿色构建。

4）相关乡村聚落可持续发展评价体系的借鉴

国内外的可持续发展与营建的评价指标体系更多围绕城市及宏观区域展开，在乡村聚落层面研究相对较少，即使围绕乡村聚落进行的相关评价也多为以宏观区域的经济、用地及聚落体系为核心进行的评价。

---

① 2014年10月1日起正式施行《绿色住区标准》（中国房地产研究会人居环境委员会等单位编制）（行业协会标准）（2017年10月开始修编）。

尽管乡村聚落可持续及绿色发展评价与城市住区、区域的相关评价有较强的一致性，但这并不代表其可以套用在聚落之中，一方面自然生态基底的差异使得两者之间有着空间格局的巨大差异、相关山水背景为基础的生态环境指标必须更多融入；同时产居模式及其所产生影响的不同也使得社会环境指标需重新构建。

目前在这一领域研究较为突出的，有西安建筑科技大学绿色建筑体系研究中李立敏先生进行的"以熵评价"为基础的可持续发展评价研究。该研究以黄土高原绿色建筑评价为初始，以与奥地利中国村庄的可持续发展前景研究（SUCCESS）实践为核心，建构了相应的评价指标体系与模型，有很强的借鉴意义。

此外，则是围绕与聚落关联的某个侧重进行的可持续发展评价研究，如陈勇、陈国阶在"乡村聚落生态系统"中进行的乡村聚落生态评价[50]；杨新军、喻忠磊[134]等以旅游为视角进行的聚落社会生态综合评价。当然更多是与四川农业大学陈文宽、刘祥熙[174]借用"层次分析法"建构的聚落发展度指标体系相似的空间结构为目标的聚落分级分类体系化评价指标体系。

# 2.3 聚焦小流域乡村聚落空间集聚的社会—生态认知及作用机制分析

## 2.3.1 小流域社会—生态系统的客观存在

"社会—生态系统是社会子系统与环境子系统在特定时空的有机结合，只要有人在其中活动，它们都是某种社会—生态系统"，从该描述可知，当"人"这一核心要素开始出现时，社会—生态系统就已经客观存在了，它不以人的意志转移而转移，只是存在的状态、阶段不同，站点不同，研究的思路、方向、侧重会有所不同。

如果按照美国学者奥斯特罗姆的"资源系统、资源单位、管理系统、用户"4子系统结构模式，小流域基本四子系统则可以分解为"以自然地形为依托的微区域复合空间系统""以不同聚落群体为核心的人居集聚空间单位""以集聚过程优化为目标的管理系统""新型城镇化背景下的村民游客用户"（图2-7）。理

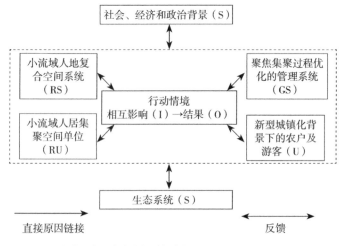

图2-7 小流域社会—生态分析框架中的行动情境
（资料来源：作者自绘）

论中的"焦点资源"指聚落所占空间，"行动情境"则指围绕集聚展开的各种活动，通过来自社会、经济、政治和生态的干扰来体现，通过干扰状态的相对评价来体现。

按照叶峻先生的四要素系统解读，这种社会—生态系统同样具备：第一，小流域本身就具备很强的空间结构特征，不同小流域构建了平行的"空间结构"，小流域内部因河流与两侧山体的关系又可以形成不同的"层次结构"；第二，当"人"一旦居住进去，整个社会—生态系统就开始形成，并不断发生改变，最终走向稳定或者崩溃，在改变过程中表现出不同的关联特征，表现出剧烈的或者缓慢的阶段进程特征；第三，虽然空间封闭，但挡不住的多维、多主体关联，使得第三个要素同样具备；最后，自动调控的特性在农村地区更是不言自明，早期聚落向深谷里的延伸，如今村民逃离乡村，都是人地自平衡的适应性结果。

基于以上基本认知，本书认为小流域社会—生态系统就是以小流域为平台，以连绵聚落为中心、自然环境为本底、居民生产生活相互交织的既简单又复杂的综合系统，包含了小流域背景的乡村聚落空间系统、生产生活社会系统、密切关联的自然生态系统。

1）层级化"域状"自然基础是小流域社会—生态系统存在的基础条件

整体性是社会—生态系统的重要特征，就纯粹的自然生态角度而言，小流域是整体性很强、关联度很高的区域，自然要素围绕着河流相对规律的纵向、横向展开与生长，内部任何的建设都要考虑整个小流域的特征，生产活动的组织既要考虑自身院落、聚落的需求，还需考虑地形条件、资源分布对院落的影响。

由于上、中、下游河流区段的不同，导致其在人口分布、资源利用、生活生产有着天然不同，即使同一区段，由于地形地势的差异，聚落分布的数量，也有很大差别，故就一条完整的河流而言，社会—生态系统也会因区段资源不同，层次级别不同，在表现上呈现出一定差异与不同。

另一方面，从流域底部到流域顶部的分脊线，尽管有些陡峭，但是仍为各种植物、动物以及人的活动提供了很大腹地，一年四季，季季不同并不仅指沟底周边人类生存环境不同，更是强调沟峪两侧坡面上色彩、产出的不同，三五月清脆玲珑、九十月的满山杜鹃、炎热夏季的声声蝉鸣、寒冬腊月的傲雪飞霜，种植、采摘、狩猎为村民提供了生存的基础，观赏、疗养、游憩为游客提供了参与理由，从而为简单但又充满魅力的别样社会—生态系统打下了特殊的坚实基础（图2-8）。

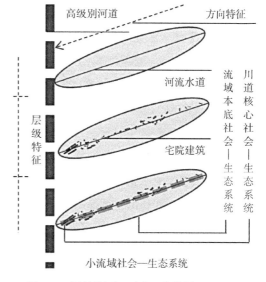

图2-8　小流域社会—生态系统基本特征
（资料来源：作者自绘）

2）方向化"线状"人文基础是小流域社会—生态系统存在的现实条件

如前文分析，小流域是百平方千米跨度的一个范围界定，相对聚落依托行政边界进行划分，呈面状展开的平原地区，山地小流域这个封闭边界是清晰存在的，居民的活动方向也同样可以是东西南北的多维联系，居民山上采药、种植，山下耕作起居，其生产生活同样可以视作这一范围内的高度复合。

但因地形地势限制，特别是在采集受到季节影响、退耕还林、狩猎被禁止的情况下，居民主体活动更多聚焦于川道内的这一范围内，特别是针对线状生长的聚落，各种日常行为更可抽象为水平双向的线性行为。即使对两侧山体适度改造，增加用地的宽度，也因小流域内生活生产核心区域的长宽比而显得很是薄弱。

封闭的小流域，往往处于某条河流的尽端，故尽管围绕聚落发生的主体活动行为是双向的，但是"起止"的概念是存在的，空间的形态变化是有一定规律的，所以小流域的产生，也预示着方向行为的限定。方向往往具有"格式塔"完型形态的较佳的形式[175]，容易产生较强的秩序感，但同时也使得原本均质的对象发生形变，远远超出简单叠加的效果，不管氛围如何，追求效果如何，"方向"使得每一个空间都变得不再相同，其核心原因在于通过"方向"，空间与时间有了更紧密的统一，层层递进、步移景异，既是空间变化，同时也预示着时间的变化。

综合以上分析，小流域又可以划分为流域本底社会—生态系统及川道核心社会—生态系统，它们是一个紧密嵌套的高复合系统。

## 2.3.2　小流域乡村聚落空间集聚的表征、特征与社会—生态系统的干扰

表征，按照《中国大百科全书》界定，是认知心理学的一个重要术语，强调征象的显示。小流域乡村聚落空间集聚的表征，可以认为是聚落在小流域中集聚显像的总结，是聚落在小流域内相对位置、规模大小、空间形态、变化速度的总结，是流域内外自然环境以及自然生态制约的改变结果，包含交通、政策和社会、经济发展等诸多要素转变结果，是主体"人"接受、改变选择结果的直接体现。但这种体现并不能完全真实地反映出后者作用关系，因为"时间"这一要素的影响，有时核心作用要素已经改变，而空间曾经显现的面貌在一段时期内依然存在。

小流域乡村聚落空间变化的特征，则更强调空间变化现象与各种要素变化的关联互动，与两者之间匹配状态有很密切的关系，是集聚表征的进一步提炼与总结，需要针对表征结合各种变化展开进一步针对性的、系统的调研与分析。

影响小流域空间集聚表征、特征的种种作用，也就是社会—生态系统所强调的"干扰"，是超"正常"范围内的波动，当然，这种"正常"也是相对的，是针对作用对象在一定时间段内相对稳定特征而确定的。这种"干扰"，可以是其社会系统与生态系统间的相互干扰，可以是不同子系统的互动干扰，更可以是系统外力变化的直接干扰（图2-9）。

小流域受到的干扰，按照产生源可以划分为自然干扰类和人文干扰类；按照产生主体可以划分为内生干扰和外在干扰；按照干扰模式，可以划分为直接干扰和间接干扰；按照干扰的方式，又可以分为行政干扰和市场干扰。当然这种种干扰，是互相交叉的、相对的，例如：生态移民搬迁、交通区位的变迁，直接将居民吸引或者搬迁走，造成社会—生态系统直线改变，可以分别归纳为外在干扰和人文干扰。

根据秦岭山区乡村聚落变化的基本了解与相关研究的分析，可以发现小流域乡村聚落空间集

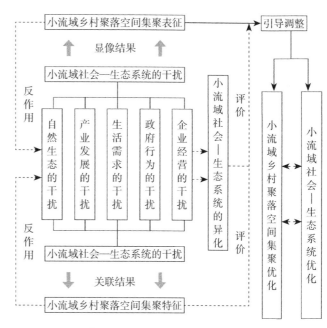

图2-9　小流域乡村聚落空间集聚的行动情境聚焦
（资料来源：作者自绘）

聚的各种干扰类型繁多，但主要可以归纳为生态、生产、生活以及政府决策、企业影响5个方面的干扰：

1）自然生态的干扰

人类的建设活动、生产活动、休闲娱乐等活动必然受到生态环境的制约与影响，当小流域里可以居住的适宜用地被发现、被利用，开始了居住行为，就意味人们开始干扰自然生态环境，但也意味着被自然生态干扰的开始，大自然以水源、林地等必要生活性物质资源供给的形式，从根本上干扰着乡村聚落的营建；而随着环境的改变，水源的恶化、土地资源的减少又以潜移默化的形式干扰着聚落集聚的进程；而当洪水、泥石流等自然灾害发生时，它们更是以直接粗暴的"干扰"方式影响着聚落发展，最终通过长期低强度或瞬时高强度的干扰影响着聚落集聚的空间关系。

2）产业发展的干扰

小流域地区如同普通山区一样，农业产出的价值比重在逐渐降低，已无法维持众多农业人口的各项开支，据人口专家研究，只有当乡村人口数量下降到总人口的25%以下时，农村土地价值才能达到市场化的要求。尽管秦岭山区因特殊资源，农业人口比重会大于此数字，但也不可避免地会有更多的农民选择外出务工作为家庭主导的生计模式，会有更多的人口将离开农业，意味着还要有大量的村庄将走向空废，走向消亡。

另一方面，随着现代农业逐渐成熟，在规模化、产业化的同时，有机农业、再生农业、生态农业的发展，使得10~50英亩（约60~350亩）的小规模型农业同样具有良好的发展趋势[176]。

特别是当市场进一步细化，当一定规模传统手工坊工艺成为趋势的时候，"精耕细作"型的小农经营模式必将持续占有一定的比例，在拥有良好生态背景的小流域，它的附加值将远远超出了该产品的基本市场价值。这种特色化农业发展也使小流域内一定数量小规模乡村聚落的存在有了更多价值与意义。

此外，随着农业生产力提高和农业份额下降，农业专业化、社会化的不断加强，产业关联度也逐渐加强[177][178]，农业与其产前产后工商业部门的有机结合，开始逐渐加强，农业部门内部呈现出多元化趋势，农业主导地位逐渐弱化，农村表现出明显的产业结构非农化[177]24。而这其中，以旅游、服务为主导的第三产业发展尤快。

3）生活需求的干扰（农户、游憩活动参与者）

这是一种自下而上的干扰模式，随着今天社会开放性的加强，生活的相互影响，即使是在同一进程、同一流域、不同社会—生态系统的切片中，各种社会活动之间也因为距离关系、路径关系，开始发生巨大变化，土地尽管仍然是村民的重要依托，但不再是简单的人地"量产"关系。

小流域内发生的外出务工也不再是单纯的经济行为，它所带回来的信息反馈、村民素质改变，正从空间、内涵上改变着流域内的聚落建设与集聚，正如马斯洛需求理论所展现的——不同层次关注对象不同一样，首先是生存需要、安全需要，其次是社会需要、尊重需要，进而是自我超越的需要。尽管该需求认知是复合的、系统的，但在某些层面，它又可以用经济来解释，可以分别用温饱阶段、小康阶段、富裕阶段来解释。所以说经济发展因素是扰动的基础动因与目标，社区需求是对聚落空间干扰的直接动因与目标，他们呈现出一种新的"干扰"特征。

此外，随着社会闲暇时代背景的到来，越来越多的城市居民进入乡村生活之中，原本终日不见几人的空旷流域，如今也开始出现了步行者、旅游者、养老生活者，出现民宿、养老社区，这种自下而上的干扰，也变得越来越剧烈。

4）政府行为的干扰

为了更好地解决乡村聚落的贫困问题、生态问题，政府机构开始强势介入，特别是在乡村振兴战略下，美丽乡村、移民安置、生态移民等一系列的项目正自上而下地影响着乡村的空间与肌理，上千年形成的格局在几个月内被更换。各种有组织的规划与建设，都在大力地干扰和影响着小流域发展的进程。

这种干扰改善了各小流域的建设环境，但也人为地加大了小流域之间的发展差距。当然，这种干扰，总目标是好的，但是有时不同部门单一目标干扰，如为了生态安全、为了扶贫救灾，导致缺乏一定的系统性、综合性的指导思想，也会带来很多问题。如在芦柴沟小流域尽端，为了两户人家，修建5米宽车行路的局面，这种类似的行为也有待斟酌。

5）企业经营的干扰

作为另一支重要的干扰力量，社会资本通过大小企业介入的模式，讲述着"新时代"的上山下乡故事，原住民被搬迁、被隔离，也屡见不鲜，尽管相对南方地区的投入而言，仍然较少，但各种开发也在逐渐展开，各种模式也正在开始演绎，在老林河小流域，众多的企业开发已经成为现实，养老地产、盘龙宾馆、云中小筑、花博士乐园正在彻底改变着流域内的面貌，改变着原有居民的生存、生活模式。即使场域特征微弱的龙潭河小流域，目前已经有西安某公司就整体开发的规划与协议进行谈判。

更让人担心的是，在与政府沟通中，发现几乎每条有一定建设空间的小流域，都有开发商咨询与沟通。在典型区域外的周边地区也同样如此，如宁陕皇冠镇朝阳沟，由西安市海荣集团开发布局，其经营方式则是将小流域内村民全面迁出，仅留作为旅游开发服务或者经营的部分村民；同样在宁陕的筒车湾，政府与企业合作，保留村民的生活状态，适度介入各种旅游活动，又是另一种有效的开发管理模式。

### 2.3.3 小流域乡村聚落空间集聚的异化、优化与社会—生态系统的评价

当小流域的社会—生态系统受到干扰后，小流域的物质系统、自然系统、空间系统也必然发生一定改变，以前的村庄道路不用考虑转弯半径，而今，小尺度转弯半径必须予以充分考虑，因为个人交通工具、生产工具——"车"越来越多了；以前是山脚之下的居住方式，如今是临路的营建选择；以前是更加零散的居住模式，如今，相对较大的斑块聚落开始出现，种种干扰，小流域中大小聚落开始重新集聚。

这种集聚，反过来，又进一步影响与改变着其所处的社会—生态系统，呈现出不同的异化现象，所谓的"异化"，按照黑格尔的观点，指的是主体与客体分离的状态，而马克思则批判地丰富了这一认知，进一步提出了主体与主体的异化、客体与客体的异化。

而从目前调研来看，原本较均质的乡村社会异化越来越明显，如果以社会系统的视角进行评判，则可以发现，各小流域呈现出了消极与活跃加强的异化发展；特别是在小流域开放性进一步加强的背景下，因资源优势、区位优势、产业特色等缘由，造成干扰的模式不尽相同，小流域与外界的开放模式不尽相同，小流域聚落集聚特征不同，造成小流域系统内外的关联不尽相同。当信息输出与输入达到平衡或者高于输入时，它是被需要的，是一个积极的社会—生态系统，但当输入强于输出系统时，它是一个相对消极的社会—生态系统。

如果以生态系统的视角进行评判，则可以发现，各小流域又呈现出了恢复与破坏加强的两种分化。也就是小流域内部呈现出不同层面、不同尺度的异化表现。

此外，即使同一条小流域，因自然河流形成的上下游区段天然差异，不同背景下的人工组织与行政管理同样影响着不同的区段格局，在资源丰富的区段，建设发展就相对集中，集聚较为明显，而资源较为简单的区域，离散状况就较为明显，从而使得小流域内部的下一层级社会—生态系统也呈现出一定的异化现象。

所以，以"社会—生态"和谐为目标的小流域是否能够更好地可持续发展，取决于包含土地在内的自然生态及包含生产、生活在内的社会经济要素相互作用过程是否能够达到良性循环，系统内部各要素之间及系统与环境之间是否良性协调[167]1100，不同的异化现象是否可控。

而就小流域可利用土地有限这一背景而言，在土地农业利用逐步弱化、流域内农业价值不足以维系村民生活的现实面前，农户集聚的聚落成为了小流域发展的重要体现与影响关键。

所以反过来，小流域聚落集聚的好坏、进一步调整优化的方向，更多是以小流域社会—生态系统以及小流域内部不同区段社会—生态系统改变的状态如何、未来的改变趋势如何来评判的，进而从整体以及局部提出针对性的优化方法。故合理的评价是进一步干预优化聚落集聚的重要依据。

### 2.3.4  小流域社会—生态PSR健康发展评价方法提出

综合本节小流域乡村聚落空间集聚与社会—生态系统的作用机制分析，以及前一节社会—生态系统相关评价方法的梳理，本书认为，以较成熟的PSR评价方法为基础，以相关的绿色评价指标体系、乡村评价指标体系为参考，以小流域聚落空间集聚的表征为对象，进行聚落集聚可持续发展的评价，变得尤为关键。

这里，本书将之定义为小流域社会—生态的健康发展评价，它是以整个流域为背景，以有方向川谷为基底，聚落建设为评价对象，对其中自然生态要素和社会经济要素进行的综合诊断评价；目的是诊断由人类活动与自然因素引起的系统破坏与退化程度，以便发出预警，为管理者提供决策[167]1100。

该评价依托原型——社会—生态系统PSR评价方法，虽然运用较广，且多用于生态移民安置区评价（表2-1）[80]33、土地利用健康评价（表2-2）[167]1101、生态系统评价、经济与环境发展评价、小城镇或可持续发展评价等方面，但针对小流域聚落这种尺度较小、较为零散的集聚评价，运用相对较少，特别是在因素层、指标层两个层级因子选择、标准值、权重系数确定方面仍是空白。

生态移民安置区可持续发展PSR指标体系　　　　　　　　表2-1

| 要素 | 压力$A_1$ | 状态$A_2$ | 响应$A_3$ |
|---|---|---|---|
| 人口 | 人口自然增长率×1 | 人口密度×10 | 计划生育率×20 |
| | 人口迁入率×2 | | 移民再迁入率×21 |
| 水资源 | 人均水资源量×3 | 人均耕地面积×11 | 资源总量动态平衡×22 |
| 资源质量 | 农田旱涝保收率×4 | 耕地质量指数×12 | 土地改良投入率×23 |
| 环境污染 | 生活污染面×5 | 环境质量指数×13 | 污染治理率×24 |
| 经济生活 | 一、二、三产业比重×6 | 人均GDP×14 | 经济增长速度×25 |
| | 一、二、三产业就业比重×7 | 人均纯收入×15 | 社会保障覆盖面×26 |
| | 失业率×8 | 非农业收入比例×16 | |
| | | 非农就业比例×17 | |
| 教育 | 文盲率×9 | 子女入学率×18 | 教育投入占地方总投入比例×27 |
| | | 技术培训率×19 | |

（资料来源：史俊宏. 基于PSR模型的生态移民安置区可持续发展指标体系构建及评估方法研究［J］. 西北人口，2010，31（04）：31-35.）

土地利用系统健康评价指标体系及其标准值　　　　　表2-2

| 准则层 | 因素层 | 指标层 | 评价函数 | 标准层 | |
|--------|--------|--------|----------|--------|--------|
| | | | | 健康值 | 病态值 |
| 系统压力 | 人口活动水平 | X1人口密度 | 总人口除以土地面积 | 150 | 800 |
| | | X2人口自然增长率 | / | 3 | 25 |
| | 社会经济发展压力 | X3城市化水平 | 非农业人口除以总人口 | 70 | 10 |
| | | X4 GDP年增长率 | 当年GDP除以前一年GDP减1 | 6 | 24 |
| | | X5固定资产投资增长率 | 当年固定资产投资除以前一年固定资产投资减1 | 5 | 30 |
| | 土地利用强度 | X6土地垦殖率 | 耕地面积除以土地总面积 | 30 | 10 |
| | | X7土地利用率 | 建设及农用地和除以土地面积 | 95 | 65 |
| | | X8建设用地比例 | 建设用地规模除以土地总面积 | 3 | 18 |
| 系统状态 | 社会经济发展水平 | X9人均GDP | GDP除以总人口 | 20000 | 5000 |
| | | X10城镇居民人均支配收入 | / | 16000 | 4000 |
| | | X11农民人均纯收入 | / | 6000 | 1500 |
| | 土地集约利用状况 | X12地均GDP | GDP除以土地总面积 | 15 | 1 |
| | | X13人均耕地面积 | 耕地面积除以总人口 | 0.100 | 0.053 |
| | | X14人均建设用地 | 建设用地面积除以总人口 | 150 | 210 |
| | 生态环境质量 | X15森林覆盖率 | 森林面积除以土地总面积 | 40 | 10 |
| | | X16水土流失程度 | 水土流失面积/土地总面积 | 15 | 60 |
| 系统响应 | 政策管理水平 | X17土地市场配置程度 | 土地一级市场配置程度与土地二级市场配置程度加权求和 | 65 | 15 |
| | 环境保护力度 | X18水土流失治理率 | 治理面积除以水土流失面积 | 60 | 10 |
| | | X19工业废水排放达标率 | 达标工业废水排放量除以工业废水排放总量 | 95 | 50 |
| | | X20城市生活污水处理率 | 生活污水处理量除以排放量 | 80 | 35 |
| | | X21工业固体废物利用率 | 综合利用量除以产生量 | 85 | 45 |
| | | X22教育投资强度 | 教育投资量除以财政支出总量 | 35 | 5 |

（资料来源：郑华伟. 基于PSR模型的土地利用系统健康评价及障碍因子诊断［J］. 长江流域资源与环境，2012，21（09）：1099-1105.）

不过，根据设定目标的确定，可以认为，该评价方法所需要的因子，应分别对应以下三个方面内容：第一，小流域乡村聚落集聚发展后的空间结构是否合理；第二，其对人类活动及自然生态有何影响，影响程度如何；第三，多元综合考虑下的复合效益及未来发展如何。

　　进而可从PSR模型的基本框架入手，结合影响聚落空间集聚五个干扰面的分析以及目标指向的确立，构建如表2-3因素层的二级指标体系。具体的第三层级分解指标层，按照常规理解，可涉及的因子众多，如表2-4所示，但更具有指向性、典型性的选择，以及相应的标准值确定，则需在科学性、系统性、可比性和可获取性等原则的基础上，结合各种社会—生态的分析、调研、归纳结果，并在参考相关文献以及对比数据获取难易程度的基础上进一步判断完成。

小流域社会—生态PSR健康发展评价指标框架建构　　　　　　　　表2-3

| 准则层 | 系统压力 | | | | 系统状态 | | | 系统响应 | |
|---|---|---|---|---|---|---|---|---|---|
| 因素层 | 人口活动压力 | 社会经济发展压力 | 聚落建设压力 | 生态环境压力 | 社会经济发展水平 | 聚落空废常住特征 | 生态环境影响指数 | 政府企业介入状态 | 村民及游客满意度 |
| 指标层 | — | | | | | | | | |
| 标准值 | — | | | | | | | | |

第三级指标层可能影响因子总结　　　　　　　　表2-4

| 准则层 | 因素层 | 指标层 | 标准值 | |
|---|---|---|---|---|
| 系统压力 | 人口活动压力 | 总户数、总人口、常住人口、农户结构、人口变化规模…… | — | — |
| | 社会经济发展压力 | 产业类型、GDP总量、人均收入、非传统农业收入占比…… | — | — |
| | 聚落建设压力 | 宅院总数量、宅院平均数量、宅院建设密集度、配套建设…… | — | — |
| | 生态环境压力 | 小流域平均宽度、长度、适宜建设用地规模、各类用地占比…… | — | — |
| 系统状态 | 社会经济发展水平 | 土地流转、集中农户占总农户比例、非农户数量变化…… | — | — |
| | 聚落空废常住特征 | 宅院平均空废率、宅院空废时长、不同类型常住农户占比…… | — | — |
| | 生态环境影响指数 | 生态环境污染、自然环境破坏、区域景观开发、相对通达指数…… | — | — |
| 系统响应 | 政府企业介入状态 | 政府或企业在有关规划发展、环境治理、市政建设方面的行动…… | — | — |
| | 村民及游客满意度 | 村民居住出行、公共设施使用等方面、游客在游憩感受等方面…… | — | — |

　　其中，在系统压力方面，考虑到小流域的自然本底需求，首先在既有的、运用较多的相关评价指标体系中，增加了生态环境方面的压力这一指标，它是聚落集聚的基本条件，但考虑到36%区域允许聚落集聚的先决背景，这里主要以可供聚落建设及相关活动发展的基本自然条件为主；人口活动、社会经济方面作为基本项，予以保留；另外由于聚焦对象的考虑，也正如前文解释的，以聚落建设压力指标代替了土地利用强度。而其中每一项，又可以分解为诸如总户数、总人口、常住人口、聚落密度；产业类型、发展模式、人均GDP、非农收入比重、外出务工比重等若干三级指标（该级指标体系需要进一步筛选与确定）。

　　在系统状态方面，则是相对应地采用了生态环境影响指数、社会经济发展水平、聚落空废常住特征三个方面。其中聚落空废常住特征，是当前乡村研究尤为关注的地方，各种社会问题多是由该现象造成，它是人口因素与聚落集聚因素相互匹配的结果。同样，该因素层也可以进一步划分为生态环境污染、自然环境破坏、自然景观开发、道路建设、宅院平均空废程度、不同类型常住农户占比、土地市场化流转程度、社会开发参与程度等诸多三级指标（该级指标体系需要进一步筛选与确定）。

在系统响应方面，考虑到产业开发、规划建设、环境治理、公共设施配建等具体的响应行为，都是由以政府、企业、游客以及农户做出的针对性反应为主，以整治、更新、发展的程度、态度为主，故以政府企业介入状态、村民及游客满意程度为标准，进行了因素层二级指标的设定。其第三级指标针对性较强，层级相对明确，属于关注度较高的领域，相关研究较多，易于归纳提取。

# 2.4 研究框架构建

## 2.4.1 研究问题与研究思路聚焦

根据前文相关理论实践研究，可知小流域乡村聚落"保留与否""建与不建""如何建设"，实际上是聚落收缩体现出来的集聚选择，是当前新型城镇化背景下乡村聚落逐步消解后的积极应对。其本质问题是指在相应范围内，集聚是否在发生、是否会发生，是在什么样的背景下发生；集聚是否健康，是否具有实现社会—生态和谐共生的可持续性。而这则需要从根本上探究客观评价的关键因子到底是什么，从而进行符合秦岭地域特征的、满足社会—生态多重目标的评价体系构建。

该评价体系的构建又必须先明确在秦岭这种特殊背景下，在小流域中，到底什么样的属性可以定义为集聚，这种集聚是否能适应，或者较好地满足当前的社会—生态需求。为此，就需要针对其集聚特征、过程、关键影响要素进行调查与分析，从理论角度探讨相关的作用机制、状态与类型；并通过最终的评价，确定合理的、具有针对性的优化目标，从而实现小流域内聚落集聚的优化与管控。

所以，研究关键点是小流域内聚落空间集聚基本现象及相关影响要素的匹配状况，故本书将以最具典型性的乾佑河柞水段众多小流域为案例，按照"空间集聚关联表征总结—内在机制探寻与类型归纳—健康发展评价与优化建议"的逻辑展开深入研究。

## 2.4.2 研究要素及理论应用聚焦

集聚①，根据《说文解字》分别查询，可以得到"集合、会集"的本意，这两字原意分别强

---

① 集，原文为 鑘，指群鸟在树上。聚，原文为 𡘾，指人口汇集的乡邑。

调群鸟和人类的集中活动。两字叠合在一起，且"聚"在后，可以发现该词不仅仅强调集合，更强调集合的状态、特征和结果，是有智慧、有方法的集合，所以集聚本身，就具有空间实物的具体集聚与各种影响要素抽象集聚的双层含义，且两者之间是无法分开的。所以小流域内乡村聚落的集聚界定与评价既是本底相通的，也是有侧重不同的。

故结合乡村聚落集聚的理解，结合聚焦小流域乡村聚落空间集聚的社会—生态认知及作用机制初步分析，本书认为据研究阶段及目标的不同，行动情境所涉及的五大干扰，以及因其衍生出的PSR第三级可能影响因子也有所差异，应有针对性地进行概括，从而展开可行的研究，并通过反馈进行最后因子的取舍判断（图2-10）。

其中自然生态干扰，是小流域聚落形成的本底，需要进行涉及"长、宽"等自然特征的流域基本空间特征与分级研究，需要进行上位生态安全格局研究，需要考虑集聚发生后，对生态影响的评价研究，并围绕之发现聚落集聚的具体空间表征。

其中产业发展干扰、生活需求干扰，是聚落空间集聚的根本，是人本适应分析的重点，故需要进行涉及包含游憩在内的产业划分、农户分化搬迁、出行购物、常住空废等主要社会性影

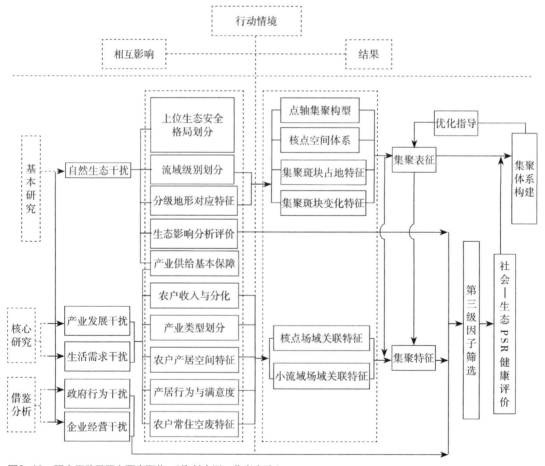

图2-10 研究思路及研究要素聚焦 （资料来源：作者自绘）

响要素的研究，并围绕之发现这些要素在小流域中的具体参数影响与作用，发现包含场域关联特征在内的集聚根本特征。

其中政府行为干扰及企业经营干扰方面，涉及乡村振兴、全域旅游、运营模式等，不仅相关研究较多，更是可通过产居干扰的具体发生体现出来，故这里不作为本书的研究重点，主要以相关成果借鉴为主。

本书虽然研究对象不大，但涉及要素众多，故借用的相关理论也较多。不过，其借用层次、深度却并不相同，其中关于乡村聚落空间的相关理论，是研究的重要基础与起始，主要聚焦于既有研究关于空间及体系化的具体确定和操作方法，而社会—生态理论是体系化思维模式的整合与建构，侧重于空间内涵及本质的强调，是类型化提炼、评定、优化的重要基础。具体应用见图2-11。

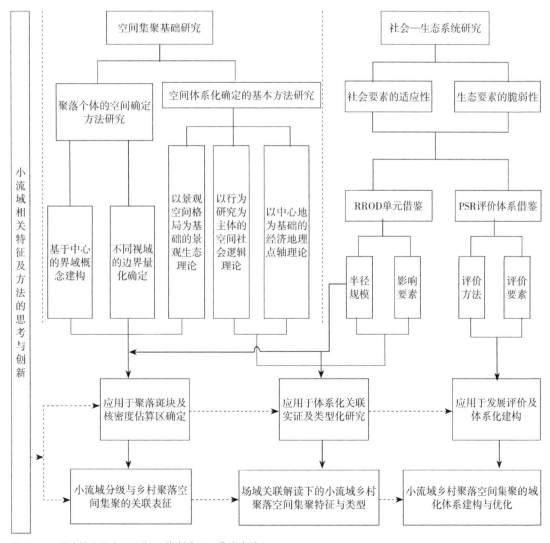

图2-11 理论基础及应用聚焦 （资料来源：作者自绘）

## 2.4.3 技术路线

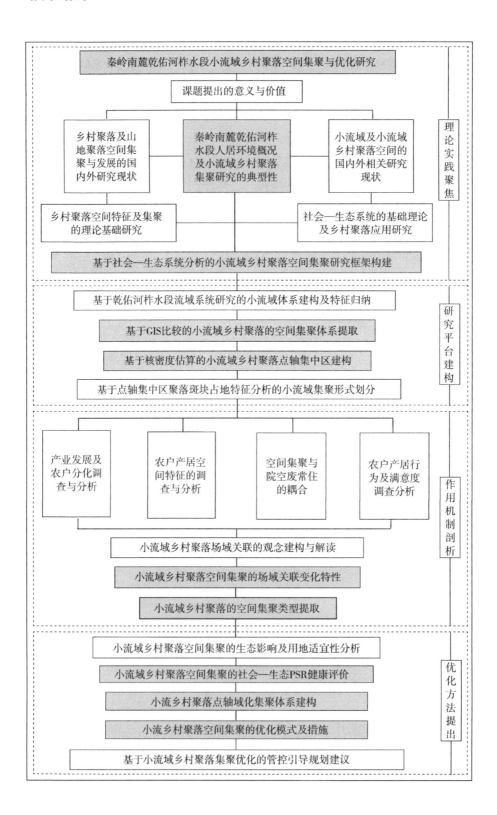

# 小流域分级与乡村聚落空间集聚的关联表征

3

◎ 乾佑河柞水段小流域的基本特征与分级

◎ 基于村—组匹配的典型小流域选择

◎ 耦合于小流域细分的乡村聚落空间集聚表征提取

◎ 本章小结

尽管聚落不会完全按照自然空间的形式去组织，有些区域有场地，却没有聚落，有些区域用地很紧张，却布满了房屋，但它的集聚首先需要自然空间的提供，很难突破。为此针对秦岭南麓的山地区域，进一步落实小流域的所指、小流域的空间特征变得尤为关键；进而从整体概况到局部典型案例，展开空间集聚的GIS落位显像分析，发现聚落集聚与流域之间的协同关系；最终借助相关理论进行集聚区域的设定及集聚表征的提取，也是后文剖析、评价、实现更全面集聚特征提炼的重要基础。

# 3.1 乾佑河柞水段小流域的基本特征与分级

## 3.1.1 乾佑河柞水段的基本水系特征

乾佑河是秦岭汉江流域最大支流旬河的最大支流，发源于陕西省柞水县黄花岭下的老林、太河、龙潭三个乡。《水经注》曰："柞水西出柞溪"，又名运粮河，元代曾通航至柞水城以上，有三源：自龙潭发源者西南流，纳平水岔河、石沟、张家沟、野猫沟，南行14.91千米至大山岔与太峪河汇合；自太河发源者称太峪河，南下纳岭沟、干沟、沙沟，南流15.21千米至小峪口与老林河汇合；自老林发源者称老林河，纳大平沟、红庙沟，东行17.61千米至小峪口与太峪河汇合。三河至大山岔汇合，始称乾佑河。

图3-1 乾佑河柞水段水系分布示意图
（资料来源：作者自绘）

乾佑河在大山岔汇聚北来各河，南行4.07千米至营盘，西纳安沟，东纳高矼沟水、湘子沟水。又南行4.39千米至药王堂，西纳药王堂沟、蛟沟，东纳羊圈沟、东沟、石窑沟水。又南行3.11千米至车家河，西纳关阴沟，东纳芦柴沟。又南行8.27千米至县城，东纳赤水沟、红岩沟、韭菜沟、纸房沟、后沟水，西纳原滩沟、庙沟、黑沟水。又南行2.62千米至石嘴子，西纳白火石沟河，又南行1.09千米，西纳茨沟，东纳东川河。又南行3.97千米西纳羌家沟。又南行3.98千米东纳磨沟峡。又南行4.11千米西纳西干沟，东纳东干沟，达镇安县境。如表3-1、图3-1所示[①]。

---

① 资料来源：《商洛市柞水县水资源开发利用与保护规划》，并结合流域GIS统计，进行校核调整。

乾佑河柞水段水系一览表 表3-1

| 干流 | 主要支流 | 流域面积（平方千米） | 多年平均径流量（万立方米） | 河长（千米） | 次级支流 |
|---|---|---|---|---|---|
| 乾佑河 | 1老林河[1] | 126 | 3153 | 17.61 | 红庙沟、大平沟 |
| | 2太峪河 | 81.8 | 1426 | 15.12 | 岭沟、干沟、沙沟 |
| | 3龙潭河 | 67.2 | 2107 | 14.91 | 平水岔、石沟、张家沟、野猫沟 |
| | 4安沟 | 45.74 | 1476 | 10.76 | 庙沟、龙王沟 |
| | 8药王沟 | 10.31 | 320 | 5.35 | 沈家沟、占家湾、蒋家湾 |
| | 10关阴沟 | 22.6 | 640 | 10.07 | 七里沟 |
| | 13芦柴沟 | 28.42 | 926 | 10.50 | 江家沟、郭家沟、石梯沟 |
| | 白火石沟 | 104.0 | 3253 | 13.84 | 石门关沟、马房子河 |
| | 东川河[2] | 154.2 | 4791 | 23.8 | 西川、柏家沟、洞耳沟、葫芦沟、鞭子沟、王家河 |
| | 23茨沟 | 13.61 | 379 | 7.37 | — |
| | 36赤水沟 | 9.09 | 311 | 7.84 | — |
| | 35磨沟峡 | 59.0 | 1880 | 15.01 | 三元沟、大柴沟、松林沟、杏树沟 |
| | 40西甘沟 | 22.3 | 637 | 7.25 | — |
| | 42东甘沟 | 15.49 | 491 | 6.44 | |

在乾佑河逐渐成形的同时，一个完整的水系（也叫水网）也逐渐形成[3]，作为水系的研究基础，研究观点不同，对支流的定义、划分也不尽相同。目前具体划分有六种方式[179]，包括H.Gravelius方案（1914年）、Chorley H. 方案（1969年）等。

这里我们运用A.N.syrahler水系分级方案（1953年）（与前者方案正好相反）：以最小支流为第一级水系[4]，两个一级的水系汇合后组成的新的水系，称为第二级水系，汇合了两个称为第

---

① 流域计算所统计河流数字的对应名称，见表3-2。

② 后文典型案例中的东川河小流域指该河流的尾沟部分。

③ 是指河流的组合类型，与各河流的单一形态不同，大致可以分为放射状、辐合状、树枝状（形式非常普遍，各支流交汇的角度大小不一，但一般小于90度）、平行状、格状、倒钩状、直角状（形如羽毛，两岸支流分布较为均匀，且平行的流域主干）、河口冲击状、羽状等。

④ 水系的水流类型，原生形式是所谓的"坡流"，也称为无河床水流，水是成层状流动的；坡流沿着坡面逐渐汇流成较大的水流，形成较稳定的侵蚀切沟，分割着斜坡，渐渐变成沟道径流，这时往往称为"暂时性水流"，通常分为间歇性水流（季节性）和临时性（降雨时）水流，一般洪水上涨特别快。随着它们的力量与下切深度加大，河床开始切穿含水层，获得全年不断的径流，最终形成较为稳定的河流（后者又称之为河床水流）。水系形成的理论各家不一，但从地表径流形成的过程而言，细沟、冲沟等最小的沟先出现，然后合并成侵蚀沟、坳沟等，在一定的地形单元内形成一个径流汇集系统，在地貌上可以称之为沟谷系统。为表明之间的差异性，可以采用纹沟、细沟、切沟、冲沟、溪流、小河等说法，并形成更高级别第一级河流、第二级河流、第三级河流。

一般而言，不管一级河流是按何种级别进行定义描述，它都是指已经具备了河流特质的水流，所以说完整的河流除了发源于湖泊之中以外，极大部分地区而言，并不是源头，故一条相对完整水系的河流其准确的划分应是为河源、上游、中游、下游与河口。

而根据于秦岭南麓的实际调研发现，显然地质条件的特殊性，与黄土高原大不相同，其沟域宽度都较小，有河流特质的最小级别水流应是具有一定规模的溪流，并以此为最小的对象，进行分级。

二级的水系称为第三级……直至水系划分完为止。该方案最大的特性，即易于比较，是微系统研究中最常采用的方案。

在A.N.syrahler方案中，我们仍以乾佑河流域柞水段30米分辨率地形图为基础，结合秦岭南麓河流、地形特征，利用GIS进行大于1.5千米的DEM河网提取[180][181]，可得到乾佑河的五级水系分布图，第一级最低，五级为最高级，为乾佑河下游干流（图3-2）。

在该种划分体系中，存在同一条河流不同区段为不同等级的情况，故我们在统计时，取该河流等级中最大者将其定义为某一级河流，河流长度为其主干河流长度。比如乾佑河主干河流横贯一至五级，

倾斜点
○
河网分级
一
二
三
四
五

图3-2 基于A.N.syrahler方案的水系划分示意图
（资料来源：作者自绘）

则在数据统计时定义乾佑河主干河为五级河流。故可以发现在该区域内，除乾佑河干流为五级、四级外，另存在四级河流2条，即东川河与白火石沟，三级河流9条，二级河流32条，一级河流159条。

每一级河流与下一层级河流之间虽然具有一定的分形特征，但相对主干河流而言，次级河流的分布是随机的，二级河流与三级河流、一级河流有可能在一个区段同时出现，也有可能某段区间内除了细沟、切沟之外，无较成体系级别河流出现。

### 3.1.2 依托主干河流的小流域划分与建构

水系形成的同时，流域也就伴随着产生了，任何一条河流都不是孤立存在的，都有自己的集水区域，在每一个集水区域内，都有着或大或小的特征差异。这些特征差异对流域的空间存在、流域承载的社会生活会产生很大的影响；同时，这种特征差异又受到了人及生物的反作用，如饮用水、景观用水就改变了原有水的形态、水的流量，也改变着水的特征。

根据2013年《小流域划分及编码规范》，我们知道微流域在1平方千米以下，小流域是30~50平方千米为基础，根据研究需要可上下浮动至3~100平方千米这样一个区间，而且根据需要，还会出现200平方千米的小流域作业单元。即使对于3~100这个数字而言，就已经是一个跨度较大的定义，是一个相对较难界定的空间范围，故尽管边界清晰，但规模仍是模糊的、不确定的。

为此我们需要先行确定以下三个基本共识：①该小流域体系是以主干河流为参考物所进行的划分与建构；②以四级及以上支流为参考物进行的划分与建构（三级以上河流流域远远大于

200平方千米）；③微流域不作为考虑对象（1平方千米以下为微流域）。

故我们选择了直接流入主干河流及其三级以上支流中的大于1平方千米的42条小流域进行了流域面积、主干河流有效长度、流域体系有效长度统计与分析，具体如表3-2、图3-3。其中前者，主要指整个流域的基本面积；主干河流有效长度指该流域尺度下每一层级有效河流中的1条之和（1条一级河流＋1条二级河流＋1条三级河流＋……）；流域体系有效长度主要指包含该流域尺度下所有有效河流的总体长度（$n$条一级河流＋$n$条二级河流＋$n$条三级河流＋……）。

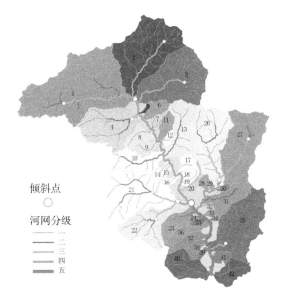

倾斜点
〇
河网分级
—— 一
—— 二
—— 三
—— 四
—— 五

图3-3 乾佑河柞水段小流域划分示意图
（资料来源：作者自绘）

乾佑河柞水段小流域统计表　　　　　　　　　　表3-2

| 流域序号 | 流域面积（平方千米） | 主干河流有效长度（千米） | 流域体系有效长度（千米） | 河流最高等级 |
|---|---|---|---|---|
| 1 | 126.00 | 17.61 | 72.03 | 三 |
| 2 | 81.80 | 15.12 | 60.98 | 三 |
| 3 | 67.20 | 14.91 | 49.81 | 三 |
| 4 | 45.74 | 10.76 | 28.96 | 三 |
| 5 | 1.15 | 1.76 | 1.76 | 一 |
| 6 | 7.69 | 5.17 | 5.17 | 一 |
| 7 | 3.77 | 2.67 | 4.66 | 二 |
| 8 | 10.31 | 5.35 | 5.35 | 一 |
| 9 | 6.22 | 3.98 | 3.98 | 一 |
| 10 | 22.61 | 10.07 | 17.57 | 二 |
| 11 | 7.23 | 4.76 | 4.76 | 一 |
| 12 | 2.93 | 2.29 | 2.29 | 一 |
| 13 | 28.42 | 10.50 | 17.78 | 二 |
| 14 | 4.05 | 2.93 | 2.93 | 一 |
| 15 | 1.76 | 2.61 | 2.61 | 一 |
| 16 | 2.81 | 2.56 | 2.56 | 一 |
| 17 | 6.07 | 3.45 | 3.45 | 一 |
| 18 | 2.19 | 1.75 | 1.75 | 一 |
| 19 | 3.43 | 3.54 | 3.54 | 一 |
| 20 | 4.78 | 7.34 | 7.34 | 一 |

| 流域序号 | 流域面积（平方千米） | 主干河流有效长度（千米） | 流域体系有效长度（千米） | 河流最高等级 |
|---|---|---|---|---|
| 21 | 67.7 | 13.84 | 49.56 | 三 |
| 22 | 36.33 | 10.49 | 27.76 | 三 |
| 23 | 13.61 | 7.37 | 9.62 | 二 |
| 24 | 1.25 | 1.93 | 1.93 | 一 |
| 25 | 2.3 | 2.23 | 2.23 | 一 |
| 26 | 60 | 12.60 | 42.28 | 三 |
| 27 | 54 | 13.79 | 49.79 | 三 |
| 28 | 1.89 | 2.03 | 2.03 | 一 |
| 29 | 2.32 | 2.46 | 2.46 | 一 |
| 30 | 1.88 | 2.27 | 2.27 | 一 |
| 31 | 20.51 | 10.61 | 18.21 | 二 |
| 32 | 1.31 | 1.59 | 1.59 | 一 |
| 33 | 1.85 | 2.11 | 2.11 | 一 |
| 34 | 1.23 | 1.71 | 1.71 | 一 |
| 35 | 59 | 15.01 | 46.87 | 三 |
| 36 | 9.09 | 7.84 | 7.84 | 一 |
| 37 | 8.5 | 6.21 | 6.21 | 一 |
| 38 | 5.16 | 3.60 | 3.60 | 一 |
| 39 | 1.85 | 2.30 | 2.30 | 一 |
| 40 | 22.3 | 7.25 | 11.45 | 二 |
| 41 | 4.55 | 2.54 | 2.54 | 一 |
| 42 | 15.49 | 6.44 | 9.64 | 二 |

### 3.1.3 乾佑河柞水段小流域的自然存在特征

从以上这42条小流域的实际走访与比对来看，流域面积在1～10平方千米的一级小流域共有26条；二级小流域共7条，基本面积都在10～30平方千米之间，如芦柴沟、茨沟、东甘沟，另有1条较为特殊，面积为3.77平方千米；三级小流域共9条，其中在45～85平方千米之间，有7条，如太峪河小流域、龙潭河小流域，比较特殊的老林河小流域（标号1），面积在126平方千米。较大规模小流域也是随机的分布于整个研究区域（表3-3）。

乾佑河柞水段小流域相关数据分级统计表　　　　　　表3-3

| 主要指标 | 数量 | 流域类型 | 数值 | 数量（条） | 数值 | 数量（条） | 数值 | 数量（条） |
|---|---|---|---|---|---|---|---|---|
| 流域面积（平方千米） | 26 | 一级 | 1～2 | 9 | 2～10 | 16 | 10～11 | 1 |
| | 7 | 二级 | 3.77 | 1 | 10～30 | 6 | — | — |
| | 9 | 三级 | 36.33 | 1 | 45～85 | 7 | 126 | 1 |

| 主要指标 | 数量 | 流域类型 | 数值 | 数量（条） | 数值 | 数量（条） | 数值 | 数量（条） |
|---|---|---|---|---|---|---|---|---|
| 河流体系<br>（千米） | 26 | 一级 | 1~2 | 5 | 2~5 | 18 | 5~10 | 3 |
| | 7 | 二级 | 4.66 | 1 | 9~10 | 2 | 10~20 | 4 |
| | 9 | 三级 | 25~30 | 2 | 40~50 | 5 | 50~75 | 2 |
| 主干河流<br>（千米） | 26 | 一级 | 1~2 | 5 | 2~5 | 18 | 5~10 | 3 |
| | 7 | 二级 | 2.67 | 1 | 5~10 | 3 | 10~11 | 3 |
| | 9 | 三级 | 10~11 | 2 | 12~20 | 7 | — | |

故综合比较其规模、不同长度与等级可以发现，虽然由于地形的特殊变化，各体系不同层级数值中相互间有交差，但抛去极端变化，基本还是呈正态分布的。小流域规模越大，GIS生成的河流体系[①]有效长度也越大，其中三级小流域河流体系的有效河道都很长，大概在25~75千米之间，二级小流域GIS有效河道大都在9~20千米（个别情况：标号7小流域为4.66千米）；三级小流域GIS生成的主干河流有效河道一般在10~20千米之间，二级流域GIS有效河道大都在5~11千米（标号7小流域为2.67千米）。

其中二、三级小流域占比达到38%，流域面积却为724.48平方千米，占比乾佑河流域880.38平方千米的82.3%。其主干河流长179.04千米，占所有河流体系长度的603.28千米的30%。

同时我们可以发现，"一级小流域"规模较小，其上的各种细沟、切沟长度，以及坡流面积都非常小，根据GIS水系划分的生成图来看，河流基本上都是以"一"字型出现；在"二级小流域"中，根据其中一级河流与二级河流有效长度的比较，可以发现其大部分为"Y"字型（一级支流相对较少）和非对称羽形小流域（一级支流相对较多）；"三级小流域"，同样主要为"Y"字型以及非对称羽形，在"Y"字型小流域中，又因"Y"字型分枝点位置的不同，而呈现出不同形态，在三级河流上游的交叉点，二级支流相对较小、较短；在三级河流中游或下游的交叉点，二级支流相对较长，非对称羽形的三级小流域，与"Y"字型小流域相似，但根据两者之间有效长度比值关系，有效的二级支流并不多（表3-4）。

---

① 河流体系，指GIS计算的所有有效河道的长度之和；主干河流，指GIS计算的具有完整一、二、三级河流的干流之和。后文具体进行聚落研究时，其有效长度与该数值有出入，第一，在每个主干有效长度基础上，有可能增加主要的次级支流；第二，在每个主干有效长度基础上，一般会减少末端的一级支流，具体由后文的"核密度估算"确定。

基于形态划分的乾佑河柞水段小流域分类框表 表3-4

| | "一"字型小流域 | "Y"字型小流域 | | 非对称羽型小流域 |
|---|---|---|---|---|
| | | 交叉点在上游 | 交叉点在中下游 | |
| 区域特征 | | | | |
| 模式提取 | | | | |
| 流域级别 | 一级小流域 | 二级小流域<br>三级小流域 | 二级小流域<br>三级小流域 | 二级小流域<br>三级小流域 |
| 典型流域 | 羌家沟小流域<br>（明星社区） | 东川小流域<br>（金盆、老庵寺村） | 安沟小流域<br>（营镇社区） | 龙潭河小流域<br>（龙潭村） |

此外，上游源头处的水流较小，其河道形态较为曲折，河谷比较窄；在中、下游随着水量的增加河道会变宽，其形态会较为规则，并不时出现相对开阔的阶地；支沟汇入主沟时，往往在主沟一侧，阶地相对较开阔。

所以综上所述，我们对小流域可以形成以下认识：

（1）由于跨度较大，小流域是嵌套存在的一个弹性概念，边界清晰、范围模糊，但确定参考系后，规模是确定的、可比较的；

（2）小流域由不同等级支流形成的，故小流域也相应地划分为"一、二、三级"三种尺度，且级别越高、流域规模越大；

（3）小流域呈现出"一"字型、"Y"字型、非对称羽型等多种不同型制；级别越高，型制也越多，具有一定的嵌套分形特征；

（4）不同级别、不同形态小流域的分布呈现出一定的随机特征，但二、三级小流域并不多，低于40%；

（5）小流域GIS计算出来的主干河流有效长度以及整个河流体系有效长度与流域规模成正态分布。

同时，我们对小流域进行进一步的深入踏勘，不难发现，这里的小流域还有以下两个特点：

（1）特殊的自然空间界面使得秦岭南麓小流域与黄土高原地区有很大的不同，两侧陡峭，谷底狭窄，多数宽度在300米以内，最窄只有几十米[1]；

---

[1] 第3.2.2对典型案例小流域进行了平均宽度的具体计算与统计，其中100米宽度以下的小流域有王家河（二级61米）、龙潭沟（三级66米）、东甘沟（二级26米）；100～200米的有芦柴沟（二级131米）、太峪河（三级101米）、老林河（三级135米）；200米以上的沟壑有东川沟（三级228米）。

（2）小流域有效用地面积较小，与流域规模有一定关系，但受到地形特征等因素影响，并不完全成正比。

## 3.2 基于村—组匹配的典型小流域选择

乡村聚落一方面是一个自然存在的空间体系，另一方面，它又是社会发展影响的一个产物，在历史的长河中，是与政府管理者、乡贤智者、村规民约共同构成的一个整体，若不属于一个管理单元下，即使两家紧邻，它们的资源利用、设施共享都会受到制约。特别是在小流域概念提出之前，村组的基层组织是聚落空间结构的重要影响者、制约者。鉴于此，本书在小流域自然划分的基础上，进一步对其按行政划分，进行了对应分析，以期为进一步调研建立扎实的基础。

### 3.2.1 乡村基层组织体系与小流域的关联与匹配

为了更好地进行小流域与村组、聚落、建筑之间的关系及变化研究，本书进一步将通过资料及实际调研绘制出的3个镇街、8个社区、14个行政村、71个村民小组范围图与GIS计算形成的小流域分布图相对应（图3-4），可发现以下基本规律：

现行村组编号设置一般都是从沟口向沟内开始；任何一个一级小流域都无法单独承担一个村组规模的聚落；二级小流域承担有0~2个村组规模的聚落；三级小流域同时存在着与行政村相统一、跨行政村的两种情况。也就是说，小流域级别越高，乡村基层组织的类型也就越复杂，反过来，按照村组关系对小流域进行分类，可发现以下三类：

（1）村民小组级别的小流域（聚落规模较小的小流域）

村组级别小流域，指小流域范围小于其所在行政村的范围，但仍有较完整村组规模的居住聚落，主要有关阴沟（10号）、芦柴沟（13号）、王家沟（31号）、东甘沟（42号）等二级小流域4条，这些二级小流域主干河流长度三条都在10千米左右，只有东甘沟在6.44千米；而其他较短7千米左右的二级小流域，基本上涵盖不了一个村组，7千米长2条（23号茨沟、40号西甘沟），2.67千米长1条（7号），基本上达不到村组规模。

图3-4 小流域及镇、村、组关系示意图
（资料来源：作者自绘）

（2）单行政村级别的小流域（聚落规模中等的小流域）

单行政村级别小流域，指自然独立空间与行政村空间统一的小流域，据统计，只有三级小流域才具备这样的尺度，具体有老林河小流域（1号）、太峪河小流域（2号）、龙潭河小流域（3号），还有22号、26号、35号小流域，共计6条，主干河流长度10～20千米之间。安沟小流域（4号）虽只有"组"的行政划分，但因营盘镇社区建设的需要，将其以一个居民小组的形式合并，成为镇区组成部分，故如果单从乡村组织视角，其不再是一个只有村组级别的小流域。

（3）跨行政村级别的小流域（聚落规模较大的小流域）

跨行政村级别小流域，指小流域范围大于行政村范围，由两个或以上行政村组成。该小流域有2条，同样为三级小流域，是马房子沟小流域（21号）、东川河小流域（27号），其中后者由老庵寺村和金盆村组成，有效长度都在13千米左右。

对比以上三种情况，可发现行政村一般与三级小流域相吻合，这说明在管理组织设定上，民政部门充分考虑了自然空间特质，但因为人口规模、行政成本等因素进行了一定的调整。因此，本书首先按这三类进行聚落真实情况具体调研的准备，以发现其中的决定性因素与干扰性因素。

（4）镇域级别小流域作业单元

小流域作业单位设定的初衷，本为较大规模小流域的水土治理关联研究，或相邻小流域分析而设，并不一定是一个绝对的独立自然空间存在（前者是独立存在）。但当进一步以柞水县各乡镇为例可发现，曹坪镇190平方千米，红岩寺镇194平方千米，瓦房口镇199平方千米，杏坪镇183平方千米，凤凰镇163平方千米，小岭镇111平方千米，下梁镇209平方千米，营盘镇603平方千米。其中营盘镇位于乾佑河源头，山高坡陡，单位面积居住人口较少，2014年为了增加镇人口规模匹配，专门把其他流域的村落也划入，故规模最大，其他乡镇多数都是在200平方千米左右，由此可见，相关镇一层级的行政划分，与小流域作业单位，或者说流域地貌有着很强的关联。每个镇（整个镇域）主体都是由若干小流域按照一定空间、产业、资源等因素耦合的作业单位构成。

小流域作业单元，规模较大，往往具有较为完整的空间结构，多是以主干河流为基础进行组织，或者是以较大规模的直入支流为基础进行组织。本乾佑河流域中，平均每个作业单位（或镇域）有效的三级小流域约3～4条。

（5）其他小流域及微流域

通过行政管理的比对和基本走访可发现，其他主干流上的各种微、小流域，人口规模较小，连村组级别都达不到，这里面包括了1平方千米以下的微流域，10平方千米以下的一级小流域，20平方千米以下的二级流域（东甘沟较为特殊，虽然规模较小，但有特殊资源）。

这些流域，如果不是因为一些特殊原因，本书认为研究意义不大，应该是被保护、被限制建设的区域。而事实也正如此，如8号药王沟、9号鲛沟小流域，这两条小流域距高速下线口的距离，比老林河、太峪河、龙潭河小流域都要近，理论上因更好的交通区位优势应有更好地发展机会，但现实是村民已经基本快搬迁完毕，仅剩3户，也在新扶贫政策实施的背景下签署了搬离协议（表3-5）。

小流域及村组匹配表 表3-5

| 镇名 | 村、社名 | 涉及二、三小流域 | 村民小组（个） | 小流域内① |
|---|---|---|---|---|
| 营盘镇 | 营盘社区 | 4号三级（安沟） | 4（居民小组） | 3（组）、4（组） |
| | 朱家湾村 | 1号三级 | 4 | 1、2、3、4 |
| | 秦丰村 | 2号三级 | 6 | 1、2、3、4、5、6 |
| | 龙潭村 | 3号三级 | 4 | 1、2、3、4 |
| 乾佑镇 | 车家河村 | 10号、13号二级 | 6 | 3、4、5 |
| | 马房子村 | 21号三级 | 6 | 1、2、3、4、5、6 |
| | 梨园村 | 22号三级 | 4 | 1、2、3、4 |
| 下梁镇 | 沙坪社区 | 23号二级 | 8（居民小组） | 1、2 |
| | 石翁社区 | 40号、42号二级 | 8（居民小组） | 1、2、4 |
| | 西川村 | 26号三级 | 8 | 2、3、4、5、6、7、8 |
| | 老庵寺村 | 27号三级 | 5 | 1、2、3、4、5 |
| | 金盆村 | 27号三级 | 4 | 1、2、3、4 |
| | 四新村 | 35号三级 | 4 | 1、2、3、4 |
| | 胜利村 | 35号三级 | 4 | 1、2、3、4 |
| | 新合村 | 31号二级 | 7 | 3、4、5、6、7 |

## 3.2.2　基于村组分类的典型小流域基本概况

根据村组与小流域的匹配关系，可以发现较大的二级流域及三级流域，都是有一定规模乡村聚落分布的小型流域，为此，本书在初步文献翻阅及交流访谈的基础上，分三大类选择了7条典型的小流域、8个村作为案例进行了详尽地调研，并以此为对象进行人居空间特征的总结，进一步展开一系列的归纳、分析与推演（图3-5、图3-6）。

为了更好地、更清晰地表达与统计，本书对选择的7条案例小流域进行了编号，如表3-6所示，其中第一个数字代表小流域所依托的最高河流等级；第二个数字代表小流域产业发展类型（产业分类见章节4.1.4），其后一个大写字母则代表各小流域从北到南的相对位置关系。如老林河小流域，编号为33A，则意味着该小流域是三级小流域，是乾佑河流域内最北边的第一条小流域（第二个3代表为游憩主导休闲型小流域，见章节4.1.4）。

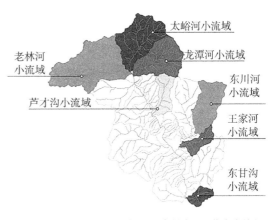

图3-5　典型小流域分布示意图　（资料来源：作者自绘）

---

① 各村组即使在小流域中，但也并不一定在同一条小流域内。

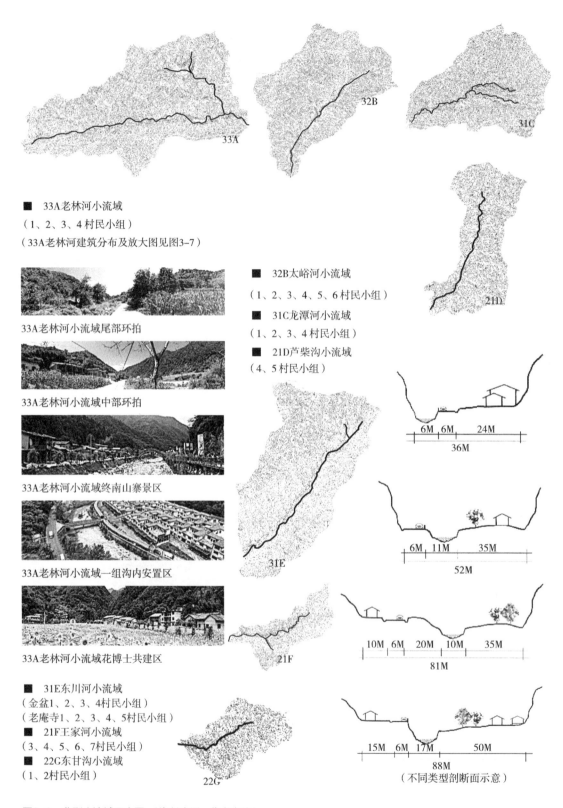

图3-6 典型小流域示意图 （资料来源：作者自绘）

典型小流域基本信息统计表 表3-6

| 流域序号 | 流域编号 | 流域名称 | 流域面积 | 主干河流有效长度 | 流域体系有效长度 | 河流最高等级 | 行政村数 | 组数 | 总户数 | 总人口 | 人均收入 |
|---|---|---|---|---|---|---|---|---|---|---|---|
| 单位 | — | — | 平方千米 | 千米 | 千米 | — | 个 | 个 | 户 | 人 | 元 |
| 13 | 21D | 芦柴沟小流域 | 28.42 | 10.50 | 17.78 | 2 | <1 | 2 | 167 | 463 | 4880 |
| 31 | 21F | 王家河小流域 | 20.51 | 10.61 | 18.21 | 2 | <1 | 5 | 165 | 534 | 5320 |
| 42 | 22G | 东甘沟小流域 | 15.49 | 6.44 | 9.64 | 2 | <1 | 2 | 162 | 680 | 7690 |
| 1 | 33A | 老林河小流域 | 126.00 | 17.61 | 72.03 | 3 | 1 | 4 | 420 | 1544 | 11590 |
| 2 | 32B | 太峪河小流域 | 81.80 | 15.12 | 60.98 | 3 | 1 | 6 | 415 | 1415 | 6520 |
| 3 | 31C | 龙潭河小流域 | 67.20 | 14.91 | 49.81 | 3 | 1 | 4 | 245 | 670 | 6420 |
| 27 | 31E | 东川河小流域 | 54.00 | 13.79 | 49.79 | 3 | 2 | 9 | 568 | 1820 | 8650 |

1）村民小组级别二级小流域的基本概况

（1）芦柴沟小流域基本概况（车家河村四、五组）

芦柴沟小流域位于乾佑河主河道上，是乾佑河支流的支流，其构成主干河流有效长度统计为10.5千米，径流总量926万立方米；其平均海拔高度890米，涉及面积为28.42平方千米，可有效使用的用地较少；另外包含郭家沟、王沟等两条主要支沟，其中最大的支沟为王沟。

芦柴沟小流域位于县城北8千米处，主要分布有车家河村的两个村民小组，涉及四、五组，属乾佑街道管辖。原为芦柴沟村，2002年与车家河、七里沟村合并为车家河村。芦柴沟小流域内现有167户[①]，463人（分户较多）。人均纯收入4880元/年，以外出务工作为主要收入来源。据调查，沟内生产林基本全部作为开发项目芦柴沟千亩核桃园使用，共占地约1100亩，五组范围内有开发项目木耳种植，共占地约15亩。

（2）王家河小流域基本情况（新合村三至七组）

王家河小流域位于乾佑河四级支流东川河上，是乾佑河支流的支流，其构成主干河流有效长度为10.61千米；其平均海拔高度974米，涉及面积为20.51平方千米，用地紧促；另外包含梨园沟、庙沟、杨家沟、蔡家沟等4条更小的支沟。

王家河小流域位于县城（县城新区，原下梁镇）东4千米处，主要分布有新合村7个村民小组中的5个，涉及三、四、五、六、七组，同样属于下梁街道管辖。其中三、四组过去为高原村、五、六、七组过去为中合村，2017年合并为新合村。王家河小流域内现有165户534人，人均纯收入5320元/年，以外出务工作为主要收入来源，流域内以种植业为主，但类型较为单一，以核桃、板栗为主，中药材种植（猪苓、白芨）规模偏小，无法形成规模效应，养猪、养鸡、养羊比较分散，多为农户自发行为，缺乏引导，经济效益不佳。

---

① 该户数为整个小流域户数，用于流域农户集聚比率计算，后文各小流域计算统计户数为点轴集中区户数。

（3）东甘河小流域基本概况（石瓮社区一、二组）

东甘河小流域位于研究范围最南端，乾佑河的中部，其流域构成主干河流有效长度为6.44千米，径流总量491万立方米；其平均海拔高度840米，高差达220米，涉及面积为15.49平方千米，两侧山高坡陡，有效使用用地较少，无较大支沟；东甘河小流域位于县城南15千米处，原为石翁镇东甘村所辖范围，2015年行政合并后，属于下梁街办石翁社区管辖，现仅剩2个村民小组，162户680人，人均纯收入7690元/年，原本依托沟峪内的寺庙，有一处旅游服务设施，2017年，在美丽乡村的建设号召下，以沟内两颗千年银杏树为核心打造银杏村旅游景区，并修建栈道与柞水溶洞景区连接。

2）单行政村级别的三级小流域基本概况

（1）老林河小流域基本情况（朱家湾村）

老林河小流域位于乾佑河上游，是乾佑河的源头流域，其构成主干河流有效长度为16.5千米，径流总量3153万立方米；其平均海拔高度1155米，高差达380米，涉及面积为126平方千米，但两侧山壁坡度较陡，可有效使用用地较少；另外尚包含红庙河、南沟河等3条主要支沟，其中最大的支沟为红庙河沟。

老林河小流域位于西安市商洛市交界处，位于县城北15千米处，距西安市中心区约75千米，与朱家湾村域相重合，离营盘镇高速路口较近（4千米）；域内共分布有4个村民小组，属于营盘镇管辖。其所对应的朱家湾村，由以前的红庙河村、三星村、林丰村、朱家湾村合并而成。老林河小流域内现有420户[①]，1544人，人均纯收入11590元/年，为各种游憩服务的农家乐是其主要收入来源，其次为外出务工收入。据调查，目前全村共开办农家乐159家，每年收入5～10万元；未开办农家乐的农户家庭基本以打工和转租房屋为主要收入来源。

老林河小流域依托牛背梁国家级旅游景区和相对较为优越的乡村游憩区位优势，目前已成为乾佑河流域旅游发展最为成熟的小流域，并拥有了"全国休闲农业与乡村旅游示范村""中国最美休闲乡村""国家美丽乡村"三张名片，开发了"锦苑盘古山庄"酒店、"安德鲁西亚"别墅区等项目。

（2）太峪河小流域基本概况（秦丰村）

太峪河小流域同样位于乾佑河上游，是乾佑河的源头流域之一，其构成主干河流有效长度为15.12千米，径流总量1426万立方米；其平均海拔高度1071米，涉及面积为81.80平方千米，用地情况较好；另外包含兴隆沟、回避沟、对门沟、道士沟、姚家沟、甘沟（通往翠华山）、庙沟、西北家沟、东北家沟、岭沟10条主要支沟，其中最大的支沟为甘沟。

太峪河小流域位于老林河小流域东侧，与翠华山隔山脊相邻，与秦丰村村域相重合，共分布有6个村民小组，属于营盘镇管辖。其所对应的秦丰村，是2003～2004年由最早的峪兴（一、二组）、秦丰（三、四组）和陈兴（五、六组）三个村合并而成。太峪河小流域内现有

---

① 另有1组48户集中安置于镇区。

415户1415人，人均纯收入6520元/年，外出务工作为其主要收入，虽然游客日益增多，建有"翠微宫"酒店，但总体游客仍较少，农家乐只有19家。

另外由于区位条件便利，正进一步打造"秦楚古道景区"、构建"秦楚文化一条街"，开始了"韩国小镇"的策划。其中从事农业比较突出的两家开办了农业合作社，另有从事娃娃鱼养殖的企业也获得了较高的收入。

（3）龙潭河小流域基本概况（龙潭村）

龙潭河小流域紧邻太峪河小流域，可借助盘山道翻过山脊，进入另一较大流域"金钱河"的源头区，其构成主干河流有效长度为14.91千米，径流总量2107万立方米；其平均海拔高度1120米，涉及面积为67.20平方千米，和其他流域相似，山高坡陡，可有效使用用地非常有限；另外包含平水岔沟、杨泗庙沟等两条较大支沟（杨泗庙沟为其最大支沟）。

龙潭河小流域北邻太峪河小流域，紧邻营盘镇区，与龙潭村村域相重合，域内共分布有4个村民小组，属于营盘镇管辖。其所对应的龙潭村，是2003年由以前的杨泗庙村、古泉村、龙潭村合并而成，流域内现有农户245户670人（分户最多），人均纯收入6420元/年，外出务工是其主要收入来源。该流域资源相对匮乏，但因可以步行从流域末端，经大峪到达秦岭北麓，偶尔会有登山客组团路过。

3）跨行政村级别的三级小流域基本概况（金盆村、老庵寺村）

本书选择了人口较多的东川河小流域，它是乾佑河四级支流东川河的源头，且经过翻山小径，可以走到其他流域，该流域构成主干河流有效长度为13.79千米；其平均海拔高度1142米，涉及面积为54平方千米，虽然窄处与老林河、太峪河谷底相差无几，但较宽处却有200米，且连续范围较大，故相对而言，略显宽敞，可有效使用用地略多；另外包含葫芦沟、洞儿沟、柏家沟等12条主要支沟，其中最大的支沟为七庙桥沟。

东川河位于县城东15千米处，相对县城较远，其内分布有老庵寺5个村民小组、金盆村4个村民小组，共计9个小组，都属于下梁街办管辖。其所对应的两个行政村，也是2003年由5个不同的行政村合并而成，流域内现有农户568户1820人（其中金盆村295户），人均纯收入8650元/年，同样是以外出务工为其主要收入来源。由于用地相对较好，有多家农业公司进行农地租赁，进行统一的现代农业的打造，租金为1000元/亩，另外由于尽端的老庵寺水库，也开始了农家乐等服务业的建设，目前有农家乐2家，另有1家在建。

### 3.2.3 小流域乡村聚落的基本空间特征

纵观整个乾佑河流域，虽然其中各个聚落千姿百态，大小不一，但通过具体分析，还是可以归纳出以下几方面基本特征：

1）乡村聚落的基本选址

乡村聚落充分凸显了我国聚落尊重自然的选址优点与特征，即使处在沟沟坎坎的特殊地形下，也都会选择具有相对平缓的、自然条件较好的居住地，于是出现了许多命名中含有

"川""坪""坝""河"等字的乡村聚落,这也凸显了"以地缘为基础"连接、整合乡村社会内部关系的传统乡土观念。但这些聚落在适应自然的同时,也因巨大的山脉环绕,造就了对外交通的缺失,造就了迁移相对低效的、封闭的小农经济,也客观上造就了区域内的贫困与落后。

当然,这里的乡村聚落也会受古代社会管理制度一定程度的影响,如"某某营""某某铺",就是对古代军事屯田积粮及军队驻扎地的管理称谓,以及对通过商业贸易和交通驿站的功能促使人口聚集的地段称谓。这些机构,毕竟是少数,且随着时间的推移,也都逐渐撤除,只剩地名长久留存下来。具体由表3-7中也不难发现:

(1)乡村聚落多分布于东西向的谷底,形成跨河、临河、沿河而设的格局,但较为集中的房子多位于河流的一侧,且呈线性、向阳的存在特征,故北山脚的聚落往往多于南山脚聚落;

(2)当用地较为宽敞时,耕地位于聚落与临水道路之间;当地形较为复杂,河流相对路面落差较大时,耕地往往位于聚落与水体之间,房子靠近道路两侧。

2)乡村聚落的基本规模

借助CAD软件对乡村聚落各建筑的边界描绘(表3-7)可以清晰地发现,各流域中的聚落按照尺度、规模大致可以分为三种聚落:

(1)10户以下的聚落,这是小流域中较为常见的聚落,由于地理地形的限制,用地很难提供更多的建设空间,故聚落呈零散分布的状态;

(2)聚集规模相对较大的聚落,一般为20~30户,具有明显的集聚特征,因为腹地有限,数量相对较少;

(3)人口规模较大的聚落,在四五十户左右,在早期的小流域中很是少见,近几年相对较多,多为政府移民搬迁所致。

此外,还需看到小流域中偶尔出现的单户人家,该住户往往处于孤立的过渡段落之中,虽然也是特有的一番景象,但也能感受到房主营建时的无奈与不得已。

3)乡村聚落的基本聚集形式(表3-7)

小流域地形地势的限制使得每一座聚落都有着自己特殊的形态,平排而立,三两错落,依山傍水,因形就势,自然形胜与人工智慧的结合,使得聚落围合的空间及聚落整体形成的空间变得丰富多彩、独具魅力。但就其空间形式而言可以划分为以下四种:

(1)点状聚集形式

是小流域中非常常见的聚落聚集方式,因为地形地势的限制、耕地规模的制约,聚落两三户一组、三五户一群,前后略有错落,高高低低依地形而建,其特点是独立于流域之中,静静布置于路边,以不规则的围合与行列方式为主。

(2)面状聚集形式

面状空间聚集形式,多见于户数相对较多,成规模布置的一种聚落,一般主要分布于较为宽敞的川道地区,或者偶尔出现的平坝之上,依托偶然出现的地理条件建构起来的,数量相对较少,往往布置有较大规模的公共服务设施(如小学),然而随着今天的移民搬迁,较大尺度的地形改造，该形式正在增多。

（3）行列式线状聚集形式

该形式也是较为常见的聚落聚集状态，因为用地有限，聚落内部房屋紧凑布局，除保持必要的后院通道外，几乎是户户相邻，长短不一，根据周边耕地多少来决定，同样是公共服务设施布置较多的聚落类型。

乾佑河柞水段小流域聚落聚集的形式与特征示意 表3-7

| 点状聚集形式 | 面状聚集形式 | 行列式线状聚集形式 | 散点式线状聚集形式 |
| --- | --- | --- | --- |
| | | | |

（4）散点式线状聚集形式

该形式由相对较近的点状聚集聚落组合而成，这是一类非常复杂的聚落聚集形态，是小流域中最为常见的聚落聚集形式，是本书研究的重点难点所在，前面三种聚落还可以清晰地描述其空间边界，但是该种类型聚落边界较为模糊，处于按一个聚落进行界定也可以，按几个点状聚落单独计算也可以的，非常模糊的状态。

## 3.3 耦合于小流域细分的乡村聚落空间集聚表征提取

表征，前文已经提到，指的是聚落在小流域中集聚显像的总结，不同社会发展阶段对乡村聚落集聚显像有着显著的不同，计划经济、市场经济的阶段转型也使得乡村聚落呈现跨越式的质变。但考虑到本书研究的目标及时效性，我们以小区段时间轴为基础，选择了近期——2000年、2010年、2014年及2017年（区域环境及对象聚落所涉及的重大事件）四个时间为划分节点，以各级小流域为单位，对研究区域进行了初步的聚落形式及建造年代踏勘与走访，并借助 GIS 平台对各小流域内的水系及村民住户、公建进行提取与绘制①，展开初步比较。以期发现聚落在小流域这样的一个整体视角下，在各个时间节点上及时间轴上的基本特征与演变规律（由于小流域较长、较窄，建筑过小，我们进一步展现了老林河小流域的建筑分布及变化图，见图3-7）。

---

① 支毛沟不同时间段的住宅分布，以沟口附近老人的描述为准，以GIS影像图为基础，以每栋房子为抽象原点，进行分析底图的绘制。

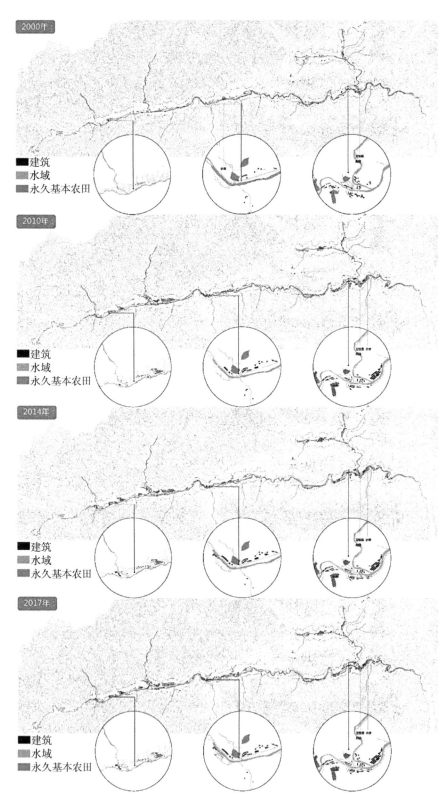

图3-7　33A老林河小流域乡村聚落分布及变化图（局部放大示意）（资料来源：作者自绘）

### 3.3.1　小流域乡村聚落点轴集聚趋势（线性散点）与构型提取

根据小流域内房屋建筑分布提取图的不同年代比对，可以归纳出以下规律与认识：

1）"羽"字型格局被线性散点分布的"枝"形、"一"字型格局所代替

小流域可以抽取出"一"字型、"Y"字型、非对称羽形等多种不同形制，在此形制上，每一层级尚存在大量的更低级切沟、细沟等毛沟体系，建筑也会跨层级地分布于其上，故聚落在整体格局上呈现出多种不同的形式，除了主河道两侧断续可用的线性空间外，更是受到了支毛沟存在模式及特征的影响，它们是小流域聚落整体存在构型的基本限定要素。

小流域内主河道"三级河流"、支沟"二级河流"，以及各种切沟、冲沟"一级支流"的形态与规模，相互的构成关系限定了聚落的基本形态。

但从实际测绘及调研走访来看，随着乡村经济的发展，除了坡度较陡、乡村建筑无法分布的支毛沟外，可居住支毛沟内所增加的建筑也是越来越少，甚至因为自然消解开始走向衰落，仅在与主沟交汇处有所增加；另一方面，小流域内的建筑密度是增大的，但这种增大主要是围绕着主干道与主河流展开的，有较少的流域是在次干道、次河流展开，故原有的"羽"字型格局正逐渐被明显的"枝"状格局（一般为包含"Y"字型在内的两三条支流）、"一"字型格局所代替。

2）小流域乡村聚落空间分布的"主次梢"空间发展构型

相关研究团队在黄土高原城镇分形研究时，按照"核心川道2～10千米的尺度"提出"强干弱枝弱梢、强干弱枝强梢、强干中枝弱梢"等8种城乡空间发展模式，具体如表3-8[182]，该模式是针对一定区域内城、镇与村的协调统一，但也为本书的研究提供了很好的方向性借鉴。

米脂研究区域城乡空间发展构型图示　　　　　表3-8

| | 用地布局图 | 结构示意图 | | 用地布局图 | 结构示意图 |
|---|---|---|---|---|---|
| ①单轴延伸状构型 | | 强干弱枝弱梢 | ⑤组团发散状构型 | | 中干弱枝中梢型 |
| ②带形团块状构型 | | 强干弱枝弱梢 | ⑥带形叶脉状构型 | | 中干中枝中梢 |

| | 用地布局图 | 结构示意图 | | 用地布局图 | 结构示意图 |
|---|---|---|---|---|---|
| ③鱼骨状构型 | | <br>强干中枝弱梢 | ⑦羽（枝）状构型 | | <br>弱干强枝中梢 |
| ④点轴状构型 | | <br>强干弱枝强梢 | ⑧均匀网状构型 | | <br>弱干中枝强梢 |

（资料来源：禹文豪，艾廷华. 核密度估计法支持下的网络空间POI点可视化分析［J］. 测绘学报，2015，44（01）：82–89.）

小流域虽然是该分形体系最低级，但通过几个时间节点来比较各沟壑建筑分布的数量可以发现，随着社会的稳步发展、各种政策的推行，小流域里的聚落整体构型也变得越来越清晰，主沟密度在逐渐增加，次沟、支毛沟聚落建设的参与度越来越少。

也就是说，小流域内的聚落正经历着新的变革，一级流域宅院的发展基本停滞与消解，向二级、三级小流域转移，从而使得二级、三级小流域的宅院正或多或少地发生着规模的变化，且多数处于增加的态势，至少呈现出空间的扩张。

故从比较的结果来看，我们认为秦岭南麓小流域内乡村聚落越来越多地呈现出以下两种"主、次、梢"发展构型（表3-9）：

小流域聚落空间发展构型图示　　　　　　　　表3-9

| | 流域形态图 | 结构示意图 | 流域形态图 | 结构示意图 |
|---|---|---|---|---|
| 线状点轴延伸发展构型 | <br>芦才沟小流域 | <br>强干弱梢状 | <br>东川河小流域 | <br>强干弱枝状 |
| 枝状点轴延伸发展构型 | <br>龙潭河小流域 | <br>强干中枝状 | <br>安沟小流域 | <br>强干强枝状 |

（1）线状点轴（个体散点）延伸发展构型——强干弱梢状、强干弱枝状

该类空间发展构型可以划分为两种模式，一种是由支毛沟直接衔接主沟而成，各种支毛沟

由于衔接坡度、腹地纵深、所提供的可建设用地有限，聚落基本呈现出沿主沟展开的"一"字构型。另一种是虽具有一定规模及纵深的支沟，但由于地形坡度或者两侧可提供建设用地局促、交通等原因，依然不适宜聚居，聚落仍主要是沿主沟展开。

该类型空间发展构型占整个区域的60%，是主要的基本构型，这也说明小流域层面的乡村聚落布局，主要集中于主沟壑之中，它是研究的重要对象。

（2）枝状点轴（个体散点）延伸发展构型——强干强枝状、强干中枝状

该小流域内，有一条或多条支沟可以提供较好的居住条件，与主沟相辅相成，其他枝毛沟依然是偶尔有二、三户人家的小型聚落。不过由于次沟的规模、所处主沟区段，及自身建设用地可提供规模等原因，可以进一步地划分两种模式。其中强干强枝主要指次沟位于主沟下游区域，且自形成一套体系；强干中枝型，则主要指次沟位于中游段或者上游段，有一定的聚居规模。

强干强支状的点轴延伸发展构型，基本上呈平行发展模式，与主沟联系较弱，可以视为独立的小流域人居体系进行研究，不再是本书研究重点。故本书将研究重点放在了"线状点轴延伸发展构型"与"强干中枝状点轴延伸发展构型"两种构型三种模式中，进一步地调研，也就主要围绕不同小流域中主、次沟上聚落建筑的变化展开，其他类型都视为该空间类型的变形。

### 3.3.2 基于核密度估算的小流域乡村聚落核点集聚空间体系提取

1）小流域乡村聚落空间真实分布的体系化初步分析

体系，是指一定范畴内的不同类型、不同等级的对象组织，可以是方法体系，也可以是空间体系，可以是文学体系、法律体系，也可以是结构体系、标准体系、生态体系，它是系统论中的重要支持。

任何一个事物都不是孤立存在的，是横向体系、纵向体系以及复合体系下的产物，要想真正理解对象，优化发展好对象，必须把对象置于其所需关注的体系下进行推敲。乡村聚落同样是这样，是体系下的一个产物，是社会—生态系统中的一个产物，只是由于其规模小、分布零散，长期被忽视，被弱化。小流域中的乡村聚落更是如此，其农户生存的主要依托是门口那寸土寸金的耕地与广袤的背景林地，故很难产生平原地区那样明显差异的"村—组—院—户"空间等级，碎片化的用地建设使得沟口到沟尾遍布3～5户或者散户的聚落，其所形成的众多斑块，使得体系化所需要的群体基础已经具备，但由于规模非常小，大小差异不大，更是被研究者忽略。

新背景下小流域内众多聚落的集聚，虽然没有出现大小斑块的巨大差异，但两种点轴状发展构型的形成，正是聚落体系化加强的一种表现，只是由于最大只有四五十户的规模，使得体系化的程度仍显不足。

2）基于核密度估算借用的小流域乡村聚落的核点空间体系化分析

但当我们进一步用GIS中核密度估算工具对聚落进行空间的形态抽取研究时，可以发现较

为清晰的体系化特征。

核密度估算[183][184][185]是利用核函数将每个已知点关联起来进行预测的方法。核函数表示为一个双变量概率密度函数，它在三维空间中看起来像一个凸起：以一个已知点为中心，在一个给定的带宽或窗口范围内逐渐减小。核函数和带宽决定了这个凸起的形状并依次决定了估计结果的平滑量，在点$s$处的密度估计值即带宽范围内的每一个已知点对$s$点影响的加和。在研究区域内分布有$n$个事件$s$：$s_1$……$s_n$，$s$处的点密度值为$\theta(s)$，其估计值记为$\hat{\theta}(s)$，则$s$处的点密度：

$$\hat{\theta}(s) = \sum_{i=1}^{n} \frac{1}{r^2} k\left[\frac{s-s_1}{r}\right] \qquad (3-1)$$

其中$k$表示核函数，$r$表示带宽。

这里，我们以老林河、东川河与车家河小流域为例进行分析，采用了50米、500米、1000米的多个带宽进行核密度计算（图3-8~图3-10），可以发现以下特征：

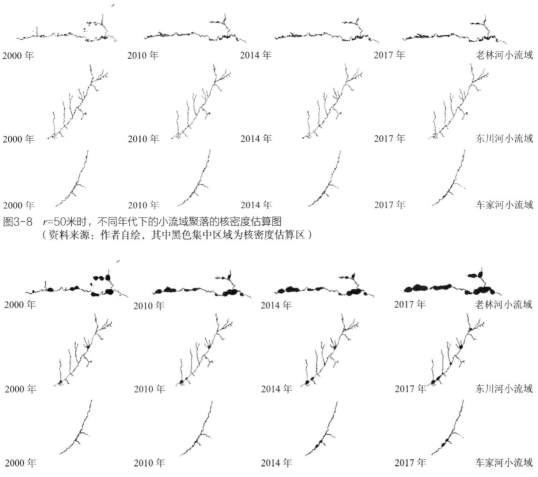

图3-8　$r$=50米时，不同年代下的小流域聚落的核密度估算图
　　　（资料来源：作者自绘，其中黑色集中区域为核密度估算区）

图3-9　$r$=500米时，不同年代下的小流域聚落的核密度估算图
　　　（资料来源：作者自绘，其中黑色集中区域为核密度估算区）

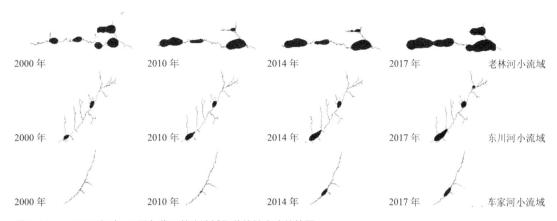

图3-10  *r*=1000米时，不同年代下的小流域聚落的核密度估算图
（资料来源：作者自绘，其中黑色集中区域为核密度估算区）

（1）在各种不同的带宽计算下，2000～2017年间，每条流域都呈现出不同规模、不同形态的"扁核"集聚特征；

（2）同一小流域，同一带宽下，随着时间的推进，"扁核"集聚的数量与幅度都在增大；

（3）同一小流域，随着带宽的增大，其呈现出"散点—小核—核点—核带"的集聚特征，带宽值越高，数量越少；

（4）同一带宽，同一时段，不同小流域，小流域"扁核"集聚的数量与幅度差异也大不相同；其中老林河小流域最强烈，而东川河小流域最微弱；

（5）通过宅院的分布图与"扁核"密度估算图的叠加可以发现，其在空间上，也形成了众多大小不一的等级化"图底关系"，形成人为的空间体系化集聚。

这进一步说明，小流域内部由于地形条件的限制，各聚落虽然仍较零碎，但聚落之间的疏密程度，也存在一定的体系化规律，这种规律表现上是由随机的带宽来确定的，是人为的抽象集聚，但必然受到空间、经济、社会、生态等多个维度不同要素的影响。这些影响的程度，需要进一步发现与引导。

3）基于"RROD"尺度借鉴的小流域乡村聚落核点集聚空间体系

为了更好地研究各小流域这种"核点"集聚的关系，本书以2017年房屋分布为图底，以1000米带宽为基础，进行核密度估算，展开聚焦点以及核密度估算区的探寻。

其中1000米是以前文理论基础提到的"RROD"单元边界"450～700"为基础，根据小流域内"线形、用地规模较少、人口较少"的现实情况，结合最新版《城市居住区规划设计标准》强调的步行出行距离，对其进行调整而设定的。

就现代邻里交往归属感知距离而言，也不能拘泥于扬·盖尔先生的"30、50、70"米社会性距离，还要考虑今天以社区"5分钟""10分钟""15分钟"生活圈所带来的最大步行出行距离。即对于居民而言，其最远相对适宜的接受距离为15分钟，对应步行空间——平均1000米的范畴。在农村，虽没有值得人们购物参与的1000米步行概念，但考虑到农户的生活方式、步行状态以及小流域地形条件，我们认为这种半径（本研究即带宽）按照10分钟、1000米的距离进行设定也是可行的，但需进一步验证。

本书对其中的二级小流域"21D芦柴沟小流域""21F王家河小流域""22G东甘沟小流域"，三级小流域"33A老林河小流域""32B太峪河小流域""31C龙潭沟小流域""31E东川河小流域"（表3-10）进行了核密度估算分析，于是可进一步得到以下六条直观规律：

（1）由于固定带宽的设置，无论大小差异，核密度估算区分布相对较为均匀；

（2）二级小流域核密度估算区一般为1~2个，三级小流域为3~4个；

（3）同一带宽下，二级小流域第一个核密度估算区色彩饱和度远高于第二个；

（4）同一带宽下，三级小流域龙潭河小流域各核密度估算区色差不大；

（5）同一带宽下，三级小流域老林河小流域各核密度估算区色差较大；

（6）老林河小流域、东甘沟小流域核密度色彩饱和程度明显高于其他小流域。

当r=1000米时，典型二、三级小流域小流域聚落核点集聚框表　　　表3-10

为了后期更好地进行比对研究，本书把围绕带宽等于1000计算出的聚焦点（聚焦点一般处于其中较大面状集聚的聚落中）及核密度估算区，简称为核点集聚区[①]。把整条小流域各聚落呈现出的、以多个核点集聚为主线、其他线性集聚为辅助的空间格局，设定为小流域核点集聚空间体系（图3-11），其直观特征为以上六条。

### 3.3.3 点轴集中区——基于核密度估算的小流域核心研究范围提取

起伏的山脊线按照相应的划分方式可清晰地界定不同级别小流域的空间范围、特征及关系，但其内宅院聚落的分布仍相对零散，尽管存在消解，但仍有一定数量毛支沟有人居住，居住边界与自然边界仍是相对模糊的，居住聚落与聚落之间的空间界限是不确定的。

为了研究更加聚焦、更清晰且利于对比，我们根据点轴发展构型的基本认知，根据聚落

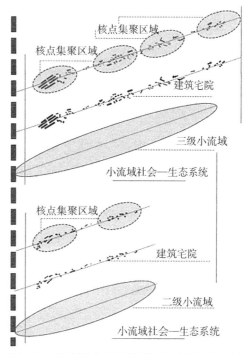

核点集聚区域：借鉴RROD理论的GIS核密度估算生成区域

图3-11 小流域核点集聚空间体系（宅院放大示意）
（资料来源：作者自绘）

核密度估算的初步设定，对小流域依托河流的有效长度又进行了再次界定，明确了针对性调研与统计的比较范围，在这个范围内的用地、聚落、宅院进行调研，其他范围的宅院只作为背景研究。

根据核密度估算，首先可以得到小流域核点集聚区域，在两个核点集聚区域之间可以有过渡区域；在第一个核点集聚区域之前，同样可能会有核点过渡区域；最后一个核点集聚区域之后也会有宅院相对更少的过渡区域，共计三种过渡区域。

前核点过渡区域有可能没有，它是因第一个核点集聚区域的位置而决定的，但因属于农户从事各种活动必经之地，与中部过渡区域相似。而后过渡区域即尾沟区域，其状态与各消解支沟的特征相差无几，有的区域甚至没有人住，与其他过渡区域差异较大，故界定为1000米进行研究。

此外，在核点集聚区域的侧沟（两侧支沟），往往会有一定规模的农户沿沟呈一定规模地集聚延展，如果延伸范围不超过300米，本书把该范围累积到核点集聚区域，而超过300米的同样按照尾沟的方式处理，界定在1000米的范围，也称之为尾沟区（图3-12）。

---

① 经后文场域关联分析，认为核点集聚区域的设定是有意义的；在介入社会—生态PSR健康评价后，一部分核点集聚区域被定义为核点集聚单元。

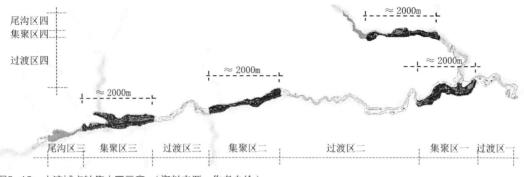

图3-12　小流域点轴集中区示意　（资料来源：作者自绘）

这样可以得到每条小流域所依托河流、需要进行调研比较的统计长度[①]，即核点过渡区1（有可能没有）+核点集聚区1+核点过渡区2+核点集聚区2+……+核点过渡区$n$+核点集聚区$n$+尾沟过渡区$n$。依托河流主要指小流域中参与分析比较的二级、三级河道。根据前期的核密度估算，$n$一般小于5。

同时可以得到需要对小流域进行建设比较的核心用地统计面积，主要指河流统计长度两侧包含林地、住宅、农业等小于25度的用地、河流用地以及局部的超过25度用地总和，这一统计区域本书称之为小流域的"点轴集中区"。

在此基础上，本书对小流域主、次沟中每个村组及每个核点集聚区域、过渡区域的聚落按照不同年代进行了详尽统计，建立其基本的聚落集聚研究平台，探寻空间上的组织规律，寻找体系化的变化规律（表3-11）。

典型小流域点轴集中区面积、长度的统计　　　　　　　表3-11

| 流域编号 | 流域编号 | 流域名称 | 流域面积 | 流域统计面积 | 主干河流有效长度 | 流域体系有效长度 | 主干河流统计长度 | 河流最高等级 |
|---|---|---|---|---|---|---|---|---|
| 13 | 21D | 芦柴沟小流域 | 28.42 | 1.08 | 10.50 | 17.78 | 8.26 | 2 |
| 31 | 21F | 王家河小流域 | 20.51 | 0.69 | 10.61 | 18.21 | 11.3（含支） | 2 |
| 42 | 23G | 东甘沟小流域 | 15.49 | 0.11 | 6.44 | 9.64 | 4.16 | 2 |
| 1 | 33A | 老林河小流域 | 126.00 | 2.77 | 17.61 | 72.03 | 20.51（含支） | 3 |
| 2 | 32B | 太峪河小流域 | 81.80 | 1.31 | 15.12 | 60.98 | 12.98 | 3 |
| 3 | 31C | 龙潭河小流域 | 67.20 | 1.00 | 14.91 | 49.81 | 15.14（含支） | 3 |
| 27 | 31E | 东川河小流域 | 54.00 | 2.68 | 13.79 | 49.79 | 11.71 | 3 |

（注：面积单位为平方千米；长度单位为千米。）

---

[①] 主干河流有效长度指该流域尺度下每一层级有效河流中的一条之和（1条一级河流+1条二级河流+1条三级河流+……），见前文，与之有很大不同。

### 3.3.4 基于聚落斑块占地特征分析的小流域集聚形式划分

1）基于点轴集中区聚落斑块设定的典型小流域集聚与变化调查设置

为了更深入地发现小流域内聚落集聚的详细状态与变化特征，本文进一步将点轴集中区按照"村组"及"核点集聚区"两种划分方案，以聚落斑块为对象分别进行具体调查统计（图3-13）。

前者，按村组方式，以既有空间划分模式进行调研，可使我们对小流域内聚落的集聚形成更全面、整体的认识。具体调研中，仍以2000年、2010年、2014年、2017年为节点展开，分别对7条小流域进行具体的聚落集聚斑块调研（表3-12），涉及各小流域基本状态、斑块占比、变化规模、速度等特征，这里的斑块包含了居住及大型游憩休闲项目等建设区域。

另一方面，由于有的小流域村组很长，达到6000多米，有的只有三四百米，大小悬殊，不利于相对准确地发现、描述空间的集聚规律、特征与问题，及进行同一尺度的量化比较，为此，本书按照计算出来的核点集聚区域分别对2000年及以前、2017年及以前（由于村组划分四个时间阶段的规律，已可以基本体现，故这里进行了起止两个阶段的统计，过程阶段变化规律对应村组即可）两个时间段重新进行了建设用地变化的调查与分析。

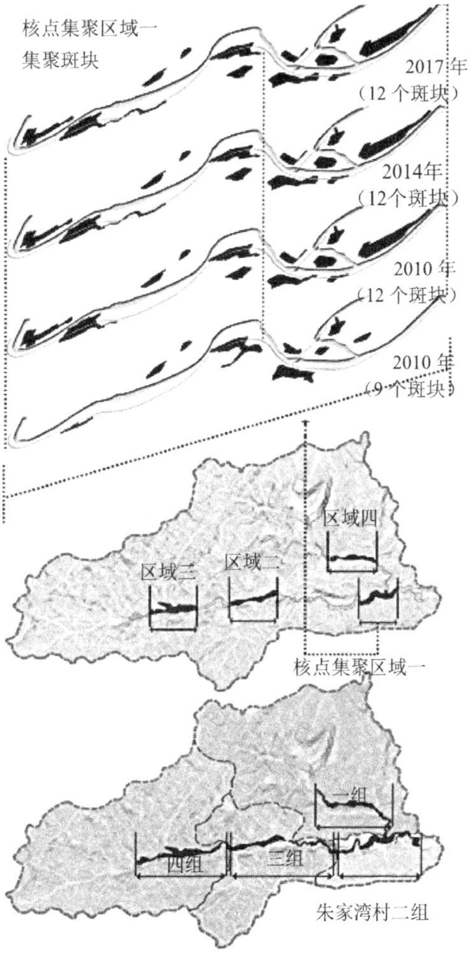

此外，由于历史原因，有可能出现某个组全在一条次沟上，但随着近年搬迁，只剩个别农户居住的情况，故该组所依托河流长度不予统计，该组组名也不出现，如31E东川河小流域老庵寺村第四组；但如果该组在主沟没有房屋出现，仅有一段路径，则该组仅出现组名长度，其具体项目，都为"—"，如31C龙潭河小流域。

最后在具体指标设置上，主要以斑块基本面积、数量以及较大规模斑块等基本信息为主，为更好地彰显并发现其规律，在两个调研体系中，进一步增加三个衡量参数，即斑块占比、总变化率和聚集度。

图3-13 村组及核点集聚区域调研比较示意（33A老林河小流域为例）（资料来源：作者自绘）

典型小流域点轴集中区各村组聚落斑块用地及变化情况统计　　　表3-12

| 小流域/村组　聚落斑块 | 21D芦柴沟小流域车家河村 | | | 21F王家河小流域新合村 | | | | | |
|---|---|---|---|---|---|---|---|---|---|
| | 四组 | 五组 | 总计 | 三组 | 四组 | 五组 | 六组 | 七组 | 总计 |
| 统计长度（米） | 4090 | 4170 | 8260 | 6420 | 300 | 3040 | 920 | 630 | 11310 |
| 统计面积（公顷） | 50.1 | 58.16 | 108.26 | 45.58 | 2.65 | 15.63 | 3.26 | 2.03 | 69.15 |
| 平均宽度（米） | 122 | 139 | 131 | 71 | 88 | 51 | 35 | 32 | 61 |
| 00　总面积（平方米） | 28020 | 24680 | 52700 | 33360 | 2920 | 9480 | 700 | 1120 | 47580 |
| 10　总面积（平方米） | 33930 | 25710 | 59640 | 38420 | 2920 | 9600 | 700 | 1120 | 52760 |
| 14　总面积（平方米） | 70970 | 27670 | 98640 | 43160 | 5120 | 9600 | 700 | 1120 | 59700 |
| 17　总面积（平方米） | 70970 | 28460 | 99430 | 43160 | 5120 | 9600 | 700 | 1120 | 59700 |
| 17　斑块占比 | 14.17% | 4.89% | 9.18% | 9.47% | 19.32% | 6.14% | 2.15% | 5.52% | 8.63% |
| 00—17　总变化（平方米） | 42950 | 3780 | 46730 | 9800 | 2200 | 120 | 0 | 0 | 12120 |
| 00—17　总变化率 | 153.28% | 15.32% | 88.67% | 29.38% | 75.34% | 1.27% | 0.00% | 0.00% | 25.47% |
| 村组主体空间关系 | 前部 | 中部 | | 前部 | 前部 | 中部 | 中部 | 尾部 | |
| | 中部 | 尾部 | | | | 支沟 | | | |

| 小流域/村组　聚落斑块 | 22G东甘沟小流域石瓮社区 | | | 32B太峪河小流域秦丰村 | | | | | | |
|---|---|---|---|---|---|---|---|---|---|---|
| | 一组 | 二组 | 总计 | 一组 | 二组 | 三组 | 四组 | 五组 | 六组 | 总计 |
| 有效长度（米） | 2490 | 1670 | 4160 | 2700 | 1750 | 2930 | 1030 | 1690 | 2880 | 12980 |
| 有效面积（公顷） | 6.58 | 4.22 | 10.8 | 25.32 | 23.03 | 29.9 | 15.69 | 10.19 | 26.68 | 130.81 |
| 平均宽度（米） | 26 | 25 | 26 | 94 | 132 | 102 | 152 | 60 | 93 | 101 |
| 00　总面积（平方米） | 3300 | 800 | 4100 | 20200 | 21300 | 48500 | 39600 | 11600 | 13500 | 154700 |
| 10　总面积（平方米） | 11500 | 12900 | 24400 | 48100 | 48500 | 80800 | 54800 | 16600 | 17600 | 266400 |
| 14　总面积（平方米） | 15000 | 12900 | 27900 | 48100 | 48500 | 80800 | 61200 | 29800 | 31300 | 299700 |
| 17　总面积（平方米） | 15000 | 12900 | 27900 | 48100 | 48500 | 80800 | 61200 | 30100 | 33600 | 302300 |
| 17　斑块占比 | 22.80% | 30.57% | 25.83% | 19.00% | 21.06% | 27.02% | 39.01% | 29.54% | 12.59% | 23.11% |
| 00—17　总变化 | 11700 | 12100 | 23800 | 27900 | 27200 | 32300 | 21600 | 18500 | 20100 | 147600 |
| 00—17　总变化率 | 354.55% | 1512.50% | 580.49% | 138.12% | 127.70% | 66.60% | 54.55% | 159.48% | 148.89% | 95.41% |
| 村组主体空间关系 | 前部 | 中部 | | 前部 | 前部 | 前部 | 中部 | 中部 | 尾部 | |
| | 中部 | | | 支沟 | | | | | | |

续表

| 小流域村组 聚落斑块 | | 33A老林河小流域朱家湾村 | | | | | 31C龙潭河小流域龙潭村 | | | | |
|---|---|---|---|---|---|---|---|---|---|---|---|
| | | 一组 | 二组 | 三组 | 四组 | 总计 | 一组 | 二组 | 三组 | 四组 | 总计 |
| 有效长度（米） | | 4820 | 6260 | 5210 | 4220 | 20510 | 6250 | 440 | 3000 | 5450 | 15140 |
| 有效面积（公顷） | | 53.60 | 88.93 | 57.26 | 77.34 | 277.13 | 49.7 | 1.54 | 16.75 | 32.41 | 100.4 |
| 平均宽度（米） | | 111 | 142 | 110 | 183 | 135 | 80 | 35 | 56 | 59 | 66 |
| 00 | 总面积（平方米） | 43500 | 81400 | 18300 | 25900 | 169100 | 42300 | — | 3900 | 19800 | 66000 |
| 10 | 总面积（平方米） | 52500 | 157400 | 73300 | 229500 | 512700 | 57100 | — | 4100 | 20100 | 81300 |
| 14 | 总面积（平方米） | 55600 | 159800 | 74900 | 240900 | 531200 | 57300 | — | 14700 | 20900 | 92900 |
| 17 | 总面积（平方米） | 55600 | 163000 | 74900 | 240900 | 534400 | 59100 | — | 14700 | 20900 | 94700 |
| 17 | 斑块占比 | 10.37% | 18.33% | 13.08% | 31.15% | 19.28% | 11.89% | — | 8.78% | 6.45% | 9.43% |
| 00—17 | 总变化 | 12100 | 81600 | 56600 | 215000 | 365300 | 16800 | — | 10800 | 1100 | 28700 |
| | 总变化率 | 27.82% | 100.25% | 309.29% | 830.12% | 216.03% | 39.72% | — | 276.92% | 5.56% | 43.48% |
| 村组主体空间关系 | | 支沟 | 前部 | 中部 | 尾部 | | 前部 | 中部 支沟 | 中部 支沟 | 尾部 | |

| 小流域村组 聚落斑块 | | 31E东川河小流域 | | | | | | | | |
|---|---|---|---|---|---|---|---|---|---|---|
| | | 金盆村 | | | | 老庵寺村 | | | | |
| | | 一组 | 二组 | 三组 | 四组 | 一组 | 二组 | 三组 | 五组 | 总计 |
| 有效长度（米） | | 1500 | 680 | 1660 | 1710 | 490 | 1590 | 2380 | 1700 | 11710 |
| 有效面积（公顷） | | 41.97 | 17.11 | 34.56 | 37.28 | 7.45 | 44.81 | 63.1 | 21.29 | 267.57 |
| 平均宽度（米） | | 280 | 252 | 208 | 218 | 152 | 282 | 265 | 125 | 228 |
| 00 | 总面积（平方米） | 35300 | 12800 | 40700 | 19900 | 14800 | 41400 | 27900 | 9200 | 202000 |
| 10 | 总面积（平方米） | 74600 | 28500 | 51800 | 50200 | 14800 | 63600 | 66400 | 9200 | 359100 |
| 14 | 总面积（平方米） | 77800 | 37200 | 56800 | 55100 | 14800 | 74100 | 72400 | 9200 | 399500 |
| 17 | 总面积（平方米） | 80400 | 40200 | 56800 | 55100 | 14800 | 75700 | 76300 | 9200 | 408500 |
| 17 | 斑块占比 | 19.16% | 23.50% | 16.44% | 14.78% | 19.87% | 16.89% | 12.09% | 4.32% | 15.27% |
| 00—17 | 总变化 | 45100 | 27400 | 16100 | 35200 | 0 | 34300 | 48400 | 0 | 206500 |
| | 总变化率 | 127.76% | 214.06% | 39.56% | 176.88% | 0.00% | 82.85% | 173.48% | 0.00% | 102.23% |
| 村组主体空间关系 | | 前部 | 前部 | 前部 | 中部 | 中部 | 尾部 | 尾部 | 尾部 | |

（1）聚落斑块

点轴集聚区内，首要面临的关键问题是聚落斑块的建构，小流域内各个农户散落分布，更多是社会概念的、行政管理方面的空间界定，建筑之间的界限模糊，同样很难比较，为此，本书参照浙江大学浦欣成博士提出的方法，即考虑到人与人之间的交往距离，以"人的面部特征、发型和年纪都能看得见，不常见面的人也能看得出"的30米为住宅之间的最小边界，进

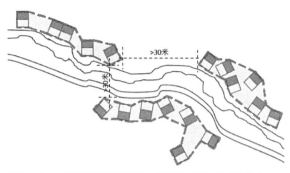

图3-14 小流域聚落斑块设定 （资料来源：作者自绘）

行外缘连线，构建个体斑块，并对小流域按照组界从一侧到另一侧进行编号统计。这样，该斑块确定后，具有"聚落相对完整，聚落信息易于统计，聚落的相关因子具有可比性，易于后期的规划与调整"的特征。也易于发现较为清晰的量化存在规律与特征（图3-14）。

（2）斑块占比：指集聚斑块总面积占点轴集聚区总面积的比值，反映小流域土地建设利用的程度。具体公式：

$$B_i = \frac{S_i}{S_{i统}} \times 100\% \quad\quad （3-2）$$

该式中：$B_i$为小流域$i$的斑块建设比率，$S_i$为2017年斑块总面积，$S_{i统}$为小流域$i$的点轴集中区面积。

（3）总变化率：指2000年到2017年之间各斑块用地变化情况。具体公式：

$$P_i = \frac{S_i - S_i'}{S_i'} \times 100\% \quad\quad （3-3）$$

该式中：$P_i$为小流域$i$的总变化率，$S_i$为2017年斑块总面积，$S_i'$为2010年斑块总面积。

（4）斑块相对聚集度：分为核点相对聚集度和小流域整体的相对聚集度，它们是根据小流域特征及研究目标而建构不同流域、不同核点集聚区域之间的聚落斑块评价参数，反映各流域、村组、核点聚落景观相对于小流域而言的干预程度，是一个加权后的数值（综合考虑了大小斑块比例、流域点轴发展趋势）公式如下：

$$C_i' = \frac{S_i'}{L_i'} \times \left(1 + \frac{N_i}{M_i}\right) \quad\quad （3-4）$$

$$C_i = \frac{S_i}{L_i} \times \left(1 + \frac{N_i}{M_i}\right) \quad\quad （3-5）$$

式中：$C_i'$为核点集聚区$i$的斑块相对聚集度（保留两位小数），$C_i$为小流域$i$的斑块相对聚集度，$S_i'$为核点集聚区$i$的斑块总面积，$S_i$为小流域$i$的斑块总面积，$M_i$为聚落斑块数量，$N_i$为

0.5公顷规模上斑块数量。$L'_i$是各核点集聚区域的长度，基本上在2000米左右，是前文根据RROD单元结合小流域特征及乡村一般出行认知进行的带宽设定值（见本章3.3.2），$L_i$为小流域$i$的长度。

2）基于村组划分的小流域乡村聚落集聚斑块占地调查与分析

根据集聚斑块统计规模及不同年段指标的变化，可得到如下一系列的柱状图与折线图，即：2000年及以前到2017年及以前，每条小流域集聚斑块占地整体变化及变化率比较（图3-15、图3-16）；四个不同阶段每条小流域集聚斑块占地整体规模及变化折线图（图3-17）；2000年及以前到2017年及以前，每条小流域各村组集聚斑块占地变化比较（图3-18）；但正如所预测的，可得到的比较信息较少。不过除了从中得到"大分散、小集聚"的基本认知外，尚发现以下特征：

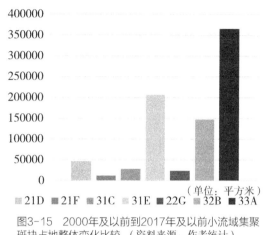

（单位：平方米）

图3-15 2000年及以前到2017年及以前小流域集聚斑块占地整体变化比较 （资料来源：作者统计）

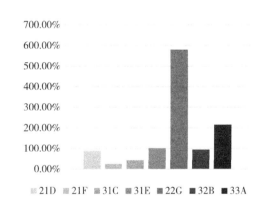

图3-16 2000年及以前到2017年及以前小流域集聚斑块占地整体变化率比较 （资料来源：作者统计）

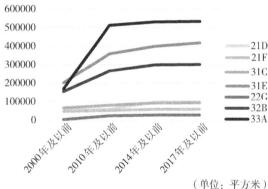

（单位：平方米）

图3-17 不同阶段典型小流域集聚斑块占地规模及变化折线图 （资料来源：作者统计）

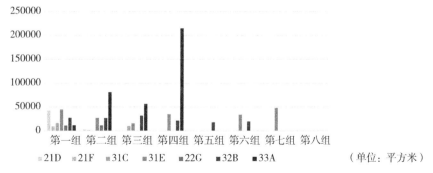

（单位：平方米）

图3-18 2000年及以前到2017年及以前小流域各村组集聚斑块占地变化比较 （资料来源：作者统计）

（1）根据集聚斑块占地面积与统计河流长度及计算出来的河谷平均宽度比较，可以对小流域形成更深刻的认识：其中100米宽度以下的小流域有王家河（61米）、龙潭沟（66米）、东甘沟（26米）；100~200米的有芦柴沟（131米）、太峪河（101米）、老林河（135米）；200米以上的沟壑有东川沟（228米）。也就是说，100米以上的二级河流集聚斑块总规模都较大，最少也接近10万平方米，三级小流域一般都在30万平方米以上，三级小流域100米以下集聚斑块总规模也较大，也在10万平方米左右，除了河流等级、河流宽度是影响聚落集聚的重要基础。

（2）集聚斑块占地占整个小流域点轴集中区比例，反映了小流域建设的强度，因为比值比较接近，都在30%以下，故若以10%为一个单元划分区间，则可以发现，案例小流域主要集中在10%左右及以下、10%~20%、20%~30%的范围（具体划分应该有重叠，因为每个因子都不是单独决定集聚特征与变化的）。

（3）尽管乡村整体在衰退，但在各小流域点轴集中区，斑块占地都在增加，只是增加的幅度、快慢、阶段有所不同，2000年到2010年间，增加的规模最大。

单就自然地形划分而言，如果不是特殊地形限制，连接高等级河流的三级小流域一般增加的幅度都非常大，四条三级案例小流域中，都呈现出非常高的增加幅度；二级小流域也会增加，不过幅度都很低，特殊情况下，增加较高，也是昙花一现，基本上再没有大的变化（表3-13）。

3）基于核点集聚区域划分的小流域乡村聚落集聚斑块占地调查与分析

典型小流域各核点集聚区域聚落斑块用地及变化情况统计　　　表3-13

| 小流域<br>核点集聚<br>聚落斑块 | | 芦柴沟小流域车家河村21D | | | 王家河小流域新合村21F | | | 东甘沟小流域石瓮社区22G | |
|---|---|---|---|---|---|---|---|---|---|
| | | 核点一 | 核点二 | 总计 | 核点一 | 核点二 | 总计 | 核点一 | 总计 |
| 统计长度（米） | | 2100 | 2000 | 4100 | 2121 | 2014 | 4135 | 2020 | 2020 |
| 统计面积（公顷） | | 30.5 | 25.48 | 55.98 | 16.17 | 10 | 26.17 | 8.05 | 8.05 |
| 平均宽度（米） | | 145 | 127 | 137 | 76 | 50 | 63 | 39.85 | 39.85 |
| 2000 | 斑块数量（个） | 12 | 3 | 15 | 14 | 6 | 20 | 8 | 8 |
| | 规模斑块（个） | 0 | 1 | 1 | 1 | 0 | 1 | 0 | 0 |
| | 总面积<br>（平方米） | 24390 | 8730 | 33120 | 29000 | 8600 | 37600 | 4100 | 4100 |
| | 聚集度 | 11.61 | 5.82 | 17.66 | 14.65 | 4.27 | 9.55 | 2.03 | 2.03 |
| 2017 | 斑块数量（个） | 7 | 4 | 11 | 14 | 6 | 20 | 8 | 8 |
| | 规模斑块（个） | 3 | 1 | 4 | 3 | 0 | 3 | 2 | 2 |
| | 总面积<br>（平方米） | 61160 | 9400 | 70560 | 38450 | 9000 | 47450 | 27900 | 27900 |
| | 聚集度 | 41.61 | 5.88 | 23.47 | 22.01 | 4.47 | 13.20 | 17.26 | 17.26 |
| 核点主体空间关系 | | 前部 | 中部 | | 前部 | 尾部 | | 中部 | |

| 小流域/核点集聚<br>聚落斑块 | | 老林河小流域<br>朱家湾村33A | | | | | 太峪河小流域<br>秦丰村32B | | | |
|---|---|---|---|---|---|---|---|---|---|---|
| | | 核点一 | 核点二 | 核点三 | 核点四 | 总计 | 核点一 | 核点二 | 核点三 | 总计 |
| 统计长度（米） | | 2100 | 2080 | 2000 | 2000 | 8180 | 2080 | 2010 | 2020 | 6110 |
| 统计面积（公顷） | | 41.67 | 34.45 | 52.18 | 31.03 | 159.33 | 27.47 | 25.55 | 15.39 | 68.41 |
| 平均宽度（米） | | 198 | 166 | 261 | 155 | 195 | 132 | 127 | 76 | 112 |
| 2000 | 斑块数量（个） | 9 | 7 | 6 | 10 | 32 | 7 | 10 | 10 | 27 |
| | 规模斑块（个） | 3 | 3 | 0 | 3 | 9 | 2 | 6 | 0 | 8 |
| | 总面积（平方米） | 53680 | 51340 | 10910 | 44400 | 160330 | 21300 | 55100 | 13500 | 89900 |
| | 聚集度 | 34.08 | 35.26 | 5.46 | 28.86 | 25.11 | 13.17 | 43.86 | 6.68 | 19.07 |
| 2017 | 斑块数量（个） | 12 | 9 | 8 | 11 | 40 | 3 | 9 | 9 | 21 |
| | 规模斑块（个） | 6 | 3 | 5 | 3 | 17 | 2 | 6 | 1 | 9 |
| | 总面积（平方米） | 112680 | 70040 | 195350 | 49200 | 427270 | 67900 | 92100 | 33600 | 193600 |
| | 聚集度 | 80.49 | 44.90 | 158.72 | 31.31 | 74.43 | 54.41 | 76.37 | 18.48 | 45.27 |
| 核点主体空间关系 | | 前部 | 中部 | 尾部 | 支沟 | | 前部 | 中部 | 尾部 | |

| 小流域/核点集聚<br>聚落斑块 | | 龙潭河小流域<br>龙潭村31C | | | | | 东川河小流域<br>金盆、老庵寺31E | | | | |
|---|---|---|---|---|---|---|---|---|---|---|---|
| | | 核点一 | 核点二 | 核点三 | 核点四 | 总计 | 核点一 | 核点二 | 核点三 | 核点四 | 总计 |
| 统计长度（米） | | 1920 | 2020 | 2000 | 1970 | 7910 | 1980 | 2100 | 2070 | 2140 | 8290 |
| 统计面积（公顷） | | 15.33 | 19.08 | 10.34 | 14.27 | 59.02 | 57.93 | 48.53 | 51.05 | 68.95 | 226.46 |
| 平均宽度（米） | | 80 | 94 | 52 | 72 | 75 | 293 | 231 | 247 | 322 | 273 |
| 2000 | 斑块数量（个） | 3 | 9 | 1 | 9 | 22 | 12 | 11 | 10 | 7 | 40 |
| | 规模斑块（个） | 0 | 0 | 0 | 0 | 0 | 2 | 3 | 4 | 2 | 11 |
| | 总面积（平方米） | 4460 | 14430 | 220 | 13780 | 32890 | 34100 | 37000 | 60000 | 31400 | 162500 |
| | 聚集度 | 2.32 | 7.14 | 0.11 | 6.99 | 4.16 | 20.09 | 22.42 | 40.58 | 18.87 | 24.99 |
| 2017 | 斑块数量（个） | 5 | 11 | 4 | 12 | 32 | 14 | 14 | 13 | 11 | 52 |
| | 规模斑块（个） | 1 | 0 | 1 | 0 | 2 | 8 | 5 | 6 | 4 | 23 |
| | 总面积（平方米） | 14850 | 17050 | 10800 | 14780 | 57480 | 121800 | 61700 | 101000 | 79000 | 363500 |
| | 聚集度 | 9.28 | 8.44 | 6.75 | 7.50 | 7.72 | 96.67 | 39.87 | 71.31 | 50.34 | 63.24 |
| 核点主体空间关系 | | 前部 | 中部 | 尾部 | 支沟 | | 前部 | 中部 | 中部 | 尾部 | |

根据集聚斑块的基本数量变化及斑块占地指标的变化，结合村组集聚斑块分析，同样可以

得到如下一系列的折线图。即：2017年典型小流域核点集聚区域与非核点集聚区域空间关系比较（图3-19）；2017年典型小流域核点集聚区域与非核点集聚区域斑块占地比较（图3-20）、2017年典型小流域核点集聚区域斑块占地比较（图3-21）、2017年典型小流域核点集聚区域聚落斑块集特征比较（图3-22）；2000年典型小流域核点集聚区域聚落斑块占地比较（图3-23）；2000年及以前到2017年及以前两起止时间段之间各核点集聚区域斑块占地变化比较（图3-24），

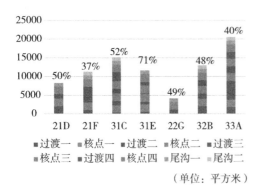

（单位：平方米）

图3-19 2017年典型小流域核点集聚区域及非核点集中区域空间关系比较 （资料来源：作者统计）

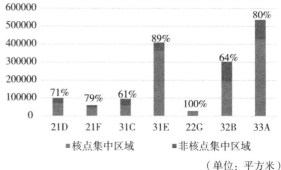

（单位：平方米）

图3-20 2017年典型小流域核点集聚区域与非核点集中区域斑块占地比较 （资料来源：作者统计）

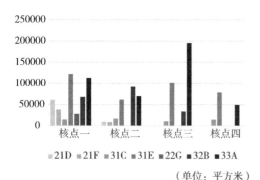

（单位：平方米）

图3-21 2017年典型小流域核点集聚区域斑块占地比较（资料来源：作者统计）

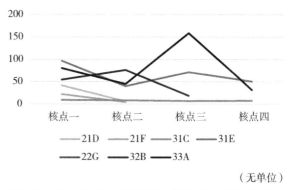

（无单位）

图3-22 2017年典型小流域核点集聚区域斑块聚集特征比较 （资料来源：作者统计）

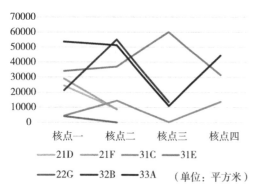

（单位：平方米）

图3-23 2000年典型小流域核点集聚区域斑块占地比较 （资料来源：作者统计）

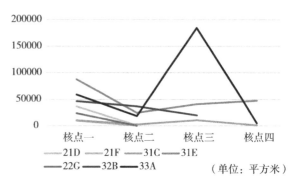

（单位：平方米）

图3-24 2000～2017年典型小流域核点集聚区域斑块占地变化比较 （资料来源：作者统计）

共计三组五张图表。根据图示，可以得到以下结论：

（1）核点集聚区域相对整体小流域的空间关系：

①第一个核点集聚区域距沟口的距离一般都在2000米左右及以下；

②小流域核点集聚区域长度一般都在整条小流域50%左右及以下，斑块占地比重在60%～80%间；

③东川河小流域主沟有4个核点集聚区域，但其综合长度占比却达到71%，建设占地也近乎达到90%，较为特殊。

（2）不同流域核点集聚区域的占地情况：

①二级小流域，第一个核点集聚区域远大于第二个核点区域，聚集度数值达到5～8倍，甚至如东甘沟小流域，没有第二个核点区域。

②聚集度是反映斑块规模及密实程度的中和状态，是集约不集约的一个重要参数，但从数值来看，核点的平均聚集度在7.72～74.43，差异很大，宜选择20、60为主要划分参数，进行描述。

③三级小流域中，分为两类，一类是虽然河谷有效宽度不同，地形差异较大，但同一小流域不同核点区域斑块占地规模差异都不是很大，如31C龙潭河小流域平均宽度59米，用地都在15000平方米左右；31E东川河小流域平均宽度273米，用地在10万平方米左右，但各自聚集度差值多数在1～2倍；另一类是小流域核点集聚区域斑块占地规模较大，但各核点之间的波动也较大，各核点聚集度差值达到3～5倍。

（3）小流域内核点集聚区域的集聚斑块占地增加时间与规模：

①占地方面，无论是二级还是三级小流域，第一个核点区域是重点集聚区域，增幅较大；第二个核点集聚区域增加都较缓慢；第三个核点集聚区域又会有所扩张；最后一个核点集聚区域一般增幅较小，不过因情况不同，程度有所差异。

②按照增幅情况和空间位置，可以看出用地增加最多的区域，主要集中于（含核点区域2千米长度）沟口4千米以内的前部区域、中后部的中心区域（大致在10千米左右）或者特殊条件影响区域（如特殊景点、特殊项目），且这种规律性在逐渐增强。

4）基于聚落斑块占地特征分析的小流域聚落空间集聚形式初步划分

故综上所述，在不考虑生态、生产、生活等社会—生态影响的背景下，结合不同典型小流域空间特征、其内GIS核点集聚空间特征及具体聚落斑块的占地特征进行分析，除可以得到涉及各阶段聚落空间集聚变化幅度、较大增加区域位置等规律外，尚可以按照2017年各小流域核点集聚区域数量、位置及具体信息，直观得到如表3-14所示的5种聚落空间集聚形式（由于小流域长宽比过大，且斑块过小，故采用几何图形抽取放大的方式进行图示，其中粗实线"━"表示发展轴，大小黑色长方块"■ Ⅱ"示意不同规模聚落，椭圆"◯"表示集聚区域）。

典型小流域乡村聚落的空间集聚形式　　　　　　表3-14

| 核点集聚数量 | 不同数量核点集聚示意图 | 核点集聚区域 | 发展轴 | 聚落斑块 |
|---|---|---|---|---|
| 形式一 | 单核点集聚形式 | | | |
| 典型案例 | 22G东甘沟小流域 | | | |
| 流域基本特征 | 为二级小流域，地形条件限制较多，点轴集中区有效统计宽度约为26米，有效统计用地约为11公顷 | | | |
| 建设用地特征 | 已建设用地约为2.79万平方米，建设用地占比25.83%，点轴集中区域聚集度在17.26 | | | |
| 形式二 | 双核点集聚形式 | | | |
| 典型案例 | 21D芦柴沟小流域 | | | |
| 流域基本特征 | 为二级小流域，地形条件相对较好，点轴集中区有效统计宽度约为131米，有效统计用地约为108公顷 | | | |
| 建设用地特征 | 已建设用地约为9.94万平方米左右，建设用地占比9.18%，点轴集中区域聚集度在23.47，第一个核点集聚区域聚集度远大于第二个 | | | |
| 典型案例 | 21F王家河小流域 | | | |
| 流域基本特征 | 为二级小流域，地形条件限制较多，点轴集中区有效统计宽度约为60米左右，有效统计用地约为69公顷 | | | |
| 建设用地特征 | 已建设用地约为5.97万平方米左右，建设用地占比8.63%，点轴集中区域聚集度在13.20，第一个核点集聚区域聚集度远大于第二个 | | | |
| 形式三 | 三核点集聚形式 | | | |
| 典型案例 | 32B太峪河小流域 | | | |
| 流域基本特征 | 为三级小流域，地形条件相对较好，点轴集中区有效统计宽度约为101米，有效统计用地约为131公顷 | | | |
| 建设用地特征 | 已建设用地约为30.2万平方米左右，建设用地占比23.11%，点轴集中区域聚集度在74.43，最后一个核点集聚区域聚集度与另两个差异很大 | | | |
| 形式四 | 四核点集聚一 | | | |
| 典型案例 | 31E东川河小流域 | | | |
| 流域基本特征 | 为三级小流域，地形条件相对较好，点轴集中区有效统计宽度约为228米，有效统计用地约为267.5公顷 | | | |
| 建设用地特征 | 已建设用地约为40.8万平方米左右，建设用地占比15.27%，点轴集中区域聚集度在63.24，第一、第三核点集聚区域聚集度相对较高 | | | |

| 核点集<br>聚数量 | | 不同数量核点集聚示意图 | 核点集聚区域 | 发展轴 | 聚落斑块 |
|---|---|---|---|---|---|
| 形式五 | 四核点集<br>聚二 | | | | |
| | 典型案例 | 31C龙潭河小流域 | | | |
| | 流域基本<br>特征 | 为三级小流域，地形条件限制较多，点轴集中区有效统计宽度约为66米，有效统计用地<br>约为100公顷 | | | |
| | 建设用地<br>特征 | 已建设用地约为9.47万平方米左右，建设用地占比9.43%，点轴集中区域聚集度在7.72，<br>各核点集聚区域聚集度差异不大 | | | |
| | 典型案例 | 33A老林河小流域 | | | |
| | 流域基本<br>特征 | 为三级小流域，地形条件有一定限制，点轴集中区有效统计宽度约135米左右，有效统计<br>用地约277公顷（但统计长度最大） | | | |
| | 建设用地<br>特征 | 已建设用地约为53.4万平方米左右，建设用地占比19.28%，点轴集中区域聚集度在<br>45.27，第一、第三核点集聚区域聚集度相对较高 | | | |

　　这五种集聚形式，是在核点集聚空间体系基础上，结合七条案例小流域提取得到的，是集聚体系的具象反映，其小流域点轴集中区、核点集聚区域内聚落集聚斑块的具体占地情况、变化规律与GIS分析的格局趋势基本相同。

　　但也发现不同流域变化差异较大，各种数值相对分散，虽在本节中进行了20、60等范围值的划分，但仍需进一步验证与归纳；另外是否还存在其他的集聚形式，也需进一步验证与分析；各种集聚是否是具体聚居、产业发展的真实反映，是否具有更符合社会—生态影响的归类与划分，还需进一步调查与分析。

# 3.4 本章小结

　　针对小流域是末梢流域的基本属性，本章采用了最小支流为第一级水系的A.N.syrahler水系划分方案，将乾佑河柞水段大小不等的支流，按水系划分为五级，并得到具有不同层级嵌套关系的流域体系；进而将之与涉及小流域相关规模的定义进行比较，发现小流域可以细分为一级、二级、三级，三级流域是小流域界定的最大尺度。若以四级及以上河流段为主干划分，乾佑河柞水段可形成42条小流域，其按层级具有"一"字型、"Y"字型、非对称羽型等多种不同型制。

　　在此基础上，按照小流域和村组匹配的方式，按照"村组级别、单行政村级别、跨行政村级别"3个类型，选择了7条典型小流域作为详细调查对象，分析了其内部各聚落基本特征。

　　进而结合小区段时间变化，进行了宅院分布的研究，提出二级、三级小流域是聚落集聚研究的重要对象，其中聚落在小流域中的"线状点轴、枝状点轴"两种延展发展构型是进一步展开集聚研究的主要方向。

　　并结合GIS的核密度估算工具的利用、借助RROD理论，对表现出来的集聚现象进行了带宽等于1000的聚落"核点集聚区"设定，从而根据核点集聚区域个数、相对位置与规模初步建构了小流域"核点"集聚的空间体系。

　　通过小流域聚落集聚有效长度、有效用地区域的建构重新进行了调研范围的确定，提出了"点轴集中区"的具体空间落位，建构了易于比较、范围较清晰的研究平台，为进一步的集聚调查、验证、归纳奠定了良好的基础与准备。

　　最终分别根据村组及核点集聚区域两种划分方式展开了聚落集聚斑块占地规模、斑块占比、聚集程度、变化幅度等空间特征的调查分析，进行了斑块占地10万、30万平方米，斑块占比10%、20%，聚集度20、60的划分总结；并结合具体案例小流域相关空间特征，初步提取了5种集聚形式。但也指出虽然其变化规律与GIS分析的格局趋势基本相同，不过不同流域变化差异较大，并不一定反映流域内聚落的真实情况，需进一步针对人口、产业等具体内容进行分析与归纳。

# 4

# 典型小流域乡村聚落空间集聚的产居影响调查与分析

◎ 小流域产业发展定位与聚落空间集聚

◎ 基于核点集聚的小流域乡村聚落产居空间特征分析

◎ 基于核点集聚的农户产居行为及满意度调查与分析

◎ 基于流动迁居的乡村聚落空间集聚与空废常住关联分析

◎ 本章小结

受流域空间特征、社会发展的影响，小流域聚落以"点轴"集聚为方向，呈现出不同的"核点"空间集聚关系、集聚速度与集聚特征，但是这些集聚是否合适，只是空间上的"GIS"集聚，还是生活的真实反应，这就需要通过乡村聚落集聚的"空废"状态来落实。

而这种"空废"不仅仅受到包含区位、地理条件等空间影响，还受到了产业发展、居住需求、生态环境保护、政策发展导向、企业经营投入等多重条件的左右。它们是互动的，但前两者是基础，是本源。为此，本章围绕具体的产业、居住、设施及其他使用行为等对小流域内聚落的空间集聚特征进行了调查分析，并以"空废"来总结，以期发现它们的真实规律与特点。

# 4.1 小流域产业发展定位与聚落空间集聚

## 4.1.1 生态条件限制下的产居供给基本保障

产业发展一直以来被认为是乡村居民定居、聚落合理集聚的前提条件，产业类型的更替调整，会形成"三位一体集聚、去工业化集聚、三置换集聚"[31]阶段划分；村民"务农、兼业、转型"的基本职业特征的改变，会形成"乡村和农业部门、城镇和工商业部门"①的相对稳定划分[56]；会形成相对稳定的聚居与集聚特征，但不同生态条件的限制是所有产业选择、村民聚居的重要基础条件。

1）最低人口规模的基本维系

本书研究的小流域虽然处于秦岭生态划分中"约36%生态重要区域"部分②，仍具有进一步集聚发展及改变的机会，但人口流失的前提是不可避免的。从历史发展的角度来看，尽管该区域小流域用地条件有限，但单纯的简单生活，应该是满足平衡的，不过随着村民生活要求的增加，孩子教育、生活舒适度、游憩交流要求的增加，也意味着收入必须增加，意味着在产业进一步发展后，人口进一步减少后，人均收入至少应达到国家基本水平，才能具有维系可持续存在的基本平衡。

围绕这一目标，相关研究众多，由于本书研究的重点，以及每条小流域形态的特殊性，这里仅是在考虑城镇化曲线发展规律的基础上，结合相关机构对我国城镇化水平预测[186]和秦岭特殊森林优势等因素，按照当前乡村人口30%进行最低可能容纳人口的分析。如表4-1所示，这样基本上每条二级小流域可以维系50户左右，三级小流域可以维系120户以上的农户生

---

① 本书认为，该划分也有一定的片面性。
② 第1.5.3节，在生态典型性分析中，秦岭生态安全格局划分为："约44%生态极重要区域、36%生态重要区域、20%协调区域"的结论。

存（特殊的龙潭河小流域例外），当然，这50户是否在这里生存，是否还有更多农户的留守，则是需要进一步看产业发展的情况。

30%估算的小流域可能维系农户规模

表4-1

| 流域编号 | 流域名称 | 有效长度（千米） | 总户数（户） | 30%估算（户） |
|---|---|---|---|---|
| 21D | 芦柴沟小流域 | 17.78 | 167 | 50.1 |
| 21F | 王家河小流域 | 18.21 | 165 | 49.5 |
| 22G | 东甘沟小流域 | 9.64 | 162 | 48.6 |
| 33A | 老林河小流域 | 72.03 | 420 | 126 |
| 32B | 太峪河小流域 | 60.98 | 415 | 124.5 |
| 31C | 龙潭河小流域 | 49.81 | 245 | 73.5 |
| 31E | 东川河小流域 | 49.79 | 568 | 170.4 |

2）特色化、精细化、企业化的农业发展趋势

秦岭南麓虽然因为用地的限制，但却因为资源优势，拥有着特殊的生态品牌与产品，除了拥有地理坐标的木耳之外，核桃、板栗、五味子更是广受欢迎，雨水好的时期，仅三个月野生黄菇子采摘就能为村民带来人均3000~5000元的收益，使得这里具有其他乡村地区所不具备的居住条件，为乡村人口保有增加了更多的可能性。

另一方面，随着市场的进一步细化，农产品附加值逐步增加，秦岭南麓小流域内开始出现以家庭承包经营为基础，以市场需求为导向，以龙头企业、合作经济组织为依托，按照"公司＋农户、公司＋中介组织＋农户""合作社＋农户、合作社＋公司＋农户"等形式展开的具有一定规模化、符合山地特征的经营运作，这不仅逐步增加了产出效益，也促进了滴灌等更精细化、科学化的种植方式。

这种小规模的特色化生产，也赋予了山地乡村聚落未来更多变化的可能性，较大规模的聚落、较小规模的聚落，只要经过合理地协调组织，都具有存在、发展的意义，一味地集聚、搬迁并不是唯一的解决办法，只有结合合理的现代农业生产及经营模式进行的搬迁，才更具有可行性。当前村民收入脱离了对住区附近生产资料的依附这一现实及趋势，必然带来"土地种植的半径要求"首选的质变。所以，在调查分析中，相关的农业企业化运作模式带来的产居可能变化，也必须予以考虑。

3）游憩关联为主导的三产规模逐渐增加

乡村里的第二产业——工业也曾一度辉煌，在改革开放之后，大量的乡镇企业如雨后春笋一般生长出来，但随着城市活力的激发，各种园区、开发区得到建设，借助产品终端市场的优势，很多乡镇企业走向消沉，或离开乡村向县城集中、向镇区集中，更多的乡村又回归到了农业为主体的传统经济时代。

相反，相关数据表明，第三产业上升的趋势往往更为明显，而这其中很大一部分是由乡村

旅游产生的，且在乡村产业结构中所占的比例将会越来越大，它通过交通运输业、餐饮业、商贸业、农产品加工业以及旅游产品制造等相关配套行业发展，优化农村的产业结构，并成为乡村产业的支柱[187]。

秦岭南麓小流域中，因为特殊的基地背景，几乎每一个乡村都要喊出民宿、旅游的产业发展口号，各种传统村落、美丽乡村、特色小镇的称呼不绝于耳，这里面虽然存在着"上山下乡"的浮夸，但也说明产业结构变化使得乡村聚落的功能变得开始复杂起来。"现代的山地乡村在规模、性质、功能、形态上都发生着不同状态的显性、隐性改变"，"增长、消解、变性、变形"的方式越来越剧烈地出现。

以最为普通的小流域——"龙潭"小流域为例，这里无论是从景源评价，或者人文典故，都尚无较好的考究与传说，用风景园林规划的评价标准来看是最普通的景源，但是当我们在这里调研，仍然发现三户来自西安的家庭在这里租房子，一住就是二十到三十多天，流域中的老百姓都信心满满地认为迟早会有开发商来这里投资。

针对这种日益增长的旅游休闲，所以本书引用了"游憩"一词，该词含有"修养"和"娱乐"两层含义，最早出现于北魏郦道元《水经注·洹水》中："渌水平潭，碧林侧浦，可游憩矣"；而加拿大学者斯蒂芬·L·J·史密斯在《游憩地理学》[188]中提出："游憩还包括被称为旅游、娱乐、运动、游戏以及某种程度上的文化等现象。"保继刚先生在《旅游地理学》中这样定义："游憩一般是指人们在闲暇时间所进行的各种活动；游憩可以恢复人的体力和精力，它包含的范围极其广泛，从在家看电视到外出度假都属于游憩"[189]，也就是说游憩不仅仅包含旅游，还包含为了放松而进行的近距离休闲，这也更符合人们日益增加的城市周边周末乡村休闲行为的特征与侧重。故鉴于研究重点以及秦岭南麓山地农业与自然风光的紧密关联及依托关系，我们将相关活动与产业统一定义为："山地乡村游憩"，它更包含了传统农业、休闲农业、山地旅游的复合特征。

## 4.1.2 突出产业指向的典型小流域农户收入综合比对

### 1）农户收入统计指标的重新归纳与界定

由于乡村聚落统计资料匮乏，特别是小流域内"小组"级别统计资料缺失，本书首先结合国家统计局"将农民收入分为工资性、家庭经营性、财产性、转移性①四个方面"（一般按照行政村统计）的基本统计方式，进一步依托其所代表的本质及小组村民收入具体指向进行了分析与归纳。

"工资性收入"指"农村住户成员受雇于单位或个人，靠出卖劳动而获得的收入。"可具体分解为外出务工、就地务工收入以及行政管理收入等；家庭经营性收入指"农村住户以家庭为生产经营单位进行生产筹划和管理获得的收入"[190][191]，分为农业经营性收入和非农经营收

———————————
① 村委会统计报表（小组没有）。

入，前者主要为耕地收入（包括但不限于种植收入和土地农用租金收入）、养殖收入、林业收入总和，后者主要指家庭农业经营之外进行的诸如工业、交通运输、批发零售、餐饮、社会服务等第二、第三产业收入；财产性收入"指金融资产或有形非生产性资产的所有者向其他机构单位提供资金或将有形非生产性资产供其支配，作为回报而从中获得的收入。[190]"主要为对外投资和财产租赁等取得的收入；转移性收入"指农村住户和住户成员无需付出任何对应物而获得的货物、服务、资金或资产所有权等，不包括无偿提供的用于固定资本形成的资金。一般情况下，指农村住户在二次分配中的所有收入。[190]"与国家的支农政策存在较强关联。

结合国家统计局分类方法对乾佑河流域内的村民、村组进行抽样性调研可发现，尽管村落规模较小，但通过对不同流域的总体统计，各项收益数量差异较大，很多行业都只有一小部分规模，甚至没有。以交通运输收入为例，在太峪河小流域秦丰村中，仅有一户人家从事此项经营；乡村工业生产经营收入除了磨沟峡小流域胜利村、白火石小流域什家湾村（柞水县药材加工工业园）[①]之外，基本都为零，这充分反映了在乡村工业逐渐向拥有较好终端市场、拥有较好开发条件的城市建设区转移的趋势下，秦岭南麓中以工业为主的第二产业因交通区位等因素的影响，在乡村中的发展始终受到制约，特别是国家生态水源涵养区这个重要定位使得工业发展变得更为谨慎。

所以村民的收入按照产业特征及工作方式，可以重新组合为农业及转移性收入、游憩及零售经营收入、本地及外地务工收入三类[②]，这也与乡村主要发展游憩及农业的趋势分析相吻合。其中：

（1）农业及转移性收入，主要指原统计表中农业经营性收入（指农业种植、养殖收入，包括出租耕地用于承包者进行农业生产）和转移性支付收入（其中农业收入完全依赖土地，而转移性收入更多指的是贫苦户、五保户等特殊群体，他们由于各种原因，对土地产出的依赖性非常高，所以本书将他们并为一类）。

（2）游憩及零售经营收入，包括游憩服务产业及其他村民服务性产业收入，该类收入群体更多注意流域内区位的选择，会更考虑市场、资源关系，为原统计报表中的非农收入，减去交通运输经营性收入和乡村企业生产经营收入[③]。

（3）本地及外地务工收入，即工资性收入，指流域内各村民在各自小流域内及周边的务工

① 同属于乾佑河流域，但不在典型案例流域研究之列。秦岭南麓尽管也有一定因矿产资源开发而使得乡村快速转型的区域，但毕竟是少数，而且也是受到制约限制的（国家战略资源储备、国家森林保护地），例如研究区域内胜利村所在的小流域，村民搬迁基本上是因为尾矿回填占用而造成的；此外该区域内较大规模产业，主要为药材加工业，但可以看出，是以城市发展用地的形式出现的，也就是说主要聚焦于城市周边乡村、未来的发展园区之中。

② 财产性收入，同样分为农业及非农业方面，但统计报表，没有进行相关细分，考虑到收入值并不高，为了简化研究对象，规划如相应类别，不单独划分。

③ 乾佑河柞水段的小流域内有大大小小若干企业，在经过基本的梳理后，不难发现较大企业多数位于区位条件较好的小流域内，且除了胜利村所在小流域的矿业外，其余均为从事规模农业或乡村游憩相关服务的企业，发展较好的企业有老林河小流域的翠微宫（三产）、东川河小流域的柞水木耳生产基地（一产）等。

收入，包含了外出打工、行政管理收入、酒店服务等。

2）乾佑河典型小流域村民收入综合比对

本书首先以7条案例流域共计8个村、32个组作为对象，进行各流域内收入情况统计，并展开初步的比对研究，其中：完整行政村的小流域，按照报表进行计算（所有数据按照流域内人口比值进行折算），村组级别小流域，以具体调查及组长座谈的方式进行统计（表4-2）。

典型小流域主要收入统计表（单位：万元） 表4-2

| 流域编号 | 小流域 | 村组 | 企业收入 | 村民总收入 | 村民农业及转移性收入 | 村民游憩及零售服务收入 | 村民工资性收入 | 工资收入占比 |
|---|---|---|---|---|---|---|---|---|
| 21D | 芦柴沟小流域 | 车家河村（4~5组） | 183 | 226.3 | 58 | 0.3 | 168 | 74% |
| 21F | 王家河小流域 | 新合村（4~7组） | 109 | 284 | 37 | 0 | 247 | 87% |
| 22G | 东甘沟小流域 | 石瓮社区（1~2组） | 94 | 523 | 17 | 123 | 383 | 73% |
| 33A | 老林河小流域 | 朱家湾村 | 9893 | 1790 | 83 | 729 | 978 | 55% |
| 32B | 太峪河小流域 | 秦丰村 | 1896 | 923 | 103 | 109 | 711 | 77% |
| 31C | 龙潭河小流域 | 龙潭村 | 63 | 430 | 39 | 4 | 387 | 90% |
| 31E | 东川河小流域 | 金盆村和老庵寺村 | 892 | 1574 | 205 | 15 | 1354 | 86% |

综合以上比较可以了解到，由于农业的萎缩，绝大部分村民都选择外出务工以维持生计，故在各个流域内，村民的工资性收入较高，除了老林河小流域在55%外，占到各个流域居民平均收入的70%以上，小流域内的村民同平原地区一样，对土地的依赖程度越来越低，任何一条小流域的村民主导收入都是来自于外出务工。

在此基础上，借助小流域内与土地关联度有较强依托的产业收入进行评判，将产值中与农业相关（村民农业及转移性收入＋村民农业服务工资性收入＋农业关联企业收入）和游憩相关（村民生活及游憩服务收入＋村民游憩服务工资性收入＋游憩关联企业收入）[①]的因素进行筛选加和，按照产值进行排序，结果见表4-3：

典型小流域农业、游憩相关收入统计表（单位：万元） 表4-3

| 流域编号 | 小流域 | 村组 | 农业生产相关收入 | 游憩服务相关收入 | 比值 |
|---|---|---|---|---|---|
| 21D | 芦柴沟小流域 | 车家河村（4~5组） | 97 | 0.3 | 0.00 |
| 21F | 王家河小流域 | 新合村（4~7组） | 61 | 0 | 0.00 |
| 22G | 东甘沟小流域 | 石瓮社区（1~2组） | 17 | 148 | 8.70 |
| 33A | 老林河小流域 | 朱家湾村 | 92 | 3711 | 40.34 |
| 32B | 太峪河小流域 | 秦丰村 | 157 | 596 | 3.79 |
| 31C | 龙潭河小流域 | 龙潭村 | 45 | 12 | 0.26 |
| 31E | 东川河小流域 | 金盆村和老庵寺村 | 386 | 31 | 0.08 |

---

① 与前者并非加和关系，研究的小流域就地工业收入几乎没有，也与前期的预判基本吻合。

从小流域内村民农业生产相关收入与游憩服务相关收入的比较来看，差异非常悬殊，大致可以分为三类：第一类，游憩服务收入非常高，比值达到40多倍，农业收入影响相对脆弱；第二类，游憩服务收入较高于农业收入，但在10倍以内；第三类，游憩服务收入相对非常低，远远小于1。尽管由于案例自身的条件差异，其数值会有一定波动，但整体分类应该是基本确定的。

### 4.1.3　突出产业指向的农户分化调查

1）小流域农户分化的类型设置

农户是农民生产、生活、社会活动的基本组织单元，农户分化是指某区域内农户由同质性的农业经营演化为同时涉及农工商等异质性农户的过程[57][192]，一般以家庭非农收入占总收入的比重和劳动力投入的方向来划分与确定，划分为农户、兼业农户和非农户，其中兼业农户又划分为一兼户、二兼户。

在农户收入抽查调研中同样发现，随着新型城镇化的加速发展，农业发展规模化、工业化的到来，天然的分散，使得山区农业价值变得越来越低，少量人均农业用地使得该类型收入在家庭收入中的比重也越来越低，几乎都是副业种植、主业务工的格局，兼业应成为普遍模式，主要收入都为务工、游憩服务①。

基于研究目标的考虑，结合前文村民收入与产业发展关系的基础研究，根据具体规律，可将农户进一步归纳为"农业生产主导型、游憩服务关联型、工资收入基本型"三个有指向性的种类，并进行统计比较。

（1）农业生产主导型农户

主要为规模经营农户和依托转移性收入生存的贫困补助农户两种。前者，具体指在其收入构成中，农业相关收入大于务工、游憩服务或其他劳动产生的收入，往往是特殊的生产大户，都有农业经营的性质在里面；后者，主要指那些纯粹农业种植养殖生活的个体农户，他们由于年老竞争力下降或者身体残疾、懒惰等原因无法外出打工，只能依托补助及耕作的基本口粮（当然也包括因残疾无法耕作的，这是很少一部分，即使搬到城里，生存依然很艰难）；即使强行外出打工，由于条件限制所获收入仍无法满足家里的基本生活需求，这就意味着对这一类家庭，除了政府补助外，农业相关行业仍是其重要收入来源，这里主要借用聚落里的五保户、贫困户作为统计基础资料。

举例解释：①甲A，年龄为40多岁，无儿无女，且未参与务工，仅靠周边的农业种植2亩，年收入1500元，上山采摘年收入3000元，经济林补助360元，共计收入4860元，去掉生活成本，收入在3250元以下，属于五保户（如今统一定义为贫困户），本书定义为农业生产主导型农户；②甲B，年龄40多岁，孩子3个，家里人口为6口人，两个痴呆，一个外出务工，尽管

---

① 按照国家产业统计分类，非农经营性农户收入还包括有工业、交通运输等，但数量规模很低。

外出务工可以补贴家用，但是农业种植，对其非常重要，属于贫困户，依然定义为农业生产主导型农户。

（2）游憩服务关联型农户

该类型农户主要指与零售服务、游憩服务相关的非农经营及财产性收入为主要依托的农户，包括两类：一类是以零售经营和游憩服务经营主导的农户，其中，游憩服务经营型家庭一般会在旅游淡季有3~5个月外出务工的时间，但此类收入基本低于游憩服务收入；另一类则是房屋租赁出去用于游憩经营的农户，统计表格中，由于第一类中零售服务经营为收入根本来源和租赁游憩服务的农户都较少，本书将他们置于同一栏中进行统计[①]。

举例解释：①乙A，年龄为42岁，一家5口，每年从事7个月农家乐服务，相关收入8万元/年，在旅游淡季选择就近打工，每天收入80~100元，打工所获总收入远低于从事游憩服务所获得的收入，定义其为游憩服务主导型农户；②乙B，年龄36岁，在沟外居住，孩子两个，将房子租给外地投资者，进行农家乐经营，租金3万元/年，同时在外打工，相关收入达到5万元/年，由于研究目标的需要，也将其定义为游憩服务关联型农户。

（3）工资收入基本型农户（前两者之外的农户，因为有个别会重合）

该类型农户主要指类似外出务工及行政管理（由于数量较少，未单独进行统计）所带来的收入远大于农业生产收入或游憩服务收入的农户（该类型农户基本上都会参与一定的家庭小农生产[②]）。其中外出务工为主导生计模式的农户分为"就地务工型"农户和"异地务工型"农户两类，"就地务工型"农户是指村民务工地点在县域范围内，由于就在周边务工，可以白天务工晚上住在家里，即生产关系上脱离了对耕地的依赖，但是社会关系仍与村子有着紧密的联系，也称为离土不离乡。"异地务工型"农户是指村民务工地点在县域范围外，追求更高的收入，由于离家太远，全年大部分时间不能回家，即生产关系上脱离了对耕地的依赖，且社会关系与村子的联系也日益减弱。从数量上来看，他们构成农户中的主体。

举例解释：①丙A，年龄为28多岁，未婚，父母由于年龄偏大无法外出务工，且所处小流域没有游憩产业，常年在外地务工，收入4万元/年，父母在家务农及其他收入5000元/年，由于务工收入远大于务农收入，故将此家庭定义工资收入基本型家庭；②丙B，年龄40多岁，孩子两个，家里人口为5口人，在村内任村主任，每年工资2.4万元，由于职务原因不能外出务工，只能平日在周边打零工兼种植自家耕地来补贴家用，工资收入在家庭收入构成中处于领先地位，故将其定义为工资性收入主导家庭。

2）不同小流域农户分化的基本特征

由于每家每户的经济收入资料很难获得，故本书根据农户分化的类型设置，首先对乡村及

---

① 非农经营中，以交通运输业等其他服务产业为主的农户较少，对当前空间格局影响不是很大，所以统计调查后，为进入到该农户分化调查表中。但在后期满意度等调研分析时，同样进行了充分咨询。

② 家庭小农生产，一般以家庭承包地生产为主，多数在人均0.6~1亩，年产值一般在亩产800元左右，其产出仅够日常基本生活，纯粹依托此模式的农户，基本都为贫困农户，各村都有详细统计。

村组管理者走访，根据相关报表确定贫困补助型与规模经营型农户数量与位置；并根据现场统计及基本问询确定农户的主要收入类型（具体调查主要为各小流域点轴集中区）（表4-4）。

典型小流域农户分化情况统计表（单位：户）　　　　　　　　表4-4

| 小流域/村组<br>农户分化 | 芦柴沟<br>小流域<br>21D<br>车家河村<br>4~5组 | 王家河<br>小流域<br>21F<br>新合村<br>3~7组 | 东甘沟<br>小流域<br>22G<br>石瓮社区<br>1~2组 | 老林河<br>小流域<br>33A<br>朱家湾村<br>1~4组 | 太峪河<br>小流域<br>32B<br>秦丰村<br>1~6组 | 龙潭河<br>小流域<br>31C<br>龙潭村<br>1~4组 | 东川河<br>小流域<br>31E<br>金盆村1~4组<br>老庵寺村1~5组 |
|---|---|---|---|---|---|---|---|
| 统计长度（米） | 8260 | 11310 | 4160 | 20510 | 12980 | 15140 | 11710 |
| 农业生产　规模经营 | 4 | 2 | 2 | 1 | 8 | 1 | 6 |
| 农业生产　贫困补助 | 36 | 28 | 11 | 21 | 39 | 57 | 41 |
| 比例 | 28.78% | 21.74% | 8.23% | 5.54% | 12.02% | 28.43% | 9.22% |
| 游憩服务　游憩服务 | 0 | 0 | 26 | 159 | 18 | 3 | 2 |
| 游憩服务　零售—租赁服务 | 1 | 0 | 2 | 14 | 22 | 2 | 2 |
| 比例 | 0.72% | 0.00% | 17.72% | 43.58% | 10.23% | 1.47% | 0.78% |
| 工资收入　本地务工 | 72（51%） | 63（45%） | 83（52%） | 127（32%） | 191（49%） | 84（41%） | 282（55%） |
| 工资收入　异地务工 | 26（19%） | 45（33%） | 34（22%） | 75（19%） | 113（34%） | 59（29%） | 177（35%） |
| 比例 | 70.50% | 78.26% | 74.05% | 50.88% | 77.75% | 70.10% | 90.00% |
| 总计（2017年） | 139 | 138 | 158 | 397 | 391 | 204 | 510 |

（1）从中可以看到，任何小流域，相对农户家庭收入而言，都是以工资性收入为主，比例最高达到90%，是东川河小流域；最低也有50.88%，是老林河小流域；其他大部分都在70%~80%之间。

（2）也可以发现，出县域（主要为出乾佑河流域）工作约19%（20%）~35%，本地务工，主要指包含在小流域内部以及在乾佑河流域的务工者，约占32%（30%）~55%。

（3）游憩服务关联型农户，可以划分为3个档次，其中1%左右，占大多数；10%~20%有两条，分别为东甘沟小流域和太峪河小流域；而老林河小流域占比则达到40%以上。

（4）农业生产主导型农户，其比值在各个小流域内都不高，最大也就是接近30%，其中20%以上有3条，10%以上有1条，10%以下有3条。这主要受贫困补助农户所占数量的影响，规模经营占比很少。

#### 4.1.4　小流域产业发展类型界定与聚落斑块集聚比较分析

1）小流域产业发展类型界定

故综合实际调查与数值分析，可发现无论是从农户不同类型收入统计，还是从农户分化的户数统计，都是务工型农户最多、收入最高，而且所占比例相当高，这说明流域内农户平均收入是离不开外出打工的。

除了务工之外，小流域按照农户数量及经济收入的比较情况，以及对多数农户收入影响的重要性，可划分为三种类型：

（1）第一类为农业主导生产型小流域，指以农业生产及加工为主体产业的小流域，该产值占比相对较高，往往区位优势不明显，虽有较好的山水背景，但没有较有影响力的景源，即使偶尔会有游客游览，也缺少相应的服务设施，基本上除了务工，就是农业种植及加工，如研究范围内的龙潭小流域、芦柴沟小流域等。这里少数农户因农业发展获得较好收益，但多数农户以外出务工收入为主，这是目前该地区大多数小流域的基本情况，其因规模农业发展的情况，分为条件较好与不好两种。

（2）第二类为农业主导游憩型小流域，指具有较为特殊的区位优势，如临近较大的游憩需求市场、特殊的交通节点处，处于较紧密的旅游环线之上，临近或处于特殊景源所在地（由于景源开发阶段或者景源的价值及景源的区位条件等因素，整条小流域仍以农业生产为主，有局部的游憩服务开发或具有良好的开发资源）。如研究范围内的太峪河小流域，以及东甘沟小流域，其参与游憩服务的农户在10%～20%，但对村民收入而言，游憩服务相关收入也高于农业生产相关收入，不过农业生产相关收入仍非常重要。

（3）第三类为游憩主导休闲型小流域，指因特殊的游憩品牌或者景观资源而形成的游憩型小流域，整条小流域游憩开发虽然不一定很成熟，公共服务设施不一定很完善，但是较大规模的游憩服务设施跟进，使得该类型小流域进入到跨越式发展时期，在一定范围内具有一定的知名度。如研究范围内的老林河小流域，拥有一定规模的游客群体，总体收入较高，三产产值远高出一产产值。

本书的分类，是在产业与小流域内村民生活关系研究的基础上形成的"小流域"初步分类，故类似没有人居住、或少有人居住的"游憩主导休闲型小流域"不是本书研究的重点，如该乾佑河流域的姜家沟九天山风景区（姜家沟小流域）。

2）不同产业类型下聚落斑块集聚分析

为了更深入地发现小流域内聚落集聚的详细特征及不同产业发展的耦合关系，本书进一步对前文小流域的编号进行了产业强调，以33A老林河小流域为例，其第二个数字，代表当前小流域内村民收入主要依托的产业类型（除了外出务工收入外），1代表农业主导生产型小流域，2代表农业主导游憩型小流域，3代表游憩主导休闲型小流域。同时，结合前文集聚斑块占地分析可以发现，在斑块占地规模、聚集度上，并没有很强的对应关系，但在增幅以及斑块占地比例上，有如下特点：

（1）农业主导生产型二级小流域增加较为缓慢，大概在1万多平方米（特殊如21D芦柴沟小流域，因为2010～2014年的别墅开发，使得总量有较大增加，增幅在4.6万平方米，但是也成了烂尾楼），越往沟里增加幅度越小，位于沟口附近的第一个组用地相对增加较多；三级小流域，除了在沟口附近大量增加外，在中部合适的位置也有大量集聚，一般主要集中在2000～2010年间；近期集聚虽也趋于平缓，但幅度大于其他小流域；该类型小流域无论是二级，还是三级小流域，斑块占比都比较低，多数在10%以下，条件较好的在15%左右。

（2）农业主导游憩型小流域增加规模较大，无论是二级小流域，还是三级小流域，用地都在增加。二级小流域因为用地限制（增幅最终达到2.38万平方米），后期基本处于停滞状态，而三级小流域整体比较而言，虽然各组差异并不是很明显，但中部区域增幅仍相对较多；后期虽然同样增长缓慢，不过仍有一定的发展。该类型斑块占比都非常大，一般都在20%以上。

（3）游憩主导休闲型小流域用地增加幅度最大，从2000年及以前169100平方米到2017年534400平方米，增加365300平方米，几乎比其他小流域总用地规模都大；但与设想不同的是，其用地增加幅度仍主要集中于2000～2010年阶段，后期增幅明显减少。该类型小流域斑块占比并没有想象得那么大，在20%以下，这说明充分考虑商业价值，建设较为集约，或者有效用地较多。

（4）二级小流域，不管何种类型，第一个核点集聚区域聚落斑块用地规模都远大于第二个核点集聚区域；三级小流域中，农业主导生产型小流域，核点区域斑块集聚规模差异都不是很大；农业主导游憩型小流域、游憩主导休闲型小流域核点集聚区域集聚斑块规模较大，但各核点之间的波动也较大。

## 4.2 基于核点集聚的小流域乡村聚落产居空间特征分析

### 4.2.1 基于核点划分的农户宅院集聚变化与搬迁分析

1）农户宅院数量变化及搬迁方式调查（按产业分类列表）

就本书乡村聚落空间变化的研究重点而言，宅院位置变化是聚落形态改变的关键要素，是用地斑块调整的核心作用对象，也是聚落进一步优化的主要调研对象。

为此，本书进一步以2000年、2010年、2014年及2017年四个时间节点为基础，对这7条小流域内主次沟划定区域住宅分布情况进行了深入调研，并同样按照不同核点集聚区域、过渡区域统计长度、农户宅院数量①及搬迁方式（其中搬迁方式按照政策搬迁、企业搬迁和农户自主

---

① 农户宅院数量，除了自住的基本宅院外，包含违建的第二及三套宅院数和荒废宅院数量。

搬迁三种模式展开[①]）进行整理（表4-5）。在发现自身规律的同时，也为后文进一步展开各种社会性因素的影响力度、规律与特征分析奠定良好的基础。

典型小流域点轴集中区农户数量及变化统计表（数量：户；线容量：户/公里）　表4-5

| 小流域/点轴集中区 / 宅院数量 | 芦柴沟小流域车家河村21D | | | | | | 王家河小流域新合村21F | | | | | | |
|---|---|---|---|---|---|---|---|---|---|---|---|---|---|
| | 过渡一 | 核点一 | 过渡二 | 核点二 | 尾沟二 | 总计 | 过渡一 | 核点一 | 尾沟一 | 过渡二 | 核点二 | 尾沟二 | 总计 |
| 有效长度（米） | 2010 | 2100 | 1150 | 2000 | 1000 | 8260 | 960 | 2100 | 1030 | 4170 | 2000 | 1050 | 11310 |
| 2000 数量 | 8 | 46 | 14 | 14 | 12 | 94 | 5 | 38 | 16 | 11 | 20 | 9 | 99 |
| 2000 线容量 | 3.98 | 21.90 | 12.17 | 7.00 | 12.00 | 11.38 | 5.21 | 18.10 | 15.53 | 2.64 | 10.00 | 8.57 | 8.75 |
| 2010 数量 | 8 | 53 | 14 | 16 | 13 | 104 | 5 | 43 | 23 | 13 | 22 | 9 | 115 |
| 2014 数量 | 15 | 73 | 19 | 17 | 13 | 137 | 5 | 58 | 31 | 13 | 22 | 9 | 138 |
| 2017 数量 | 15 | 74 | 20 | 17 | 13 | 139 | 5 | 58 | 31 | 13 | 22 | 9 | 138 |
| 2017 线容量 | 7.46 | 35.24 | 17.39 | 8.50 | 13.00 | 16.83 | 5.21 | 27.62 | 30.10 | 3.12 | 11.00 | 8.57 | 12.20 |
| 变化数量 | 7 | 28 | 6 | 3 | 1 | 45 | 0 | 20 | 15 | 2 | 2 | 0 | 39 |
| 变化率 | 88% | 61% | 43% | 21% | 8% | 48% | 0% | 53% | 94% | 18% | 10% | 0% | 39% |
| 政府移民 | 2 | 21 | 6 | 3 | 0 | 32 | 0 | 14 | 12 | 0 | 0 | 0 | 26 |
| 企业搬迁 | 0 | 0 | 0 | 0 | 0 | 0 | 0 | 0 | 0 | 0 | 0 | 0 | 0 |
| 自主搬迁 | 5 | 7 | 1 | 0 | 1 | 14 | 0 | 6 | 3 | 2 | 2 | 0 | 13 |
| 空间关系 | 前部 | 前部 | 中部 | 中部 | 尾部 | | 前部 | 前部 | 支沟 | 中部 | 尾部 | 尾部 | |

| 小流域/点轴集中区 / 宅院数量 | 龙潭河小流域龙潭村31C | | | | | | | | | | |
|---|---|---|---|---|---|---|---|---|---|---|---|
| | 过渡一 | 核点一 | 过渡二 | 核点二 | 过渡三 | 核点三 | 尾沟三 | 过渡四 | 核点四 | 尾沟四 | 总计 |
| 统计长度（米） | 330 | 1920 | 1220 | 2020 | 1200 | 2000 | 1000 | 2480 | 1970 | 1000 | 15140 |
| 2000 数量 | 0 | 16 | 16 | 19 | 8 | 1 | 3 | 9 | 33 | 5 | 110 |
| 2000 线容量 | 0.00 | 8.33 | 13.11 | 9.41 | 6.67 | 0.50 | 3.00 | 3.63 | 16.75 | 5.00 | 7.27 |
| 2010 数量 | 1 | 55 | 16 | 30 | 8 | 1 | 4 | 9 | 36 | 5 | 165 |
| 2014 数量 | 1 | 57 | 16 | 33 | 9 | 27 | 4 | 9 | 39 | 5 | 200 |
| 2017 数量 | 1 | 57 | 16 | 34 | 9 | 28 | 5 | 9 | 40 | 5 | 204 |
| 2017 线容量 | 3.03 | 29.69 | 13.11 | 16.83 | 7.50 | 14.00 | 5.00 | 3.63 | 20.30 | 5.00 | 13.47 |
| 变化数量 | 1 | 41 | 0 | 15 | 1 | 27 | 2 | 0 | 7 | 0 | 94 |
| 变化率 | — | 256% | 0% | 79% | 13% | 2700% | 67% | 0% | 21% | 0% | 85% |
| 政府移民 | 0 | 37 | 0 | 11 | 0 | 26 | 0 | 0 | 3 | 0 | 74 |
| 企业搬迁 | 0 | 0 | 0 | 0 | 0 | 0 | 0 | 0 | 0 | 0 | 0 |
| 自主搬迁 | 1 | 4 | 0 | 4 | 1 | 1 | 2 | 0 | 4 | 0 | 17 |
| 空间关系 | 前部 | 前部 | 中部 | 中部 | 尾部 | 尾部 | 尾部 | 支沟 | 支沟 | 支沟 | |

---

① 秦岭南麓搬迁安置的基本模式分析、分类在章节2.2.3基础研究中已经展开。

续表

| 小流域/点轴集中区 | | 东川河小流域31E | | | | | | | | | |
|---|---|---|---|---|---|---|---|---|---|---|---|
| | | 金盆村 | | | | 老庵寺村 | | | | | |
| 宅院数量 | | 过渡一 | 核点一 | 过渡二 | 核点二 | 过渡三 | 核点三 | 过渡四 | 核点四 | 尾沟四 | 总计 |
| 有效长度（米） | | 520 | 1980 | 710 | 2100 | 220 | 2070 | 920 | 2140 | 1050 | 11710 |
| 2000 | 数量 | 9 | 88 | 21 | 55 | 0 | 65 | 10 | 44 | 4 | 296 |
| | 线容量 | 17.31 | 44.44 | 29.58 | 26.19 | 0.00 | 31.40 | 10.87 | 20.56 | 3.81 | 25.28 |
| 2010 | 数量 | 11 | 135 | 30 | 82 | | 80 | 20 | 90 | 4 | 452 |
| 2014 | 数量 | 11 | 142 | 37 | 93 | 0 | 97 | 21 | 94 | 4 | 499 |
| 2017 | 数量 | 11 | 145 | 37 | 94 | 0 | 100 | 21 | 98 | 4 | 510 |
| | 线容量 | 21.15 | 73.23 | 52.11 | 44.76 | 0.00 | 48.31 | 22.83 | 45.79 | 3.81 | 43.55 |
| 变化数量 | | 2 | 57 | 16 | 39 | 0 | 35 | 11 | 54 | 0 | 214 |
| 变化率 | | 22% | 65% | 76% | 71% | — | 54% | 110% | 123% | 0% | 72% |
| 政府移民 | | 0 | 42 | 4 | 12 | 0 | 8 | 0 | 38 | 0 | 104 |
| 企业搬迁 | | 0 | 0 | 0 | 0 | 0 | 0 | 0 | 0 | 0 | 0 |
| 自主搬迁 | | 2 | 15 | 12 | 27 | 0 | 27 | 11 | 16 | 0 | 110 |
| 空间关系 | | 前部 | 前部 | 中部 | 中部 | 中部 | 中部 | 中部 | 尾部 | 尾部 | |

| 小流域/点轴集中区 | | 东甘沟小流域石瓮社区22G | | | | 太峪河小流域秦丰村32B | | | | | | | | |
|---|---|---|---|---|---|---|---|---|---|---|---|---|---|---|
| | | 过渡一 | 核点一 | 尾沟一 | 总计 | 过渡一 | 核点一 | 过渡二 | 核点二 | 尾沟二 | 过渡三 | 核点三 | 尾沟三 | 总计 |
| 宅院数量 | | | | | | | | | | | | | | |
| 有效长度 | | 1140 | 2020 | 1000 | 3160 | 2020 | 2080 | 1300 | 2010 | 1000 | 1550 | 2020 | 1000 | 12980 |
| 2000 | 数量 | 0 | 15 | 0 | 15 | 1 | 32 | 1 | 92 | 21 | 10 | 11 | 0 | 168 |
| | 线容量 | 0 | 7.43 | 0 | 4.75 | 0.50 | 15.38 | 0.77 | 45.77 | 21.00 | 6.45 | 5.45 | 0 | 12.94 |
| 2010 | 数量 | 0 | 145 | 0 | 145 | 1 | 96 | 14 | 127 | 32 | 16 | 23 | 0 | 309 |
| 2014 | 数量 | 0 | 155 | 0 | 155 | 1 | 96 | 18 | 155 | 38 | 28 | 35 | 0 | 11972 |
| 2017 | 数量 | 0 | 158 | 0 | 158 | 1 | 98 | 18 | 160 | 40 | 35 | 39 | 0 | 391 |
| | 线容量 | 0 | 78.22 | 0 | 49.68 | 0.50 | 47.12 | 13.85 | 79.60 | 40.00 | 22.58 | 19.31 | 0 | 30.12 |
| 变化数量 | | 0 | 143 | 0% | 143 | 0 | 66 | 17 | 68 | 19 | 25 | 28 | 0 | 223 |
| 变化率 | | — | 953% | — | 953% | 0% | 206% | 1700% | 74% | 90% | 250% | 255% | — | 133% |
| 政府移民 | | 0 | 134 | 0 | 134 | 0 | 64 | 11 | 29 | 0 | 10 | 9 | 0 | 123 |
| 企业搬迁 | | 0 | 0 | 0 | 0 | 0 | 0 | 0 | 14 | 17 | 10 | 14 | 0 | 55 |
| 自主搬迁 | | 0 | 9 | 0 | 9 | 0 | 2 | 6 | 25 | 2 | 5 | 5 | 0 | 45 |
| 空间关系 | | 前部 | 中部 | 中部 | | 前部 | 前部 | 中部 | 中部 | 支沟 | 尾部 | 尾部 | 尾部 | |

| 小流域/点轴集中区<br>宅院数量 | | 老林河小流域朱家湾村33A | | | | | | | | | | |
| --- | --- | --- | --- | --- | --- | --- | --- | --- | --- | --- | --- | --- |
| | | 过渡一 | 核点一 | 过渡二 | 核点二 | 过渡三 | 核点三 | 尾沟三 | 过渡四 | 核点四 | 尾沟四 | 总计 |
| 有效长度 | | 1750 | 2100 | 4920 | 2080 | 1860 | 2000 | 1000 | 1800 | 2000 | 1000 | 20510 |
| 2000 | 数量 | 13 | 36 | 11 | 51 | 4 | 28 | 0 | 3 | 12 | 10 | 168 |
| | 线容量 | 7.43 | 17.14 | 2.24 | 24.52 | 2.15 | 14.00 | 0.00 | 1.67 | 6.00 | 10.00 | 8.19 |
| 2010 | 数量 | 23 | 104 | 16 | 55 | 10 | 39 | 0 | 8 | 12 | 10 | 277 |
| 2014 | 数量 | 32 | 133 | 17 | 78 | 10 | 42 | 0 | 11 | 12 | 10 | 345 |
| 2017 | 数量 | 34 | 152 | 17 | 81 | 11 | 44 | 0 | 11 | 47 | 0 | 397 |
| | 线容量 | 19.43 | 72.38 | 3.46 | 38.94 | 5.91 | 22.00 | 0.00 | 6.11 | 23.50 | 0.00 | 19.36 |
| 变化数量 | | 21 | 116 | 6 | 30 | 7 | 16 | 0 | 8 | 35 | -10 | 229 |
| 变化率 | | 162% | 322% | 55% | 59% | 175% | 57% | — | 267% | 292% | 100% | 136% |
| 政府移民 | | 5 | 75 | 5 | 11 | 6 | 11 | 0 | 0 | 0 | 0 | 113 |
| 企业搬迁 | | 0 | 0 | 0 | 0 | 0 | 4 | 0 | 5 | 35 | -10 | 44 |
| 自主搬迁 | | 16 | 41 | 1 | 19 | 1 | 1 | 0 | 3 | 0 | 0 | 82 |
| 空间关系 | | 前部 | 前部 | 前部 | 中部 | 中部 | 尾部 | 尾部 | 支沟 | 支沟 | 支沟 | |

2）农户宅院集聚变化的调研结果与分析

通过各区段宅院情况的调查，首先可以得到2017年典型小流域不同区段宅院平均线容量统计图4-1和线容量统计图4-2、2000~2017年典型小流域不同区段宅院数量变化图4-3、不同小流域不同时段不同区段宅院数量变化图4-4~图4-10。根据图表，可以得到以下认识：

（1）宅院分布规模

多数小流域的宅院分布情况与用地建设情况相一致，即宅院建设是小流域内聚落集聚的核心组成。

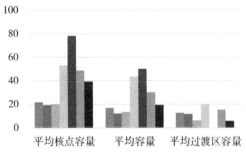

图4-1 2017典型小流域不同区段宅院平均线容量
（资料来源：作者统计）

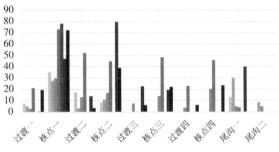

图4-2 2017年典型小流域不同区段宅院线容量
（资料来源：作者统计）

二级小流域中，以农业为主导的小流域平均容量在15户/千米[①]，核点集聚区域平均在20户左右，各流域最大核点集聚区域户数分别在25～35户/千米，整体规模较小；而特殊的、游憩影响较大的二级小流域，核点集聚区域近乎达到了80户/千米；一般情况下，第一个核点集聚区域的宅院数量远大于第二个核点集聚区域，第二个核点集聚区越远，宅院规模差异越大。

三级小流域中，多数平均容量在30户/千米左右，平均核点集聚区域容量在45户/千米，地形条件越好的小流域，核点集聚区域平均容量越高。

其中，经济条件较差的农业主导型小流域，平均宅院数量为15户左右，核点集聚区域平均宅院容量在20户/千米左右，最大核点集聚区域农户规模在30户以下，如31C龙潭河小流域平均宽度59米，由于受地形条件限制，具体核点特征与二级小流域相似，只是数量略有差异。而经济条件较好的农业型三级小流域，如31E东川河小流域，平均农户达到40户左右，核点集聚区域农户平均数量达到50户，有一个核心集聚区达到70户/千米以上，当然，也与地形条件较佳（平均宽度273米）有直接关系。

游憩主导型休闲小流域，户数也较少，平均容量在20户/千米左右，核点集聚区域平均容量在40户/千米左右，但最大核点集聚区域也超过了70户/千米，这说明其乡村聚落的属性已被远远改变。

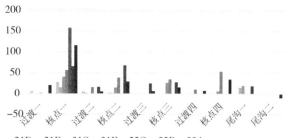

图4-3　2000～2017年典型小流域不同区段宅院数量变化
（资料来源：作者统计）

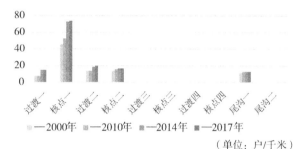

图4-4　21D芦柴沟小流域不同时段不同区段宅院规模比较
（资料来源：作者统计）

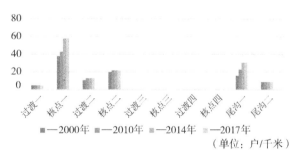

图4-5　21F王家河小流域不同时段不同区段宅院规模比较
（资料来源：作者统计）

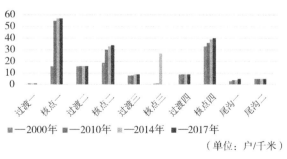

图4-6　31C龙潭河小流域不同时段不同区段宅院规模变化
（资料来源：作者统计）

① 按照实际情况及界定目标的倾向，各种归纳户数采用5户就近取整的方式。

就过渡区域而言：这里平均容量较少，基本上都低于20户/千米（31E东川河小流域过渡区域二达到52户/千米，实际农户还不到40户，这说明该区域核点生成、划分是存在一定问题的），多数低于10户/千米。尾沟区域具有相似特征，但需注意的是，位于中部的尾沟区域，实际上是支沟区域，处于"支、干系统"界定的分界区域，与最大核点集聚区域临近的支沟型尾沟，规模也相对较大，应特别对待。同时，还可以发现地形条件影响较大，地形条件越优越的小流域，过渡区户数越多。

该区域农户分布大致分为三种类型：①自然过渡类型：因地形限制，会出现较长段的无人区外，偶尔会出现一些农户；②散点类型，大小聚落会断断续续地出现在流域主沟干道附近，之所以能形成这样的聚落，往往是距离耕地不远，属于农业时代的产物，③特殊节点类型：用地规模不大，建设量并不多，离核点集聚区域不远，需严格控制规模。

（2）宅院变化特征

从2000年到2017年的聚落数量比较可以看到，在小流域设定的区域内，除了尾沟区域，农户宅院基本上都是增加的；小流域内宅院主要集聚周期为2010年及以前、2014年及以前；最近2017年前这个阶段虽然也有增加，但各小流域差异较大，而且相对规模较小。其中过渡区域宅院集聚数量相对较少，核点区域数量变化相对较多，这也与GIS物理计算的核密分区有很高的一致性，也说明章节3.3.2提出的核点集聚区域设定基本是合理的。

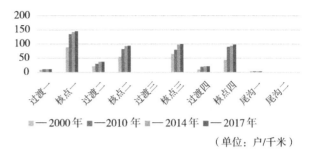

（单位：户/千米）

图4-7　31E东川河小流域不同时段不同区段宅院规模变化
（资料来源：作者统计）

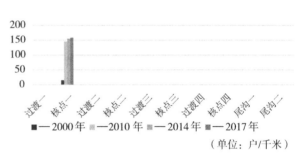

（单位：户/千米）

图4-8　22G东甘沟小流域不同时段不同区段宅院规模比较
（资料来源：作者统计）

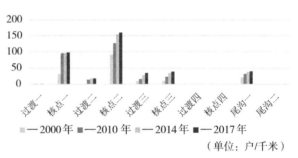

（单位：户/千米）

图4-9　32B太峪河小流域不同时段不同区段宅院规模比较
（资料来源：作者统计）

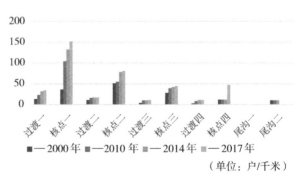

（单位：户/千米）

图4-10　33A老林河小流域不同时段不同区段宅院规模变化
（资料来源：作者统计）

除了发展较好的农业型小流域31E东川河小流域各核点集聚区域增加宅院相近外，其他流域沟口第一个核点集聚区域新增宅院数量远高于其他集聚区域；经济条件越优越的小流域，增加幅度越大，特别需要进行引导。

其他过渡区域的增加一般主要集中于支沟交叉区域、最大核点区域附近的尾沟区域。其他尾部区域，增加较少，几乎停滞。

此外，根据各核点集聚区域的四个阶段宅院户数比较，可以发现他们有以下三种集聚方式：

①拓展型集聚区域这类型的聚落区域相对稳定，一般原有基础条件较好，原本就有相对较强的吸引力，多为村组行政区域所在地或者因为依托景区，至今仍是农户较为集中的区域，且随着搬迁建设的发生，用地增加不多，但密度越来越大，如老林河核点集聚一；

②填补型集聚区域，这是介于前两者之间的一种类型，这一类聚落原本是处于散点状态，若干小聚落较近的排列在一起，联系不紧密，但因为异地搬迁的安置，主要是个人搬迁的行为，该聚落密度越来越大、边界逐渐清晰，一般位于中部地段，多是若干次级支流的交汇地段，如东川河小流域核点集聚区二、老林河小流域核点集聚区二；

③新建型集聚区域，这一类区域通过适度改造地形，形成一定规模建设用地面积，成为各种移民搬迁的承接地，使得原本很普通的河谷地段有了一个有效的空间凝聚核，因流域条件不同，位置也不尽相同，如太峪河小流域核点集聚区一位于沟口区域，而核点集聚区三位于上游区域。在当前背景下，该类型应慎重考虑。

3）多主体主导的农户宅院搬迁的选择与影响

聚落的集聚来自于宅院的搬迁，但是各种搬迁类型，并不是截然划分的，他们多数是不同影响力共同作用的结果，如早期的老林河核点集聚区域一——朱家湾新村的形成，就是政府主导，企业介入的结果；其他村民的自主搬迁，也是政府从8000元到40000元，给予补助的结果。

（1）政府主导移民搬迁的选择与影响

长期以来政府主导的搬迁移民是农户搬迁的主要动因，随着陕南三次大型移民工程的实施，作为本身就已偏远的小流域乡村聚落，空间的集聚方向是非常明晰的，这也是线型空间越来越清晰的主要原因。

前两次搬迁，主要以受生态灾害影响的农户搬迁为主，他们分为集中和分散两种方式①，在用地可选择的情况下，主要集中在沟峪的沟口部分或者后半部分的中部，这也与核点空间集聚的特征相一致，其目的比较单纯，便于参与原有耕地的劳作，便于更好地进行对外交通联系，并形成较大规模的聚落；如龙潭小流域，其选址分别位于一组和三组，最终形成了核点集聚区域一、核点集聚区域三的主要支撑节点。这时相对分散方式安置的农户较少，往往是农户

---

① 虽然，同属于政府搬迁安置，但由于集体搬迁比分散搬迁的费用补助多，故村委会会优先考虑集中安置的方式。

本身就有一定的资本，一般选择在各支沟与主沟交汇处进行安置。

第三次则是以易地扶贫搬迁为主，因各个镇、县城大规模集中安置区的逐渐建设，秦岭南麓城镇化水平将出现快速增长，相反小流域中的乡村聚落则相应地进一步走向消解与空废。

在乾佑河流域中，近期建好的大型安置区分别位于营盘镇区、石翁社区中心（建造时是石翁镇区）、下梁镇区和乾佑镇区。目前新筹划的四个大型安置点，也分别位于县城（乾佑镇）和处于县城新区的下梁镇。例如东川小流域边家沟原有住户25户，2006年由沟内搬迁3户至现一组沟口，2011年之后有5户搬迁到城区下梁镇，由于政府渐进式调控，村庄聚落用地逐渐趋稳。

（2）企业主导的搬迁及建设

由于区域市政、景区开发、游憩建设等原因，各种企业也越来越多地入驻小流域之中，不同开发建设、土地占用也逐渐开始，但由于小流域中乡村聚落末端的区位条件，各种企业入驻非常有限，或者即使入驻，也往往是占用、租用耕地的形式，尽可能地避开聚落本身，以降低企业运行成本。故它们对聚落搬迁的影响非常有限，一般主要有以下三大类：

第一类，由于修建区域大型市政工程，需要占用村民用地影响村民生计或直接占用村民聚落用地，例如在修建秦岭18千米长柞水隧道时，就把太峪河小流域秦丰一组、二组用地（太河小流域入口处）占用，作为弃石堆放地，在原地坪基础上垫高了近10米，最后相对集中地进行了村民的回迁安置。

第二类，由于景区开发，或者大型游憩项目的建设，往往采用异地建设的方式，将村民集中搬迁至区位较好的地方（靠近路边）。因为这一类项目的开发动因，就是针对城市居民对自然、乡野、原始的追求而设置的，故往往在大区位占优的情况下，反倒选择较安静的用地，如流域末端、主干河流的另一侧，以及特殊的支流。

第三类，小规模游憩项目的建设，项目本身也是选择在安全的建设地段，涉及的村民聚落搬迁，一般也尽可能在本组用地内进行新的安置。也有个别公司利用村民宅基地条件，与村民协商，进行五至六层楼房建设，一层返还，其他层租赁50年的方式进行。

（3）农户自发性搬迁建设

村民作为小流域中的主人，长期居住于此，自发组织的搬迁也时有发生，但是因为宅基地、耕作用地等原因相对较少，且较为零散，对居于主沟的村民而言，更是少之又少，发生搬迁，也主要向城区、镇区转移。流域内发生搬迁的居民主要有以下几个方向：

第一类因收入增加、参与游憩服务等多种原因，村民产生新建房的需要：①由支沟向主沟集中，选择在支沟与主沟交汇处，以便于回到农业用地上进行耕作；②由支沟向主沟集中，选择在距离游憩资源不远的地方私下交易与营建；③由尾部向主沟沟口集中，选择距沟口不远的地方进行居住，以方便外出务工。

第二类主要指因早期增加人口产生的农户分户需求，农户经济收入来源的多元化等原因导致了主干家庭向核心家庭过渡，户数及建设用地大规模增加，村民进行的近乎零距离扩建[①]，以及异地的搬迁新建。前者主要集于主沟地区，后者主要为支沟、次沟地区以及主沟尾部的农户，和第一类有着共同的去向。

如在东川村组及各户调查走访中，也了解到基于政策补助的原因，兴隆沟、回避沟、对门沟这三条沟的村民集中搬迁到村委会附近（主沟上二组）；道士沟和姚家沟这两条沟的村民搬迁到了三组所在的主沟；庙沟村民搬迁到了四组所在的主沟；甘沟村民绝大部分是原住民，一直未有搬迁；东、西北家沟两条沟（五组、六组）的村民搬迁到了五组所在的主沟；岭沟的村民搬迁到了六组所在的主沟，还有零零散散的村民搬向镇区与县城。

4）小流域宅院搬迁建设的基本状态与问题

（1）生态安全搬迁及支沟搬迁已基本完成

经过以上的小流域详细调研，两种"点轴"发展构型、不同的核点集聚特征，不仅仅是GIS图底空间展示结果，更是乡村聚落当前搬迁的基本结果。随着多种搬迁模式的介入，目前大多数农户主要生活在小流域的二、三级河流所在区域，原有的一级河流，基本上都因为坡度、地形或地质灾害等原因，房屋基本被废弃，或者仅有一两户残障生活群体以及不愿意搬迁的个别农户。

所以说，生态灾害安全不再是关键问题，小流域聚落空间的进一步发展主要考虑主、次沟的聚落建设。

（2）多元目标导向下的搬迁越来越多

乡村聚落的空间变化，主要是移民—搬迁的结果，这里既有政府移民，企业移民，也有村民的自组织搬迁。随着休闲时代的到来，秦岭南麓进入了一个相对活跃的发展阶段，美丽乡村、特色小镇、全域旅游正在快速地转变着乡村面貌，而且节奏越来越快，各家开发企业蜂拥而至，村民也越来越主动地选择搬迁的模式与地点。

从图4-11可以看出，不同背景、不同场所的村民搬迁所依托的方式也是不同的，出于生态保护及安全因素、公平均衡发展的考虑，政府的行为始终处于主导地位。但也能感受到，政府机构也开始越来越多地将搬迁与产业发展，与社区营建进行了关联与挂钩，从先前的避灾避险转向生态环境保护，转向了搬迁承接地的持续发展与宜居易

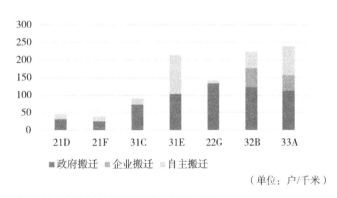

（单位：户/千米）

图4-11 典型小流域不同搬迁方式数量统计
（资料来源：作者统计）

---

① 在保留老宅的情况下，旁边新建、补建或者在自留地上进行新宅建设。

居的关注，以达到更加高效的、合理的搬迁，为此，向镇区迁移、向县城迁移已经成了政策倾斜的主要方向。

此外，企业行为、村民自主搬迁行为也在增多，但是在当前乡村经济日益活跃的今天，应该在国家法规的基础上，在国家发展导向的基础上，进行更细微的、合理的引导与组织。

（3）经济改善背景下的更新建设越来越多

在调研区域内，农户主导的就地建设及临近建设较为突出，各种安全翻新持续进行，住宅正在由土木结构向砖混结构转变，越来越多的村民选择二层及以上层数进行建设，二层及以下住宅几乎都作为自用功能。

二级小流域中，近几年农户的增加、翻建几乎停滞，即使是农业主导游憩型小流域东甘沟小流域也停止了建设。

而三级小流域中，在游憩主导休闲型小流域中，各种翻建、增建如火如荼，特别是近期，虽然用地没有过大增加，但是高密度填充却大量展开，亟待进行控制。

其他农业主导游憩型、农业主导生产型三级小流域虽然没有出现老林河小流域那种大面积从事农家乐等非农经营产业的村民，但是出于村庄发展前景的看好，大量建设、改建也在增加，村民大都将外出务工所赚的收入[①]（多数还是贷款）用于村内建设投资，提升自己的居住质量，也考虑了未来从事游憩服务需求的可能，但更多是借助分户的方式在向沟口移动（资源条件一般、用地紧促的小流域，如农业主导生产型小流域——龙潭河小流域则更多呈现出相对较少的改造）。

（4）农户有跨组搬迁的需求及愿望，但受到很大限制

在农业主导生产型小流域中，农户聚集呈现出两种差异：在发展较好的小流域中，农户跨组搬迁相对较少，多集中于本组内一级河流与二级河流交汇处，或者局部跨组的二级河流起始区域；而在发展较弱小流域中（主要为二级小流域），更多农户搬迁至流域外围的沟口处，流域内农户多以老年独户为主。

在农业主导休闲型小流域中，跨组搬迁，较为明显，主要向沟口区集中，向景点周边区域集中，流域内中年、老年独户较多，越向流域尾部过渡，这种老年独户的趋势越明显。

在游憩休闲主导型小流域中，除政府组织的大规模搬迁安置外，同样，跨组集聚较少，多在本组内进行分户、搬迁集聚；家庭结构也呈现出相对均衡的情况，中年独户家庭较多。

总体而言，收入较高的小流域，农户对土地财产比较重视，政府也管控严格，除了政府有计划地跨组搬迁外，多为组内的平衡。而收入较差、发展较弱的小流域，村民倾向于直接搬至流域之外。而有一定发展前景，但整体收入较低的小流域，村民搬迁较为积极，更多向便利、有利的地段集聚。

---

① 最简单的一栋二层的楼房要花15万元左右，加上内部的简单装修，则达到20万元左右，特别是考虑到将来农家乐的经营，投入成本会更高，事实上，小流域内60%以上建楼房农户是借钱建房。

## 4.2.2 家庭结构及空间分布特征调查分析

1）小流域农户家庭结构调查设置

随着城乡经济的快速发展，小流域内越来越多的村民开始向城市、向流域内交通便利的地方进行迁居。而种种迁居中，最重要的一种方式则是农户分户，最终的结果是改变了居住的方式、居住行为，也改变了居住的农户家庭结构，越来越多的小家庭农户出现，是聚落建筑仍然增加的原因之一。

尽管曾经长期因计划生育政策的有力执行，人口增长得到了控制，但近十年来，很大一批孩子成长为青年、中年，除了外出置业外，也都陆续开始了分家分户（60-40-22[①]）。为此，本文按照人口数量及人口构成，进行了家庭结构的统计，并根据空间的对位关系，进行了分布状态的调查，它也是后期研究的重要基础。

本书将家庭结构划分为以下四类：①以老年人为主的核心家庭[②]，包含代养孙子、带有智障的大龄儿子等特殊情况；②以中年人为主的核心家庭；③以青年为主的核心家庭；④由包含中年、青年人的主干家庭、联合家庭构成的复合家庭。同样按照不同的核点集聚区域划分方式展开具体调查，如表4-6。

典型小流域点轴集中区家庭结构统计表（单位：户）　　表4-6

| 小流域/点轴集中区 | | 芦柴沟小流域 车家河村21D | | | | | | 王家河小流域 新合村21F | | | | | |
|---|---|---|---|---|---|---|---|---|---|---|---|---|---|
| 家庭类型 | | 过渡一 | 核点一 | 过渡二 | 核点二 | 尾沟二 | 总计 | 过渡一 | 核点一 | 尾沟一 | 过渡二 | 核点二 | 尾沟二 | 总计 |
| 有效长度（米） | | 2010 | 2100 | 1150 | 2000 | 1000 | 8260 | 960 | 2100 | 1030 | 4170 | 2000 | 1050 | 11310 |
| 2017 | 老年家庭 | 1 | 14 | 5 | 9 | 8 | 37 | 2 | 3 | 5 | 0 | 1 | 4 | 15 |
| | 中年家庭 | 0 | 8 | 1 | 3 | 0 | 12 | 0 | 0 | 1 | 0 | 2 | 1 | 4 |
| | 青年家庭 | 4 | 6 | 2 | 1 | 1 | 14 | 0 | 2 | 6 | 0 | 0 | 0 | 8 |
| | 复合家庭 | 10 | 46 | 12 | 4 | 4 | 76 | 3 | 53 | 19 | 13 | 19 | 4 | 111 |
| | 总计 | 15 | 74 | 20 | 17 | 13 | 139 | 5 | 58 | 31 | 13 | 22 | 9 | 138 |

① 参考国家统计局划分依据，并根据研究目标，将年龄划分进行了局部调整（40岁以上一般技能打工者的被雇佣相对较难，居住情况相对稳定，见章节5.2.2.），青年为22~40岁，中年为40~60岁，老年为60岁以上。据相关统计2015年，我国60岁以上老龄人口占比16.15%。
② 一般划分为主干家庭、核心家庭、联合家庭。

续表

| 小流域/点轴集中区<br>家庭类型 | 龙潭河小流域龙潭村31C | | | | | | | | | | |
|---|---|---|---|---|---|---|---|---|---|---|---|
| | 过渡一 | 核点一 | 过渡二 | 核点二 | 过渡三 | 核点三 | 尾沟三 | 过渡四 | 核点四 | 尾沟四 | 总计 |
| 有效长度（米） | 330 | 1920 | 1220 | 2020 | 1200 | 2000 | 1000 | 2480 | 1970 | 1000 | 15140 |
| 2017 老年家庭 | 0 | 1 | 2 | 1 | 1 | 7 | 0 | 6 | 2 | 2 | 22 |
| 中年家庭 | 0 | 5 | 2 | 5 | 0 | 0 | 1 | 0 | 5 | 1 | 19 |
| 青年家庭 | 0 | 19 | 0 | 0 | 0 | 6 | 1 | 0 | 5 | 0 | 31 |
| 复合家庭 | 1 | 32 | 12 | 28 | 8 | 15 | 3 | 3 | 28 | 2 | 132 |
| 总计 | 1 | 57 | 16 | 34 | 9 | 28 | 5 | 9 | 40 | 5 | 204 |

| 小流域/点轴集中区<br>家庭类型 | 东川河小流域 | | | | | | | | | |
|---|---|---|---|---|---|---|---|---|---|---|
| | 金盆村31E | | | | 老庵寺村31E | | | | | |
| | 过渡一 | 核点一 | 过渡二 | 核点二 | 过渡三 | 核点三 | 过渡四 | 核点四 | 尾沟四 | 总计 |
| 有效长度（米） | 520 | 1980 | 710 | 2100 | 220 | 2070 | 920 | 2140 | 1050 | 11710 |
| 2017 老年家庭 | 0 | 11 | 1 | 13 | 0 | 15 | 6 | 21 | 4 | 71 |
| 中年家庭 | 2 | 23 | 2 | 10 | 0 | 5 | 2 | 16 | 0 | 60 |
| 青年家庭 | 3 | 26 | 14 | 16 | 0 | 23 | 3 | 10 | 0 | 95 |
| 复合家庭 | 6 | 85 | 20 | 55 | 0 | 57 | 10 | 51 | 0 | 284 |
| 总计 | 11 | 145 | 37 | 94 | 0 | 100 | 21 | 98 | 4 | 510 |

| 小流域/点轴集中区<br>家庭类型 | 东甘沟小流域石瓮社区22G | | | | 太峪河小流域秦丰村32B | | | | | | | | |
|---|---|---|---|---|---|---|---|---|---|---|---|---|---|
| | 过渡一 | 核点一 | 尾沟一 | 总计 | 过渡一 | 核点一 | 过渡二 | 核点二 | 尾沟二 | 过渡三 | 核点三 | 尾沟三 | 总计 |
| 有效长度（米） | 1140 | 2020 | 1000 | 4160 | 2020 | 2080 | 1300 | 2010 | 1000 | 1550 | 2020 | 1000 | 12980 |
| 2017 老年家庭 | 0 | 15 | 0 | 15 | 0 | 6 | 0 | 24 | 6 | 3 | 5 | 0 | 44 |
| 中年家庭 | 0 | 20 | 0 | 19 | 0 | 15 | 6 | 46 | 2 | 1 | 0 | 0 | 70 |
| 青年家庭 | 0 | 38 | 0 | 37 | 0 | 34 | 7 | 38 | 11 | 6 | 7 | 0 | 103 |
| 复合家庭 | 0 | 85 | 0 | 85 | 1 | 43 | 5 | 52 | 21 | 25 | 27 | 0 | 174 |
| 总计 | 0 | 158 | 0 | 156 | 1 | 98 | 18 | 160 | 40 | 35 | 39 | 0 | 391 |

| 小流域/点轴集中区<br>家庭类型 | 老林河小流域朱家湾村33A | | | | | | | | | | |
|---|---|---|---|---|---|---|---|---|---|---|---|
| | 过渡一 | 核点一 | 过渡二 | 核点二 | 过渡三 | 核点三 | 尾沟三 | 过渡四 | 核点四 | 尾沟四 | 总计 |
| 有效长度（米） | 1750 | 2100 | 4920 | 2080 | 1860 | 2000 | 1000 | 1800 | 2000 | 1000 | 20510 |
| 2017 老年家庭 | 1 | 3 | 1 | 8 | 2 | 4 | 0 | 1 | 2 | 0 | 22 |
| 中年家庭 | 1 | 28 | 3 | 13 | 2 | 6 | 0 | 0 | 11 | 0 | 64 |
| 青年家庭 | 9 | 63 | 7 | 26 | 5 | 18 | 0 | 4 | 25 | 0 | 157 |
| 复合家庭 | 23 | 58 | 6 | 34 | 2 | 16 | 0 | 6 | 9 | 0 | 154 |
| 总计 | 34 | 152 | 17 | 81 | 11 | 44 | 0 | 11 | 47 | 0 | 397 |

## 2）小流域农户家庭结构调查分析

据表4-6可以得到小流域乡村聚落农户不同结构家庭占比图4-12、典型小流域不同结构家庭占比统计图4-13、典型小流域不同核点区域中老年核心家庭占比统计图4-14，具体分析如下：

通过相关调查及图表可以发现，之前主干家庭越来越多地变为现在一户一宅或多宅的核心家庭，该类型家庭累计达到48%，其中人口数在4人及以下中、老年人（代养孙子、带有智障较大龄儿子也计入内，其约占家庭占3%）（分户）核心家庭的占25%[①]，4人及以下青年核心家庭农户占23%，但复合家庭仍占52%[②]，是主体模式。

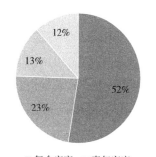

图4-12 不同结构家庭占比
（资料来源：作者统计）

在农业主导生产型小流域中，芦柴沟小流域35%都是4人及以下中、老年家庭，10%为4人及以下青年家庭；东川河小流域则26%是4人及以下中、老年家庭，18%是4人及以下青年家庭。

在农业主导游憩型小流域中，太峪河小流域29%都是4人及以下中、老年家庭，26%为4人及以下青年家庭；东甘沟小流域22%都是4人及以下中、老年家庭，24%为4人及以下青年家庭。

而在游憩主导休闲型小流域中，老林河小流域22%都是4人及以下中、老年家庭，40%为4人及以下青年家庭。

也就是说，青年核心家庭的比重与经济条件、流域的依托产业有着清晰的正向协同关系，条件越好，家庭分户情况越明显，青年核心家庭越多。

此外从图4-14中可以看到，条件较好的小流域中、老年人家庭结构各区段差异不大；而条件较差的小流域越往沟尾，中老年家庭结构占比越大。

在沟的尾部，农业主导生产型小流域（除了芦柴沟外）中、老年核心结构家庭占比大于农业主导游憩型，后者中、老年核心结构家庭占比又大于游憩主导休闲型。

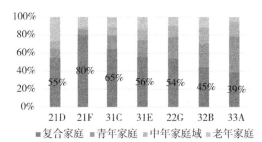

图4-13 典型小流域不同结构家庭占比统计图
（资料来源：作者统计）

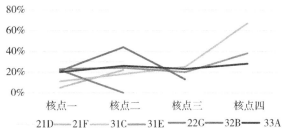

图4-14 典型小流域核点集中区中老年核心家庭占比统计图
（资料来源：作者统计）

---

① 据统计，4人及以下中老年家庭，在新建集中区域很少，比如太峪河小流域核心区域一，仅有15%，在龙潭河小流域核心区一，仅占3%。

② 该数据无法反映出老龄人的实际情况，因为有很多是以复合家庭方式出现的。

### 4.2.3 相关产业设施与公共及商业服务设施的变化调查分析

1）小流域相关产业设施与公共及商业服务设施调查的设置

住房和城乡建设部发布的《村庄规划用地分类指南》，将村庄规划用地划分为3大类、10中类和15个小类，涉及公共及商业服务设施的用地主要有：混合住宅用地（V12），指兼具小卖部、小超市、农家乐等功能的村民住宅用地；村庄公共服务设施用地（V21）指公共管理、文体、教育、医疗卫生、社会福利、宗教、文物古迹等设施用地以及兽医站、农机站等农业生产服务设施用地；村庄商业服务设施用地（V31）指用于生产经营的各类集体建设用地，包括村庄商业服务业设施用地、村庄生产仓储用地；此外还有包括手工业、食品加工、仓库堆场的村庄生产仓储用地（V32）。

鉴于村内大部分商业设施考虑都是与农户建筑紧密结合的现实，及研究强调区域空间影响侧重的主旨，本书打破了按照用地类型划分的方式，而是分教育服务设施、医疗服务设施、文化设施、商业服务设施、农家乐服务设施，进行数量统计。

同时考虑到小流域内各种大型餐饮、住宿、观光、度假、养老设施的出现，企业化农业等相关机构的出现，本书进一步增加了大型休闲服务设施（包含酒店、大型农家乐）、农业相关企业的数量统计。以期发现其中的建设变化规律，以及相关的影响与互动。为此，同样按照村组的行政组织及沟峪的长度、位置，以四个年度节点，进行了具备类型、数量规模的调查。

其他的如电信、排水、道路等市政服务设施，经过初步调研，都已不是问题的关键，随着乡村建设问题的关注和精准扶贫等一系列项目的展开，各村都在按照标准进行着道路的拓宽、沉淀池的建设、管道饮水设施的布置、垃圾设施的安放，以及电信、宽带的覆盖补充。但这种"标准式"补充到底应不应该、合不合适。现实中，就能发现，某流域尽端还剩3户，而且只有老人，正在犹豫是不是响应扶贫搬迁政策，可是道路建设部门却把路面从3米拓宽为5米。

（1）21D芦柴沟小流域

该小流域在2000～2010年间，建设有一别墅区，目前已经荒废，同时建有一个用于存储的仓库和一个鞭炮厂也都几乎停业。近期，在尾沟区域建设有一个木耳合作企业；长期没有医疗服务设施，仅在2010～2014年间，开了一个小商店。

（2）21F王家河小流域

该小流域尽管较长，但同样没有什么服务设施，仅是核点一区域，在2000～2010年间建设了一个矿泉水业公司（占地面积很小），在2010～2014年开了一个商店。

（3）31C龙潭小流域

该小流域历史上曾经在核点集聚区域二有一所小学，但2000年后就已经关闭，2010～2014年间在核点二、核点三区域开设了一个鱼庄和一个两栋楼的老年地产项目，一直正常经营，2014～2017年间，在过渡区域二建设新村委会的时候，同时增设了一个医疗服务点。

（4）31E东川河小流域

该小流域曾经在核点二区域有学校一所，但在2004年就已经撤销，2018年在村主任的努力争取下，重新开学，但仅有2人报名。原本在核点二区域有一个商店，2010年后，在核点四区域，又增加了2所；在核点四区域长期存有医疗点1个。在核点三开设有农业公司1个、核点四区域养鱼场2个、茶叶种植企业3个，核点三、核点四，农家游憩各1个。

（5）22G东甘沟小流域

该小流域虽然较短，仍有小学校一所，不过只有20余人。在2000～2010年搬迁期间，就建设有农家乐12所，如今已有26家农家乐，此外，2000～2014年间建设大型宾馆一所，另有医疗点2个，商业点1个。

（6）32B太峪河小流域

该小流域有小学1所，学生60余人，位于核点二区域；医疗点2个，一个位于核点二区域一直存在，一个在核点一区域，2014～2017年间开设。

2000～2010年，在流域过渡区域二建设有别墅区一所，目前处于烂尾复建中，在核点二区域建设有翠微宫大型宾馆一所，并在2010～2014年，拓展高端休闲区域一所。在核点二区域，2000～2010年，就建设有农家乐2所；近期在该区域及过渡二、核点二区域共开张11所，目前达到19所。另有其他农业关联企业2所。

（7）33A老林河小流域

该小流域较为复杂，具体见表4-7。

33A老林河小流域点轴集中区产业设施与公共及商业服务设施统计表（个）  表4-7

| | 小流域/点轴集中区 | 老林河小流域朱家湾村33A | | | | | | | | | |
|---|---|---|---|---|---|---|---|---|---|---|---|
| 产业及公建 | | 过渡一 | 核点一 | 过渡二 | 核点二 | 过渡三 | 核点三 | 尾沟三 | 过渡四 | 核点四 | 尾沟四 | 总计 |
| 有效长度（米） | | 1750 | 2100 | 4920 | 2080 | 1860 | 2000 | 1000 | 1800 | 2000 | 1000 | 20510 |
| 2000 | 大型休闲设施 | — | — | | | | | | | | | — |
| | 农家游憩宅院 | 0 | 2 | | | | | | | | | 2 |
| | 相关产业机构 | | 2 | | | | | | | | | 2 |
| | 商业 | | | | | | | | | | | 0 |
| | 教育 | | 1 | | | | | | | | | 1 |
| | 医疗 | | | | | | | | | | | 0 |
| 2010 | 大型休闲设施 | | 2 | | | | 1 | | | | | 3 |
| | 农家游憩宅院 | 13 | 16 | 1 | 1 | | | | | | | 31 |
| | 相关产业机构 | | | | 1 | | | | | | | 1 |
| | 商业 | | | | | | 1 | | | | | 1 |
| | 教育 | | 1 | | | | | | | | | 1 |
| | 医疗 | | | | | | | | | | | 0 |

续表

| 产业及公建 | 小流域/点轴集中区 | 老林河小流域朱家湾村33A | | | | | | | | | |
|---|---|---|---|---|---|---|---|---|---|---|---|
| | | 过渡一 | 核点一 | 过渡二 | 核点二 | 过渡三 | 核点三 | 尾沟三 | 过渡四 | 核点四 | 尾沟四 | 总计 |
| 2014 | 大型休闲设施 | 1 | 2 | 3 | 1 | | 1 | 1 | | | | 9 |
| | 农家游憩宅院 | 21 | 43 | | 8 | | 2 | | 3 | | | 77 |
| | 相关产业机构 | | | | 1 | | | | | | | 1 |
| | 商业 | | 1 | | | | 1 | | | | | 2 |
| | 教育 | | 1 | | | | | | | | | 1 |
| | 医疗 | | 1 | | | | | | | | | 1 |
| 2017 | 大型休闲设施 | 2 | 3 | 2 | 1 | | 1 | 1 | | 1 | | 11 |
| | 农家游憩宅院 | 23 | 88 | 8 | 15 | 3 | 13 | | 9 | | | 159 |
| | 相关产业机构 | | | | 1 | | | | | 1 | | 2 |
| | 商业 | | 4 | | | | 1 | | | 1 | | 6 |
| | 教育 | | 1 | | | | | | | | | 1 |
| | 医疗 | | 1 | | | | | | | | | 1 |

2）不同产业发展模式对小流域相关设施建设的情况及变化特征

通过基本比对可以得出，在国家政策的支持下，乡村公共服务设施正呈现出较大步伐的改善，各种关联产业也在逐渐增加。鉴于人口规模、用地条件以及产业发展等要素的影响，仍呈现出以下不同：

（1）农业及其他生产机构

每个小流域都保留有一定规模的小农种植区域，在门前屋后或者周边河道及山脚之地，小流域内虽然都有少量的农业合作社等生产型机构，但规模较小，多为四五家的简单联合，以及个别农户的圈养建设。

对于农业主导生产型小流域，在芦柴沟小流域中，多是村民自己的种植，而在东川河小流域，其中2个较大型的企业，已经在改变村民的生活方式，但用工也不会太多。村民土地被承包后，少数村民日常参与企业运转之外，大部分都是按天计工，只是忙时参与到采摘之中。

（2）公共服务设施

在秦岭南麓小流域山地乡村中，由于服务对象较少，公服设施本身基数就很少，主要与小流域规模、级别有关，各类型小流域数量变化不是很大，但却体现了有和无的问题。

各种公共服务设施的配置，并没有按组进行，仅在村级小流域会有较好的设施配置，一般会在较大规模的核点集聚区，但也在勉强运转之中，以学校为例，一方面由于生源的减少，另一方面由于人们对教育的重视，纷纷将孩子送往镇县上小学，导致学校无法维持原有规模编制，即使较大规模的4条三级小流域内，也仅有2所小学，包含学前班及小学六年级，最大的一所有师生60多人；医疗设施也仅能维持卫生室这类小型医疗点，如太峪河小流域有卫生室2个，分别是峪兴村（老自然村）卫生室和秦丰村（老自然村）卫生室。

（3）大型休闲及商业游憩服务设施

虽然相对以前，各小流域的休闲或商业服务设施有所增加，但数量类型，差异较大，就超市而言，每个小流域都会增加一两个，居民的日常生活逐渐变得更加便利。在游憩主导休闲型小流域（如老林河小流域），超市早已实现了"小卖部"向商店的转变，几乎每组一个，农家乐也增加了157个，总数达以前的11倍之多，大型休闲服务项目也超过了3个，包含养老设施、宾馆等，并开始将已经荒废的老旧建筑进行改造，高价转租给游客。

在农业主导游憩型小流域中，如太峪河小流域（秦丰村），在靠近秦楚古道景区的地方建成了旅游度假酒店翠微宫，而且越来越多商业开发正在加剧，据悉，一个"韩国城"[①]项目正在运作；又如在东甘沟中部寺庙附近，建成了小型宾馆。

而在农业主导生产型小流域中，根据小流域条件不同，宾馆等游憩服务设施也有一定增加，如东川河小流域（金盆村和老庵寺村），其在流域主沟相对宽阔的耕地上进行了数个农业产业园的建设，对应地出现了农业博览馆、农业体验广场等附属配套游憩设施。

（4）除了以上基本特征外，更重要的是，我们发现在小流域中，除了交通便利区域外，有些核点集聚区域，具有"较大规模农业企业及关联产业、一定级别公共及大型休闲设施（将宾馆、养老等设施与公共设施互并为一个方面讨论），或成规模游憩服务农户"等特征时，遇到青年群体相对较多，居住生活展开较好，这有待进一步调查。

但也要看到，有的小流域并没有这些重要设施，或者有设施也是处于萧条落败的状态，但这并不意味着流域中的农户必须要消失，他们仍需承担农林守护、特色种植等秦岭森林所赋予的特殊活动中。

反倒在一些流域中，大型设施的持续增加与筹划，村民自营农家无序的粗放式增加，偏于中心的、外界影响的开发建设必须进行谨慎跟踪与调整。


## 4.3 基于核点集聚的农户产居行为及满意度调查与分析

### 4.3.1 农户产居行为及满意度调研设置

在了解聚落内宅院、产业设施及相关公共服务设施分布、家庭结构基本关系的基础上，本节进一步按照集聚划分模式，借鉴相关社会学调研方法[193]进行了问卷调查，问卷调查具体包括四个部分（详见附录1）：第一部分，为户主及家庭情况（与家庭结构调查不同的是，空间

---

① 该项目2018年底进入停滞状态。

分户即算独立户主），主要包括了户主年龄、职业以及家庭人口特征、核心成员、基本收入、农牧业特征及外出务工等基本信息；第二部分，指农户的基本居住情况，主要包括房屋建设状况、租住、二套宅院，居住意愿及直系亲属置宅情况；第三部分是对交通及公共服务设施的使用与满意度调查，包括对购物、医疗、教育等公共及商业服务设施等方面；第四部分，则相对较为主观，主要指村民对当前生产、生活状态的整体态度。

本书采用国际上通行的随机抽样法对农户展开实地调查，首先按照每条流域10%，七条小流域共194份有效问卷为基础（包含有空间信息）展开；其次，在此基础上，按照有效问卷达到30%的目标，对每个核点集聚区域进行补充调研，增加310份，共计464份（加上过渡区域10%调研，则有效总量达到194＋310＝504份）。

该问卷调研，虽然考虑了农户的基本行为与活动，但由于外出务工等原因，中、老年人的需求及行为还是多数，为此，我们进一步通过政府机构，进行了焦点访谈小组的调查。即在整个小流域内由政府组织招募4组，共40个成员，两组为小流域内部搬迁农户，两组为搬迁至县城扩展用地（原下梁镇安置区农户），进行集体互动式座谈（每组其中至少有3位是常年在外务工者、3位是青年），从居住、生活、家庭、工作、交通等方面进行了交流式小组访谈，作为补充验证数据。

## 4.3.2 农户问卷调研及相关专项分析

通过调研表格的整理可以发现，尽管不同核点集聚区域之间有一定的差异，但整体而言，农户基本情况差异不大，不同小流域也都具有以下的趋同特征：

1）居住与工作基本情况调查

由于小家庭结构的出现，父母、孩子各有各的房产，所以虽然流域内宅院增加不少，但多数家庭仍是一套置业，在问卷中约占79%，原有未搬迁前的房子归父母所有（有两套房的，也是理应拆迁，而没有拆迁），经济条件较好的小流域农户在镇、县拥有二套房产的情况多一些，如老林河小流域15%的被调研户，都拥有第二套房产。

添置新房的意愿中（假定资金允许的前提下），情况就比较复杂，考虑到生活便利（47%的家庭都在镇或县上租有房子）等原因，约有61%的农户会选择在县或者镇上购买第二套房子；仍有39%的农户会选择在流域内重建房子，该类农户大部分位于条件、资源较好的小流域中，如生产主导游憩型小流域太峪河小流域选择宅院沟内重建的超过了50%，老林河小流域农户宅院很多都改造过，仍有30%农户选择沟内重建（选择沟内重建农户中的36%希望是异地）。其他条件不好的小流域则多数选择在县上、镇上重置宅院，其中也了解到中老年人（调研问卷中，71%都是中老年人）如果不是考虑孩子的需求，由于适应村内的生活而不愿再折腾，同时担心生活压力太大，对于购置二房兴趣并不大（图4-15）。

案例一：如龙潭小流域四组人家，虽然处于尾沟，但是随着休闲时代的到来，游憩意识的注入，各农户也在根据形势判断着自身聚落的发展价值与未来走向，对未来信心满满，不希望

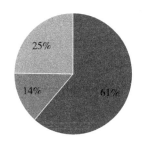
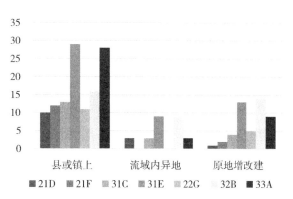

图例：
■ 县或镇上　■ 流域内异地　■ 原地增改建

■ 21D　■ 21F　■ 31C　■ 31E　■ 22G　■ 32B　■ 33A

图4-15 新房建设场地选择意愿统计图（占比）（资料来源：作者统计）

参与到政府组织的扶贫搬迁之中去，但是由于经济条件的限制也无法对目前的住房环境进行大的改善，处于一种被动的等待状态。

　　案例二：如芦柴湾小流域多数为各种安置搬迁后剩下的老龄人员（家庭分户），虽然今年享受易地搬迁政策，但是考虑到搬到镇上后无收入来源，难以生活，所以老人仍选择在这里居住。

　　2）交通及公共服务设施的使用调查

　　就日常离开小流域的交通方式而言（按受访人），步行占8%，摩托车占45%，公交车占35%，小汽车占8%（其他占4%），由此可见，出行摩托车已经成了乡村农户必不可少的工具，一家两辆都不足为奇，随着电动助力车、老年车的出现，也发现了该类型车的使用，也就是说，伴随着道路的建设，现代工具的逐步出现，尽管存在交通不便的问题，但应该已经不是核心问题，都可以解决（图4-16）。

　　出行方式与聚落在小流域的区位关系不大，更多的是与小流域公共交通工具设置的情况有关。芦柴沟小流域、王家河小流域、龙潭河小流域没有公交系统，如果单纯计算有公交系统的东川、东甘、太峪、老林河小流域，则公交出行达到45%。在小流域内部，步行、骑摩托车也是重要的交通形式，其中，步行去种地、上山挖野生植物都是很常见的，沟内婚丧嫁娶，去孩子家看看，走七八里也不存在问题，为了考虑日常村民意愿、外出距离，按5分钟、10分钟、20分钟、30分钟左右、大于40分钟进行了调研（图4-17），可以发现，尽管活动主要集中于左邻

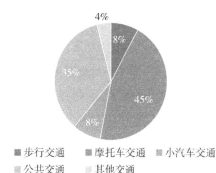

图例：
■ 步行交通　■ 摩托车交通　■ 小汽车交通
■ 公共交通　■ 其他交通

图4-16 离开小流域主要交通方式统计（占比）
（资料来源：作者统计）

图例：
■ 5分钟距离左右　■ 10分钟距离左右
■ 20分钟距离左右　■ 30分钟距离左右
■ 大于40分钟及以上

图4-17 日常步行活动距离可接受距离（占比）
（资料来源：作者统计）

右舍，即5分钟的路程范围，但考虑到可以接受的距离，仍有42%的农户选择10分钟左右，这就说明虽然大于平原地区的尺度关系，但还是符合基本的行为规律。当然，随着流域内部功能的丰富，选择较近距离的农户也越多，如老林河小流域达到33%，远高于21%的平均水平。

就上学行为而言，二级小流域基本是没有完整学校，唯一一个东甘沟小流域也是因为整个沟谷集中一次性搬迁，所以保留有三个年级；三级小流域东川河小流域去年学校才恢复（老庵寺部分），仅有2人。仅有的两条小流域中，孩子上小学的农户中仍有44%家庭选择在沟外上学，家长一般选择陪读，在镇上或者县上租房子，基本每周回来一次，而且离小学所在地越远的地方，送出去的比例越高；仅有26%的农户选择在流域内既有小学上学。

在医疗设施使用方面，尽管在流域内个别小组有相应资源，但是大部分农户依然选择外出去镇上看病，一般的头疼脑热，自己抵抗一下就好了，稍微有点麻烦，近乎70%的农户在镇上或者县上看病，30%的农户选择在沟内医疗点、沟外或者位于更高级别流域上必经的其他村子医疗点。

而商业设施，数量较少，但几乎每条小流域内都有（龙潭沟例外，因为过于分散，且离镇区较近），分布较为均匀，甚至存在两三户之间的竞争。但是据调研，村民生活中的日常用品，主要还是在流动商贩处购买（占比达27%）（三轮摩托的小商贩，隔三岔五就能遇到）。在镇或县上购买主要生活用品（占比达69%），独户老人，其日常用品多由每周回家看望父母的孩子带回，也计为县上购买。

3）生活生产满意度的综合调查

就综合满意度而言，尽管存在各小流域、各村组人均收入的差异，但由于感受到相对以前的巨大变化，整体满意度都相对较高，芦柴湾小流域虽然老龄结构家庭较多，出行不便，但一般满意及以上的选项农户竟也高达86%，（含挺满意、比较满意、一般满意），也就是说，经济条件较差的小流域满意度反而较高。游憩主导休闲型小流域农户的综合满意度仅达78%（表4-8）。

典型小流域农户日常出行统计表（问卷占比）　　　　表4-8

| 小流域/村组 | 芦柴沟小流域 | 王家河小流域 | 龙潭河小流域 | 东川河小流域 | 东甘沟小流域 | 太峪河小流域 | 老林河小流域 |
|---|---|---|---|---|---|---|---|
| | 21D | 21F | 31C | 31E | 22G | 32B | 33A |
| | 车家河村 | 新合村 | 龙潭村 | 金盆村1~4组 | 石瓮社区 | 秦丰村 | 朱家湾村 |
| 选项 | 4~5组 | 3~7组 | 1~4组 | 老庵寺村1~5组 | 1~2组 | 1~6组 | 1~4组 |
| 统计长度（米） | 8260 | 11310 | 15140 | 11710 | 4160 | 12980 | 20510 |
| 上小学校 沟里学校 | — | — | — | — | — | 19% | 34% |
| 行政村及周边 | — | — | — | — | — | 0 | 0 |
| 镇上 | — | — | — | — | — | 43% | 44% |
| 县上 | — | — | — | — | — | 24% | 22% |
| 其他 | — | — | — | — | — | 14% | 0 |

| 小流域/村组 选项 | | 芦柴沟小流域 | 王家河小流域 | 龙潭河小流域 | 东川河小流域 | 东甘沟小流域 | 太峪河小流域 | 老林河小流域 |
|---|---|---|---|---|---|---|---|---|
| | | 21D | 21F | 31C | 31E | 22G | 32B | 33A |
| | | 车家河村 | 新合村 | 龙潭村 | 金盆村1~4组 | 石瓮社区 | 秦丰村 | 朱家湾村 |
| | | 4~5组 | 3~7组 | 1~4组 | 老庵寺村1~5组 | 1~2组 | 1~6组 | 1~4组 |
| 日常就医 | 沟里卫生室 | 0 | 0 | 15% | 10% | 38% | 36% | 20% |
| | 行政村及周边 | 43% | 14% | 0 | 14% | 50% | 0 | 0 |
| | 镇卫生院 | — | | 60% | | | 56% | 65% |
| | 县医院 | 57% | 86% | 25% | 76% | 12% | 8% | 15% |
| 主要购物 | 沟里商店 | 0 | 0 | 0 | 0 | 0 | 0 | 0 |
| | 行政村及周边 | 0 | 0 | 0 | 0 | 56% | 0 | 0 |
| | 镇上 | 0 | 0 | 75% | 0 | 0 | 79% | 33% |
| | 县上 | 71% | 57% | 0 | 84% | 25% | 8% | 15% |
| | 流动商贩 | 29% | 43% | 25% | 16% | 19% | 13% | 52% |
| 综合满意度 | 挺满意 | 7% | 00 | 25% | 6% | 13% | 8% | 3% |
| | 比较满意 | 29% | 50% | 45% | 39% | 31% | 41% | 33% |
| | 一般满意 | 50% | 21% | 15% | 22% | 38% | 33% | 43% |
| | 不满意 | 14% | 21% | 10% | 27% | 19% | 18% | 18% |
| | 非常不满意 | 0 | 8% | 5% | 6% | 0 | 0 | 5% |

单就核点集聚区域而言，去掉因游憩开发或者对未来游憩充满期待等原因影响的核点集聚区外，分别选择距交通枢纽或者县城较远、条件相似、主要以常规农业为主体的农户居住地——21D芦柴沟小流域核点集聚区域一、二，21F王家河小流域核点集聚区域一、二，31E东川河核点集聚区域一、二进行比较，发现21D芦柴沟小流域核点集聚区域一满意度达到92%（多为常住老年人），21F王家河小流域核点集聚区域一则达到78%（常住老年人较多），31F东川河小流域核点集聚区域一达到90%；除东川河小流域核点集聚区域二外（因农业集体开发项目已经初步成规模），其他核点集聚区域二，也都在75%以下（与按照10%进行的整条小流域满意度评价有所出入）。

不满意的意见主要集中在"用电费用较高""政府帮扶改建根据区位，支持力度不一"等方面。调研到的中青年，其抱怨也比设想的少很多，他们认为"有能力就出去打工置业，没能力，回来摩托车一开，外出也很方便"，即使对于相对匮乏的商品需求，也因各种服务车的出现和外出交通的便利呈现相对满意的评价。

### 4.3.3 焦点访谈小组专项调查与分析

前文进行的初步调查，虽然考虑了农户的基本行为与活动，但由于外出务工等原因，中、老年人的需求及行为还是多数，针对该现象及其他需要进一步详细了解的问题，通过焦点访谈的方式进行了调查，作为补充验证数据。

（1）农户工作、居住方式选择

鉴于土地的价值以及对基本生活维持的保障，农户也并不愿完全放弃农村里的土地，只是由于核心型家庭分户的原因，导致了"以代际分工为基础的半工半耕"与"以代际分工为基础的工耕分离"两种家庭生计模式、"农忙回家务农、农闲外出打工"与"参与旅游服务导致的季节性外出打工"两种兼业模式。一种是老年人留在农村家中从事农业生产，年轻人进城务工，除了在城市扎根立业的部分村民外，还有很多年轻人年龄大了无法再进城务工时，便接替其已经年老的父母，也返乡务农。另外一种则是村民选择务工6~8个月，或者3~5个月，剩下时间待在家中参与农业劳作或者游憩服务。

年龄特征上，"就地务工主导型"农户年龄在45岁以上较多，由于过了体力强、反应灵敏的青年阶段，在外地务工没有优势，不得不回到家乡附近寻找机会，他们务工的目的是赚取高于种田的收入，满足家庭的基本开支，在生活方式上更为接近传统农民，闲暇时间还会务农以补贴家用；"异地务工主导型"农户大都为青壮年，他们适应能力强，经过几年的务工，在生活方式上更为接近传统市民，返乡的意愿不强烈，希望市民化。

家庭收入上，通过调研可以知道，周边务工的年收入在25000元左右，外地务工的年收入在40000元左右，个别有技术的村民年收入可以达到60000元以上，打零工的话，大工160元/天，小工100元/天。

在调研访谈中，也了解到村民外出务工会带来正、负两种效应：一方面通过外出务工，村民提高了收入，同时也提高乡村生活质量的追求标准，积极改建自己的房屋，对村庄的繁荣产生正效应；另一方面，村民赚取进城生活的积蓄或获得逃离村庄的资本，在城市安居，加速了劳动力向村庄外流，使得乡村人口日益减少。

外出务工者中未结婚的年轻人，尤其是初中刚毕业不久的年轻人，他们在外务工，在外产生跨地区的婚姻，在城镇买房子比例高一些；年龄大一些的人认为，虽然现在可以负担得起在县城买房的费用，但城市生活消费高，将来不能务工赚钱了，在城里难以生存下去，这种担心使得他们还是愿意回家拆房建房，这种担心也使得很多农户签了放弃老宅搬入城镇新房的协议，但违背协议，保留老房的现象时有出现。

（2）生活、生产满意度与愿望的综合调查

就综合满意度而言，虽然年轻人的满意度已远高于我们的预想设定，但是在进一步对中青年务工者访谈中发现，其满意度又降低了很多，平均在48%。最不满意的是用水、网络等基础设施配套的建设。

而就未来工作的意愿而言，在附近打工占34%，外出打工占26%，搞农家乐开发占12%。另外，在"如果搬迁到新建造的聚落后，对于原有自留地的态度是什么？"问题中，81%选择补偿或租赁，相对于52%平均水平调查，多了很多。由此可见，他们相对老一代人地域认同感较弱，有很多人在解决后顾之忧后，希望进入到城市生活。

在焦点小组访谈中，农户普遍认为，由于规模有限，教育设施、质量不可能完善，在经济允许的前提下，还是愿意承担走读这一方式的，只是觉得有保证的校车，相对更好。本研究在居住建成环境满意度调查中，发现各农户除了对形式、配套设施有所考虑外，对建筑的密度、规模并无特殊强调，即使核点密度很大的核点区域——老林河小流域核点集聚中区域二，也没有过分地反感，只是担心竞争会不会太大了，再发展下去会有压力。

# 4.4  基于流动迁居的乡村聚落空间集聚与空废常住关联分析

## 4.4.1  乡村聚落空置废弃与流动迁居的关联解读

1）乡村空废

乡村聚落的空间研究，必须依托其宅院建筑呈现出来的集聚面貌进行分析，但是大量建筑的逐渐废弃以及国家宅基地法律的规定，使得乡村空废问题及其表现更需斟酌，目前该类型研究多围绕"空心村"的讨论展开，研究焦点主要侧重以下两方面：其一，侧重于村庄土地利用或空间形态的理解，如朱晓华、刘彦随[194]等。雷振东先生这样定义："传统聚落，比邻而居，守井相望，聚落形态紧凑成团状。随着聚落社会家庭的发展演变，新的聚落基本细胞单元宅院不断呈层扩方式向聚落外围扩展，而聚落中心原有的旧宅院却相应被逐步废弃，在此群体集约效应之下，聚落的环境形态便经历了膨胀、分散和中空的相应演变过程，结果造成聚落中心空废、环境恶化、整体形态结构松散的现状格局，这就是俗称的空心村"[69]421。第二种观点更多是从社会学的角度进行阐述，更强调从人口、经济等方面来阐释其表现形式，这样的观点占大多数，如王海兰、薛力[195][196]。在强调空间研究的同时，更强调其社会现象的总结，是村庄衰落的真实反映，是城市化不彻底的具体表现。

实际上，两种观点的研究是分不开的，是一个完整的统一体，只是因目标导向不同造成的路径过程不同，为了更好地研究空心村，雷振东先生提出"空废化"的概念，它是指乡村聚落各种空间环境空废现象演变过程的总称[69]423。这包括宅院空废现象空心村现象、聚落废弃式整体迁移现象、城市化引发的偏僻聚落与空废必然趋势、公建用地的空废和空废式开发现象、农业生产设施用地的空废现象，以及传统民居废弃式发展现象等。乡村聚落空心化存在地域差别，也存在村与村之间的差别，不仅受自然因素影响，也受社会因素制约。

2）空置与废弃

乡村聚落的空废存在，也是社会发展的一个必然产物，相关学者的空废研究是展开聚落深度剖析的重要基础，为深入研究提供了很好的平台与方向。然而这种空废一定是要走向衰退吗？本书认为应该进一步把空置与废弃分开研究，废弃意味着荒芜，意味着消解，但是空置并不一定。

据西南财经大学中国家庭金融调查与研究中心发布2014年调研报告称[197]，中国城镇住房空置率高达22.4%，高于国际一般水平，三线城市总体空置率略高于一二线城市。当然也有更糟糕、不合理的事情，经济适用房的空置率高达23.3%，存在严重资源浪费和"错配"现象；同样以酒店一个行业来说，其平均出租率为65%，也就意味着每三间客房，就有一间空置。这并不是说空置是好的，但是必须对其进行详细的分类分析。

在乡村，有违反乡村宅基地法规造成的不合理空置，但也有因生活生产所需造成不得已空置，更有因利益追逐造成财产性空置。实际上，大家公认的，乡村内很大部分村民用房是"空置"的产物，而不是"废弃"的结果。而与"空置"，直接匹配的一个词，本书认为是"流动"，正因为流动，才有了人居活动场地的空间变化，才使得人们占据的空间越来越多。

3) 产居行为与流动迁居

流动，篆文从水，指经常变动，形容自然的水体，形容空间变化人流、物流，形容富有意境的文化状态等，但更是各种要素作用下的空间变化的反应。英国著名社会学家齐德蒙特·鲍曼在其晚期代表作《流动的现代性》[198]用"固态的现代性"和"流动的现代性"代替了早期的现代性与后现代性的解读，从而建构了他对后现代性特征的理解，并指出"后现代性"不是"现代性"的终结，两者始终是相互依存的，只是原本"边缘化"的后者上升到了"中心地位"，时间相对于空间而言，更加重要，生产者社会向消费者社会转变，生活方式由定居向游牧转变，也就是说流动在生活中的角色越来越重要[199]。

随着城乡协调的发展，乡村的流动也越来越复杂，越来越社会化，虽然有很多不确定性与偶然性，但却真实地影响了空间的选择，它是村民工作生活、搬迁建设、老龄化等多元要素耦合的重要显像媒介，既是多种要素的作用结果，又是各要素进一步发展的重要推手。于是，本书认为"流动"也就成为指导聚落建设的重要参考因素。鉴于研究目标的聚焦，本书更多关注对房屋空废程度、搬迁建设有较大影响的流动。

迁居，指的是搬迁与居住，既有一次性地长久搬离或者搬入，也有高频率地短期外出与回归。流动迁居，是以原居住地为参考点，因其他要素影响而产生的、有方向矢量的居住变迁行为。

流动迁居，是社会发展的必然产物，特别是在今天外向性活动日益强化、产业收入日益多元的背景下，无论是城市居民，还是乡村居民都有了更多的流动迁居行为，城市里的居民在乡村购买产业，进行别墅、洋房、民宿的建设；乡村居民在城里购买房产、租赁房屋，已在城乡生活中，广泛存在，当然，本书的研究是必须建立在禁止不合理的、侵占国家土地各种行为的前提下。

但是无论何种情况，由于影响原因的不同，流动模式就不同，从而使得乡村空废也变得更加复杂，所以在减少空废消极影响的同时，也应针对不同类型，承认空置的合理性，例如，冬季房屋的不利用，是否就减少了采暖需求，降低了环境污染。

### 4.4.2　综合产居关联分析的聚落空废常住与流动迁居类型划分

1）不同背景的流动迁居分析

乡村聚落的流动迁居，首先是因为生产、生活所需而导致的，常年的外出务工、生活或异地高年级学府求学等，导致了村民两三个月回来一次，或者一年半载回来一次，于是，就产生了三种流动迁居：第一种，搬出聚落在城镇或其他流域的聚落安家，偶尔回来看看；第二种，搬迁至流域内更为方便的地方，但偶尔回来看看；第三种，流域内房屋保有，还是生活根本依托，但因工作学习等因素，在外租房，仅是偶尔回来看看，或者不回来。相应的，家里有没有人，有什么样年龄的人，又有了几乎废弃与空置的两种不同结果。

案例一：2010年前，在龙潭小流域沟口处新建了两排37户安置用房，主要用于沟内农户搬迁，但入住率很少，即使入住，也是外出打工为主。如农户丁大，从四组搬迁过来，但一直没有装修，常年在外务工，很少回来，过年回村里，也是回到老宅子，和分户的父亲待在一起。

其次，因为日常必须的、低年级高质量教育服务的追求，村民出现了陪读、走读现象，父母在城里或者镇上租房子、买房子，于是出现了村民每周回来，或者每月回来，是一种较高频率的流动；同样，因为家里还有没有人留宿，有什么样年龄特征的人，又有了两种结果。

案例二：如农户丁二，与大儿子一家共5口人，同样住在该安置区，但儿子常年在西安务工，儿媳带两孩子在镇上租房子带孩子上学，老人则经常在沟尾三组的老房子待着，依然种植着老房子附近的1亩多地。

在这种背景下，村内的老龄化成了一个关键问题。它又分为两种：分户后的老龄化和没有分户的老龄化（这里的分户，不仅仅指户口，更多指的是空间上的分户）。前者越来越少，后者越来越多，而且空间上的分户越来越严重。

因为乡愁，因为对门口土地的重视，于是会出现在流域中一个区域内，都是老年人，年轻人已经住在了靠近沟口的区域，老年人经常在流域内前后走动，与孩子年轻人彼此照料。同样会出现，在寒冷的地区，冬天，老人去沟口或者镇上孩子的家里居住，立春之后，又回到流域里的老宅（特别是在老林河小流域，尽管该小流域是游憩休闲型小流域，但是每年10月至来年3月是不营业的，而且在沟尾的农户经常还遇到生活用水被冻住，半个月甚至一个月用水困难的现象）。

2）小流域乡村聚落空置废弃的类型划分

正是在农户住所搬迁、流动迁居的变化过程中，原有老宅空置或者废弃，从而导致了流域内住宅建筑数量基本上是大于实际总户数、住宅利用率低下的现象，在具体小流域点轴集中区内乡村聚落调研中可以发现，这种空置废弃会呈现出以下四类空废：

第一类：彻底废弃。主要为两种，第一种为房主去世无人继承造成的房屋空废，此类住宅多为无依无靠的老年人（多为五保户）所有，在他们去世后，生前所有的住房就会废弃，由于年久失修慢慢坍塌，在村内这种住房属于少数，后期理论上会归还集体所有，进行腾退复垦；

另外一种是通过工赈及陕南生态移民等各种搬迁政策，搬入沟内或者沟外的新宅之中，老宅子不再使用，处于废弃状态。

第二类：几乎废弃。一般包括两种，一种是因工赈及陕南生态移民、各种搬迁造成的老旧空废住宅，理论上这些住宅应该清退，但实质上由于搬迁后监管实施的客观难度，导致这一类型住宅在村内存在较多，这也是造成房屋空心化（空间形式的空心化）的一个重要原因。它们区位交通条件相对较差，但大部分村民因为需要通过务农收入来补贴家用，故偶尔会回来耕种一下，农闲时储放劳动工具，农忙时储放粮食，甚至居住（农忙的时候会在老宅居住50天左右），不过时间久了之后原有老宅会出现漏雨和坍塌情况，这种情况下村民不会选择投入过多资金翻修，住宅的功能会由居住转向储物，甚至最后由于年久失修彻底走向消解；另一种是拥有合法的宅基地或者房屋所有权，但是由于多种原因，如搬迁到沟外，在外务工、学习、置业，很少回来，或者基本上不回来；或者已经与孩子在一起居住，或者在流域内交通便利的地方私自租赁建设了新的宅院，导致老房屋破旧不堪，近乎废弃。该类型宅院应该通过货币补偿、土地租用等各种措施使其走向真正的废弃。

第三类：长期空置。有四种不同情况，主要指房主进城安家或者实质落户，但房屋依然留村，偶尔还会回来看看；或者长期外出打工，偶尔回来后，仍在搬迁安置前的老沟内种植生活、与父母同住，造成权属名下新建房屋长期空置，甚至没有装修；或者和孩子在沟口区域居住，但是会回来种地，一年至少有六个月以上没有人居住而空置，但房屋整体而言，质量良好，居住条件适宜；第四种即在城市工作后退休但已定居的村民，因夏季城市温度高而回到沟域居住，当然，还有其他更复杂的原因与情况，这里不再阐述。

第四类：季节性空置。相对长期居住沟峪里的老年人来说，从偶尔地外出去孩子家里居住过年，到惯例性地外出去孩子家过年，特别是在冬季气候条件不适宜居住的地区，以朱家湾四组为例，每年冬季有近一个月时间水渠会结冰导致生活用水难以获取，出现很多宅院空置现象；其次，因旅游淡旺季而变化，其特征为旅游旺季在沟域经营农家乐，旅游淡季在城市居住，以游憩服务业发达小流域内收入、水平较高的农家乐家庭表现最为明显。

3）小流域乡村聚落长期居住类型划分

相对于长期居住而言，主要分为三大类，一类是中老年核心家庭常住的模式，又分两种，一种是中、老年独居，另一种是复合家庭，但老人经常在家，孩子已经在外置业，或者长期不回来；第二类，是青年核心家庭常住的模式；第三类，复合家庭常住的模式，不仅仅老人在，孩子回家频率较高。

这些常住的宅院中，虽然也会因村民外出务工，或者接受教育服务，导致房屋空置，但该类房屋仍有较强的使用率，质量仍相对较好，只是因为村民外出工作或陪读的关系，会出现较高频率的短暂空置（带孩子在县城上学，每周回来一次），也会出现由于近郊区域务工而导致的较低频率的短暂空置。

这样结合前文产居调研分析及我们的设定目标，可以得到7大类空废常住情况（表4-9）。

空废及常住类型家庭细分表　　　　　　　　　　表4-9

| 空废及常住类型 | 流动迁居特征 | | 其他动因与特征 |
|---|---|---|---|
| 彻底废弃 | 1-1 | 异地迁居无流动 | 户主去世无继承人 |
| | 1-2 | 异地迁居无流动 | 政策性异地搬迁（沟内外，老宅必须放弃） |
| 几乎废弃 | 2-1 | 异地迁居流动较高 | 无产权，搬迁沟内，房屋偶尔使用 |
| | 2-2 | 异地迁居流动较高 | 有产权，异地安家工作求学，但宅院荒废 |
| 长期空置 | 3-1 | 流动频率较高 | 有产权，仅种地回来，宅院破旧 |
| | 3-2 | 流动频率较低 | 有产权，异地安家工作求学，偶尔回来 |
| | 3-3 | 流动频率较低 | 有产权，异地安家工作求学，回来在老屋与父母家居住，建筑质量较好 |
| | 3-4 | 流动频率较低 | 有产权，异地安家工作养老，夏日回来渡暑，建筑质量较好 |
| 季节性短期空置 | 4-1 | 流动频率较高 | 长期居住，但冬季无人不再经营弃住 |
| | 4-2 | 流动频率较高 | 长期居住，但冬天去沟外或沟口居住 |
| 常住中老年核心家庭① | 5-1 | 流动频率较高 | 长期居住，外出频率较低 |
| 常住青年核心家庭 | 6-1 | 流动频率较高 | 长期居住，外出频率较高，就近务工陪读 |
| 常住复合家庭②（含青年） | 7-1 | 流动频率较高 | 长期居住，外出频率较高，包含务工陪读 |

## 4.4.3　针对聚落集聚的空废独居与流动迁居关联分析

基于以上的初步认知，以7大分类为基础，对7条小流域结合集聚划分特征进行了相关统计与深入调查，具体见表4-10。

典型小流域点轴集中区农户家庭不同空废及常住情况统计表（单位：户）　表4-10

| 小流域/点轴集中区＼空废类型 | 芦柴沟小流域车家河村21D | | | | | | 王家河小流域新合村21F | | | | | | |
|---|---|---|---|---|---|---|---|---|---|---|---|---|---|
| | 过渡一 | 核点一 | 过渡二 | 核点二 | 尾沟二 | 总计 | 过渡一 | 核点一 | 尾沟一 | 过渡二 | 核点二 | 尾沟二 | 总计 |
| 统计长度（米） | 2010 | 2100 | 1150 | 2000 | 1000 | 8260 | 960 | 2100 | 1030 | 4170 | 2000 | 1050 | 11310 |
| 总　计 | 15 | 74 | 21 | 18 | 13 | 141 | 5 | 61 | 33 | 13 | 23 | 10 | 145 |
| 完全废弃 | 0 | 0 | 1 | 1 | 0 | 2 | 0 | 3 | 2 | 0 | 1 | 1 | 7 |
| 几乎废弃 | 0 | 2 | 0 | 1 | 0 | 3 | 0 | 3 | 0 | 0 | 0 | 1 | 4 |
| 长期空置 | 0 | 3 | 2 | 3 | 1 | 9 | 0 | 6 | 5 | 0 | 4 | 0 | 15 |
| 季节性空置 | 0 | 0 | 0 | 0 | 0 | 0 | 1 | 1 | 0 | 0 | 0 | 0 | 2 |
| 常住中老年核心家庭 | 8 | 58 | 13 | 13 | 12 | 104 | 4 | 36 | 8 | 9 | 14 | 8 | 79 |
| 常住青年核心家庭 | 4 | 4 | 1 | 0 | 0 | 9 | 0 | 2 | 4 | 0 | 0 | 0 | 6 |
| 常住复合家庭 | 3 | 7 | 4 | 0 | 0 | 14 | 0 | 10 | 14 | 4 | 4 | 0 | 32 |

---

①　常住中老年核心家庭，指中老年核心家庭+只有中老年独居的主干家庭，意义有一定的转移。

②　常住复合家庭，指包含青年常住的主干家庭及联合家庭。

续表

| 小流域/点轴集中区<br>空废类型 | 龙潭河小流域龙潭村31C | | | | | | | | | | |
|---|---|---|---|---|---|---|---|---|---|---|---|
| | 过渡一 | 核点一 | 过渡二 | 核点二 | 过渡三 | 核点三 | 尾沟三 | 过渡四 | 核点四 | 尾沟四 | 总计 |
| 有效长度（米） | 330 | 1920 | 1220 | 2020 | 1200 | 2000 | 1000 | 2480 | 1970 | 1000 | 15140 |
| 总　计 | 1 | 57 | 16 | 34 | 9 | 28 | 5 | 9 | 40 | 5 | 204 |
| 完全废弃 | 0 | 0 | 0 | 0 | 0 | 0 | 0 | 0 | 0 | 0 | 0 |
| 几乎废弃 | 0 | 0 | 2 | 3 | 1 | 0 | 0 | 2 | 4 | 2 | 14 |
| 长期空置 | 0 | 19 | 4 | 5 | 1 | 2 | 1 | 1 | 3 | 0 | 36 |
| 季节性空置 | 0 | 0 | 0 | 0 | 0 | 0 | 1 | 0 | 0 | 1 | 2 |
| 常住中老年核心家庭 | 1 | 31 | 10 | 21 | 5 | 19 | 3 | 6 | 31 | 2 | 129 |
| 常住青年核心家庭 | 0 | 2 | 0 | 0 | 0 | 4 | 0 | 0 | 0 | 0 | 6 |
| 常住复合家庭 | 0 | 5 | 0 | 5 | 2 | 3 | 0 | 0 | 2 | 0 | 17 |

| 小流域/点轴集中区<br>空废类型 | 东川河小流域 | | | | | | | | | |
|---|---|---|---|---|---|---|---|---|---|---|
| | 金盆村31E | | | | | | 老庵寺村31E | | | |
| | 过渡一 | 核点一 | 过渡二 | 核点二 | 过渡三 | 核点三 | 过渡四 | 核点四 | 尾沟四 | 总计 |
| 有效长度（米） | 520 | 1980 | 710 | 2100 | 220 | 2070 | 920 | 2140 | 1050 | 11710 |
| 总　计 | 11 | 145 | 37 | 94 | 0 | 102 | 21 | 99 | 4 | 513 |
| 完全废弃 | 0 | 0 | 0 | 0 | 2 | 0 | 1 | 0 | 0 | 3 |
| 几乎废弃 | 1 | 1 | 3 | 2 | 0 | 5 | 0 | 5 | 1 | 18 |
| 长期空置 | 1 | 6 | 7 | 10 | 0 | 7 | 4 | 12 | 0 | 47 |
| 季节性空置 | 0 | 0 | 0 | 0 | 0 | 0 | 0 | 2 | 0 | 3 |
| 常住中老年核心家庭 | 4 | 46 | 5 | 31 | 0 | 23 | 9 | 45 | 3 | 166 |
| 常住青年核心家庭 | 1 | 21 | 4 | 8 | 0 | 16 | 0 | 7 | 0 | 57 |
| 常住复合家庭 | 4 | 71 | 18 | 42 | 0 | 49 | 8 | 27 | 0 | 219 |

| 小流域/点轴集中区<br>空废类型 | 东甘沟小流域22G | | | | 太峪河小流域32B | | | | | | | | |
|---|---|---|---|---|---|---|---|---|---|---|---|---|---|
| | 石瓮社区22G | | | | 秦丰村32B | | | | | | | | |
| | 过渡一 | 核点一 | 尾沟一 | 总计 | 过渡一 | 核点一 | 过渡二 | 核点二 | 尾沟二 | 过渡三 | 核点三 | 尾沟三 | 总计 |
| 有效长度（米） | 1140 | 2020 | 1000 | 4160 | 2020 | 2080 | 1300 | 2010 | 1000 | 1550 | 2020 | 1000 | 12980 |
| 总　计 | 0 | 158 | 0 | 0158 | 3 | 99 | 18 | 161 | 42 | 36 | 45 | 0 | 404 |
| 完全废弃 | 0 | 0 | 0 | 0 | 2 | 1 | 0 | 1 | 2 | 1 | 6 | 0 | 13 |
| 几乎废弃 | 0 | 2 | 0 | 2 | 0 | 1 | 0 | 2 | 0 | 0 | 3 | 0 | 6 |
| 长期空置 | 0 | 12 | 0 | 12 | 0 | 16 | 4 | 23 | 4 | 4 | 5 | 0 | 56 |
| 季节性空置 | 0 | 2 | 0 | 2 | 0 | 0 | 2 | 0 | 1 | 2 | 0 | 0 | 5 |
| 常住中老年核心家庭 | 0 | 49 | 0 | 49 | 1 | 39 | 4 | 67 | 14 | 12 | 10 | 0 | 147 |
| 常住青年核心家庭 | 0 | 28 | 0 | 28 | 0 | 21 | 7 | 25 | 8 | 4 | 3 | 0 | 68 |
| 常住复合家庭 | 0 | 65 | 0 | 65 | 0 | 21 | 1 | 43 | 13 | 13 | 18 | 0 | 109 |

续表

| 小流域/点轴集中区<br>空废类型 | 老林河小流域朱家湾村33A | | | | | | | | | | |
|---|---|---|---|---|---|---|---|---|---|---|---|
| | 过渡一 | 核点一 | 过渡二 | 核点二 | 过渡三 | 核点三 | 尾沟三 | 过渡四 | 核点四 | 尾沟四 | 总计 |
| 有效长度（米） | 1750 | 2100 | 4920 | 2080 | 1860 | 2000 | 1000 | 1800 | 2000 | 1000 | 20510 |
| 总计 | 34 | 152 | 17 | 82 | 11 | 48 | 0 | 11 | 47 | 10 | 412 |
| 完全废弃 | 0 | 0 | 0 | 1 | 0 | 4 | 0 | 0 | 0 | 10 | 15 |
| 几乎废弃 | 0 | 0 | 0 | 0 | 0 | 0 | 0 | 0 | 0 | 0 | 0 |
| 长期空置 | 0 | 4 | 0 | 6 | 1 | 1 | 0 | 0 | 0 | 0 | 12 |
| 季节性空置 | 3 | 8 | 0 | 6 | 0 | 16 | 0 | 0 | 4 | 0 | 37 |
| 常住中老年核心家庭 | 8 | 49 | 6 | 25 | 6 | 11 | 0 | 2 | 16 | 0 | 123 |
| 常住青年核心家庭 | 6 | 54 | 7 | 21 | 4 | 14 | 0 | 4 | 21 | 0 | 131 |
| 常住复合家庭 | 17 | 37 | 4 | 23 | 0 | 2 | 0 | 5 | 6 | 0 | 94 |

根据空废常住的具体数据，可以得到一系列的图表。①2017年典型小流域不同空废宅院（不含季节性空置）占比统计图（图4-18）；②2017典型小流域不同类型常住家庭占比图（图4-19）、2017典型小流域核点集聚区域不同空废家庭占比图（图4-20）、2017年典型小流域核点集聚区含青年常住家庭①占比统计图（含季节性空置）（图4-21）；③2017年不同小流域核点过渡区、尾沟区含青年常住家庭占比统计图（含季节性空置）（图4-22、图4-23）；④不同小流域季节性空置数量统计（图4-24）。从中，可以得到以下的空废常住及人流迁居特征与规律。

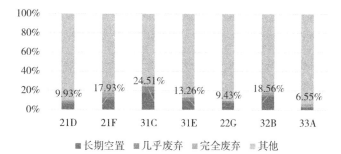

图4-18 典型小流域不同空废类型宅院占比统计图（不含季节性空置）
（资料来源：作者统计）

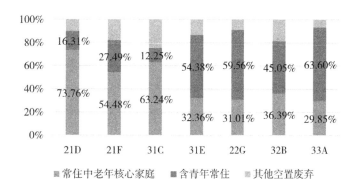

图4-19 典型小流域不同类型常住家庭占比统计图（含季节性空置）
（资料来源：作者统计）

---

① 含青年常住家庭，主要包括常住青年核心家庭与常住复合家庭。

1）典型小流域不同空废宅院及常住家庭占比比较分析

在宅院发生集聚的不同类型二三级小流域中，各种废弃、空置占比并没有想象得那么高，如图4-18所示，最高也就是24.51%。且不同流域间虽有差异，但并不明显。此外由于常住中老年核心家庭占比较大，也就使得其他常住类型——即青年常住家庭占比统计（含青年核心家庭、季节性空置）对小流域聚落集聚规律影响较强，成为关键性比较要素。虽然由于各种原因，数据有一定的偶然性，但整体规律是明显的。

（1）农业主导生产型小流域

这一类型小流域，无论是二级小流域，还是三级小流域，一般常住中老年核心家庭在50%～70%，含青年常住的家庭大致在10%～30%。满意度较高的21D芦柴沟小流域核点集聚区域一，综合常住达到90.07%，即30户/千米；但是经济条件较好的三级小流域，如东川河小流域31E，含青年常住家庭达到50%以上，该小流域虽然离县城也较远，但得益于其现代化农业产业园的建设，村民外出务工多为就近务工且在家中居住，因此住宅空废率整体低于其他农业主导生产型小流域。

（2）农业主导游憩型小流域

此类小流域常住中老年核心家庭在30%～40%，含青年常住家庭大致在40%～60%。如32B太峪河小流域虽属于三级小流域，但由于村内游憩产业的起步，有企业开办的宾馆一处，可解决村内近百人就业，加上有条件经营农家乐，因此劳动力外流有一定减少；而22G东甘沟小流域，虽然是二级小流域，但是由

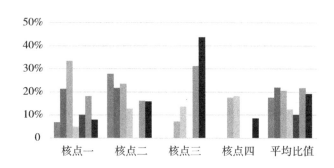

图4-20 典型小流域核点集聚区不同空废家庭占比统计图（不含季节性空置）（资料来源：作者统计）

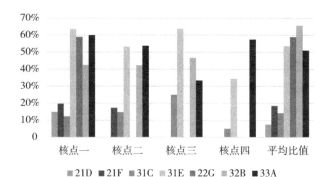

图4-21 典型小流域核点集聚区含青年常住家庭占比统计图（含季节性空置）（资料来源：作者统计）

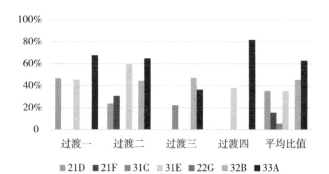

图4-22 典型小流域核点过渡区含青年常住家庭占比统计图（含季节性空置）（资料来源：作者统计）

于乡村游憩开发较好，含青年常住的家庭占比近乎达到60%。

（3）游憩主导休闲型小流域

此类小流域常住中老年核心家庭在30%以下，含青年常住的家庭大致在60%以上。如老林河小流域村内支柱产业为乡村旅游，村民从事游憩服务业作为主要收入来源，在旅游淡季绝大部分村民仍会选择外出务工，但主要依托还是家庭的游憩服务产业。流域内住宅空置有很大一部分是由于农户冬季居住在县城，夏季居住在村内经营农家乐。

2）不同核点集聚区域的空废独居与含青年常住家庭占比比较分析

（1）将各种空废、含青年常住家庭与核点集聚区域复合可以发现，虽然，有随着距沟口距离越远空废越高的趋势，但仍比较混乱，并不绝对，甚至31C龙潭河小流域[①]第一个核点集聚区空废占比还高于其他区域（核点集聚区域四除外）。

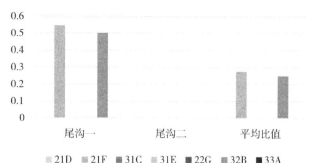

图4-23 典型小流域尾沟区域含青年常住家庭占比统计图（含季节性空置）（资料来源：作者统计）

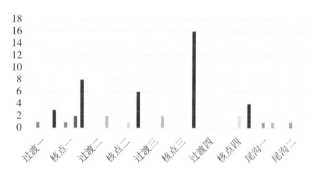

图4-24 典型小流域季节性空置数量统计图（资料来源：作者统计）

（2）经济条件较好的三级小流域及农业主导游憩型小流域、游憩主导休闲型小流域，各核点集聚区的含青年常住家庭占比都很高，一般在30%~70%。但也需辩证地去看，如32B核点集聚区三，达到了47%，但总户数很少，所以单位空间内含青年常住户数变得尤为重要。

（3）而农业主导生产型二级小流域以及经济条件不好的三级农业主导生产型小流域，各核点集聚区的含青年常住家庭占比都不高，一般在5%~30%。

3）过渡区域及尾沟区域的空废独居与含青年常住家庭占比比较分析

将各种空废常住统计数据与小流域不同集聚过渡重合时可以发现，数据也有些混乱，占比规律不一，但仍可以发现，条件较好的小流域，平均占比在40%左右，更好地达到80%。

但就尾沟区域而言，位于小流域前半部分的尾沟区域（支沟），还能有一定的青年常住家庭占比。其他尾沟区域，即使有特殊游憩景点出现、有特殊游憩路线经过，或者有翻山经过性

---

① 龙潭河第一核点集中区域，多为异地搬迁而成，所以离其耕作地段上有一定距离，老人需要回原有宅院种地，年轻人需要陪孩子进行读书或者打工，从而导致该区域虽然距沟口很近，但空废率仍然很高。

路线通过，但也少有青年常住家庭，故难以形成较好的居住空间。尽管有一定农业种植用地，个别农户依旧留守，但实际上造成了很大的浪费。

4）其他空置常住及流动迁居的比较分析

小流域中农户的流动迁居，既有一般农村聚落的产居特征，也有自己的特殊规律与现象，既有一般的教育型流动迁居问题，也有特殊的沟口、沟尾劳作联动型流动迁居，同样还有候鸟式季节性流动迁居等现象。虽然这两类迁居带来的空废常住影响并不是很大，但从调研来看，数量是在逐渐增加的，而且，后者已经成为一种不得不面对的现实问题，故需要特别考虑。

沟口、沟尾的劳作联动型流动迁居，主要在两类型统计数据中包含：一类，是表4-9中"几乎废弃"类型中的2-1现象，家里搬迁至沟口，但原有宅院还在，原有农地还在，从而使得家庭不合理占据老屋；另一类存在于表4-9中5-1"常住中老年核心家庭"中，他们户口分开，老人独住于老屋，但他们会到5~6千米外沟口孩子家居住与活动，无论是哪种现象，都带来生活、生产的一定不便。调查中，虽然比例不多，但确是很多农户不愿意搬迁的重要原因，应通过产业模式调整减弱这种现象。

其次，就季节性的宅院空置而言分为两种，一种是经营型的季节性空置，一种是生活型的季节性空置，如33A老林河小流域核点集聚区域三，季节性空置为16户，达到了33%。但它也不是该武断修正的，毕竟冬季取暖、人员流动较少，带来低效的生活成本与多余碳排放，都是对秦岭的生态性负影响，以及社会性不利负担。所以从绿色可持续发展的角度而言，应该进一步鼓励、提倡并推动这种流动的发生。


# 4.5 本章小结

本章在小流域聚落空间集聚变化表象特征归纳的基础上，进行了包含产业、居住等社会性影响要素的调查，为进行空间表象与内在影响之间的匹配分析寻找客观依据，为具体作用机制归纳和相关评价做数据的准备。

首先就秦岭生态条件对小流域产业发展及最小聚居规模可能性影响进行了基础性分析，并按照突出产业指向的统计方式，对农户收入界定进行重新划分与调整，对选择的典型案例小流域按照总体收入情况及农户个体收入情况进行详细调研，将小流域按照农户不同收入占比、不同类型农户数量占比进行了"农业生产主导型、农业主导游憩型、游憩主导休闲型"的划分与确定；并结合产业定位对小流域重新进行了编号，结合产业发展类型对不同小流域空间变化特征进行了再次分析与归纳。

进而，在小流域研究范围内按照"核点集聚区域""集聚过渡区域""尾沟区域""小流域整体"的划分对农户宅院的规模、分布及相应变化进行了调查分析，进行了不同性质、不同区段20户、35户、45户、50户、70户/千米农户线容量的归纳（原始数值有小数，归纳数值5户就近取整），分类对农户搬迁的方式及区域进行了分析与判断。

对农户家庭结构进行了比较，发现分化后的小型核心家庭占比越来越大，农业型小流域中、中、老年结构家庭随着沟壑的延伸，比例显著增加，而游憩型小流域变化不大等规律；对各种产业发展设施、公共服务设施进行了具体的调查，进行了不同类型、不同区段小流域各种设施数量的比较，及变化趋势的总结，发现除了交通便利的入口区域外，具备"较大规模农业企业及关联产业、一定级别公共及大型休闲设施，或成规模游憩服务农户"三种情况中，两种特征的核点集聚区域往往聚居活动较好、青年遇见频率较多。

进而通过问卷调查、焦点小组访谈等方式，了解了农户具体的产居活动特征、满意程度及意愿，验证了农户对这些关键数字、现象的态度，也通过问卷中农户10分钟活动范围选择高达42%占比，确定了2千米核点集聚区域长度设定的合理性。

最终借助流动迁居与空废常住的特征分析，对小流域内聚落的真实使用情况进行了总结，提出客观分类、合理对待"空置""废弃"现象的观点，指出"含青年常住家庭"户数及所占比例对小流域影响的重要性，并结合产业发展类型、流域特征提取出了30%、45%、50%、85%的常住比例数值（原始数值有效数，归纳数值就近5点取整），及对应的农户数量。

# 场域关联解读下的小流域乡村聚落空间集聚特征与类型

◎ 乡村聚落空间集聚的社会适应与小流域场域关联认知

◎ 小流域乡村聚落空间集聚的场域关联变化特征

◎ 基于场域关联匹配的聚落空间集聚类型提取

◎ 本章小结

小流域乡村聚落的空间集聚是内外不同要素发生变化、形成干扰，导致互动变化的结果，产业发展、生活价值追求、不同搬迁模式等都是聚落发生改变的重要动因，是影响空间集聚的根本作用。将这种种动因、变化与具体空间影响的调查分析相结合，进行更聚焦的作用机制探寻、特征总结、类型归纳，是聚落空间集聚深度研究与优化的重要基础。

# 5.1 乡村聚落空间集聚的社会适应与小流域场域关联认知

## 5.1.1 乡村聚落空间集聚的社会适应多层分解与场域关联观念建构

1）社会适应与聚落的空间关联、功能性关联及社会性关联

在第2.2.2章节理论基础研究中已清晰地了解到，适应性指一个系统的变化过程、行为和结果，即通过更好地处理、管理或调节以适应系统的一些变化（如压力、风险或机遇）[145]688。这种结果，首先是空间集聚的表象结果，其次更是空间结果、功能结果与社会结果及相互间的耦合结果，这种耦合是过程、是行为，也是一种关联的体现。关联，语出《尉缭子·将理》："如此关联良民，皆囚之情也"，原指相互贯连，指不同要素之间随着时间或不同对象而发生的呼应变化，多指不同类型事物之间的因果关系和同一类型事物之间的互动关系。

随着国家各种政策（包含教育政策）的出台，在物质条件变化的同时，村民观念也在发生着改变，更好、更高效的生产生活方式的追求，是乡村聚落改变的根本动因。从有组织的新农村运动到美丽乡村建设，从门前统筹统建到各种搬迁空废，从民宿的精心营造到乡村产业的细心培育，都是生产价值、生活价值以及区域价值综合作用的结果。

聚落因这些"生产、生活"等社会系统的变化而发生改变，这种典型的、不同类型事物间因果关系的影响，是"关联"；这种"产—居"变化，导致的聚落系统内部各聚落之间发生的呼应变化，也同样是关联。

当两个聚落远离时，它们的关联较弱，随着聚落逐渐相向发展，最终融合连片，那么这两个聚落之间的关联在逐渐加强，最后演变为一个事物。在平原地区，不受地形制约，聚落呈现网格化双轴发展，研究者会用空间句法中的"连接值、控制值、深度值"等向量来表示其间的关联性；但在两个聚落之间，侧重单向研究时，一般会用"层级关系、规模大小"等向量来界定，小流域聚落由于自身特征、规模尺度等问题，属于后者。

伴随着聚落之间不同层面空间关联的产生，聚落与聚落之间的功能关联及社会性关联也相应形成。当一个聚落的农户需要进入另一个聚落买入他需要的、本聚落不具有的产品时，这种

功能互补的行为也是"关联"的体现，当这种购买行为的频率、规模改变时，即使没有发生空间的变化，那么两个聚落之间的"关联"也是在变化的，是随着互补的加强而增加的。

就社会性关联而言，"一山分四季，十里不同俗"这句谚语就是一个很好的解释，"十里"内聚落因为共同风俗的缘由有很强关联，其依托可能是血缘，更应该是互助帮扶行为，是隐形的文化认同。

在传统农业社会，各聚落自给自足，相互之间竞争很小、相互的外部效应是有限的，关联度很低，是一种悠然南山下的自然状态，行政管理背后的族谱、村规、地方戏种等非物质文化成了维系一方水土的重要手段，宗祠、戏台成了维系这种基层关联的重要纽带。

2）"场域关联"概念的提出与划分

空间关联、功能性关联、社会性关联，首先是重叠关系，当一个紧密的聚落形成时，必定会产生一定的功能互补关系，会产生一定家族、邻里社会关系；同时它们又是嵌套关系，特别是当聚落规模较小时，功能在这一聚落内无法满足，社会身份无法在这里承载，必须与其他聚落进行行为上的或者情感上的联通。所以为了更好地阐述这一多层次的现象总结，本书引入了"场域"的概念，该词汇既有很强的"界域"指向，又具有复杂的社会意义。

"场域"是社会学体系中的重要内容，由欧洲社会学界代表人物布迪厄先生提出[200][201][202][203]，他在文献中这样定义："我将一个场域定义为位置间客观关系的一个网络或一个形构，这些位置经过客观限定，是有生气有潜力的存在"。场域是由社会成员按照特定的逻辑要求共同建设，是社会个体参与社会活动的主要场所。按照关联媒介的不同，可划分为美学场域、宗教场域、教育场域等，关联范围不同，场域的范畴、尺度也不尽相同。用布迪厄先生的话说，就是"场域的界限是由场域自身决定"。

当落实到空间层面时，场域的概念也决定了空间的多样性、多层次性[204]，它是不同作用力下的"自主化"结果，是区别其他场域限制和影响，是自己固有本质体现的结果，故可因之划分为"大规模生产场域"和"限定性生产场域"两种空间。自主化作为社会现代化的一个重要标志，表现出了对分化中各场域的独立地位和独立价值的关注，在社会发展变化中，各场域有它自己本身的目标或"追求"，不应单纯地为总体社会目标服务，他们是有机统一的二元体，既有整体的关联，又有个体的关联，布迪厄先生在其研究中甚至专门提出"完整的场域理论要求社会个体的理论"，故当其内个体化的关联缺失时，其自身也是虚弱的存在。

每一个"作用""追求"，都是场域的一种"关联"，同时具有与空间性、功能性、社会性关联重叠存在与嵌套存在两种特征。他们互为动因与结果，通过彼此之间的协同作用造就着地域的人居环境特征与价值，但他们之间并不一定是——对应的关系，同样的居住社区，因为居住人群不同，其社会化耦合的结果与方式也就不尽相同，这也是"孟母三迁"故事的主要体现。

3）聚落研究的"场域关联"及其"核心—边缘"研究（中心—界域—边界）

乡村聚落也是这样，当它诞生后，其周边一定范围的山河环境都可以是这个聚落的"自主

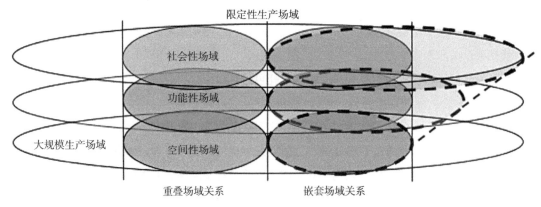

图5-1　场域关联的嵌套与重叠存在特征　（资料来源：作者自绘）

性限定生产场域"，也是更大范围聚落群"大规模生产场域"的一部分（被包容）、是更大范围多个"自主限定性大规模生产场域"中的一个（图5-1）。

乡村聚落层级划分，是在这一属性包容的基础上，根据规模、关联要素展开的细分。只是在平原地区，由于受限较小，聚落规模相对较大，多以集村的形式出现，个别较小规模、零散分布的村组单元相对较少，基本上是可以和"行政村聚落"相耦合，主次关系明晰（行政村所在聚落多是整个村落的核心，或者活动的中心），多以行政界域作为场域的基准范围，研究也多围绕核心聚落、聚落群不同行政体系（核心村、镇域、县域）的"中心—边界""核心—边缘"展开。

"中心—边界""核心—边缘"是地段差异研究的重要体现，是20世纪60年代发展经济学研究发达国家与不发达国家之间的不平等经济关系时所形成的相关理论观点的总称[205]，其概念和分析方法后来被引入区域经济的研究之中，纳入了明确的空间关系概念，形成了解释区域之间经济发展关系和空间模式的基础理论。

其中，最具代表性的理论基础当属美国学者弗里德曼在1966年出版的《区域发展政策》所提到的，"在若干区域之间由于多种原因，导致个别区域率先发展起来而成为'中心'，其他区域则因发展缓慢而成为'外围'，中心对外围的发展产生了磁吸效应"[115][205]。而作为场域而言，"核心—边缘"更为重要，不同层级场域存在着不同的核心与边缘，只是这种"核心—边缘"因为划分要素的不同，边缘的所指也不尽相同，也带来了空间上、层次上的错位。

场域关联，不仅在乡村中，在各个层面城镇、村镇组织体系中都客观存在，只是由于尺度、地理条件的不同，经常以行政体系，或者交通体系、经济体系的形式所彰显。

### 5.1.2　就地产居平衡主导下传统型小流域乡村聚落的场域关联认知

小流域作为一种天然限定，本身就是一个"自主性限定生产场域"，它将各种聚落容纳其中，又是更高层级流域"大规模生产场域"的一部分（可以视为镇域自主性限定生产场域或者小流域区划单元自主性限定生产场域；如果仅是物理性质的"场域"，则并不能代表真正意义的"场域"，当这个小流域没有聚落时，其社会意义场域价值是消失的）。

根据"场域"理论的理解，小流域里的传统"村组"划分及"聚落"自身的个体划分，也是下一层次"自主性限定生产场域"的建构，同样存在着"空间性场域关联""功能性场域关联""社会性场域关联"的构成，只是在传统乡村聚落中，社会化的关联组织是简单的，差异化相对较小，需要关联的范围，相互间、不同层级间的影响较小。

长期以来，以土地产出影响的农户产居关联是场域关联的根本要素（居民是在房子里生产，村民是在田地里生产，聚落是零散的），小范围内的产居平衡使得个体的自主化显得尤为重要，其常规的社会化价值追求很容易被实现，道德约束的社会性场域关联使得空间关联很容易限定，聚落自身的关联作用要远大于聚落之间的空间关联，故大小不同的聚落随处可见，因为它满足了最基本产居生活所需的必要性关联。

但也正因为聚落的零散、随机（因用地限制），使得村组间聚落空间关联非常脆弱，其物质空间的直接关联，被非物质化的"更抽象场域关联"所代替。因为没有竞争、没有流动，少有更大尺度的关联干扰，这种以管理为目标的次级"村组场域"存在更有意义（而在平原地区，五六个斑块的村—组差异存在更多是经济分配的产物，虽然同样有清晰的空间界限，但邻居般社会性关联使人们更易于行政村概念的认同）。

聚落之间零散的关联使得村组行政关系变得尤为重要，也使得"小流域"空间限定的场域关联更为重要，因为主河道用地关系、行政关系、交通关系等，在更大范围内的"自主性限定生产场域"中（镇域层面的流域范围），不同小流域之间的关联非常弱，很少进入另一条流域进行活动。

借助地形地势的划分，小流域的"核心—边缘"是清晰明确的，可以用"中心—边界"来确定。其场域关联的中心，一般偏于入口区域，主要以不同层级的管理机构、教育设施、内向性服务设施为主，它们是整个区域聚落聚集的物质核心以及精神核心，其物理性边界，则是清晰的山脊线。

此时，内部的分组界限因行政权属的问题，也是有着明确界限的，但其划分原则较为模糊，是由管控距离、村组人员规模、地形条件等多重要素来确定，故同样背景的不同县管辖内，同样小流域范围内村组的数量却大不一样，其中心几乎是不存在的，更多是空间的中心或者组长及领导者的家里。

所以分散聚落"中心"并不是通过明显的村组空间差异形成的，而是管理机构及相关公共服务设施所在的位置构成的。当提起某户时，会称呼张家沟的、河流转弯处的或者二组的，他们是聚落之间"场域关联"的重要核心（表5-1）。

不同区域乡村聚落场域特征及主要影响因素　　　　　　　　　　　　表5-1

**传统山地小流域地区**

| 不同场域 | 主导影响要素 | 其他主要影响因素 | 空间体现特征 |
|---|---|---|---|
| 小流域场域 | 自然空间、行政管理 | 小学及医疗设施 | 大量较为均质分布聚落群 |
| 村组场域 | 行政管理、村组合作方式 | 自然空间 | 很多较为均质分布聚落群 |
| 聚落场域 | 自然空间、农户产居方式 | 邻里亲情 | 随机分布聚落 |

**平原或较大河谷地区**

| 不同场域 | 主导影响要素 | 其他主要影响要素 | 空间体现特征 |
|---|---|---|---|
| 行政村场域 | 行政管理、人口规模 | 邻里亲情、中心村小学 | 聚落或少量紧密关联的聚落群 |
| 村组场域 | 农户产居方式 | 邻里亲情 | 聚落或部分聚落 |

## 5.1.3　小流域乡村聚落空间集聚的社会主导要素变化及场域关联改变

传统的小流域是以一种安静的方式维系着流域内聚落之间的聚落关系，尽管有所差异，但是不突出、不凸显，然而随着社会的发展、新型城镇化的建设（根据前文的初步调查），可以发现这种关系不仅如前一章调研的一样，因产业发展、人本需求、社会选择发生着巨大的变化，还因秦岭南麓小流域的特殊形态、特殊背景呈现出特殊的影响结果：

1）产居方式改变对小流域内农户宅院选择的影响

早期的活动直接辐射范围取决于农业的产出水平，由此决定了小流域内村庄的密度、规模和零散的空间结构。而如今，随着外出务工影响的全方面拓展（包含资金、观念）、新型产业越来越多地介入，村民原有的、自给自足的生产方式正遭受到巨大的挑战。

更有很多村民将土地租赁出去后，重新被雇佣进行集约化的劳作服务，其劳作半径由以前门口的几分地，扩展到了流域内几千米范围内。即使没有发生雇佣行为，也由于流域内部移民搬迁等原因，耕作半径加大，打破了原有"村组"界定。

空间集聚，除了土地要素之外，更强调区位条件及产业发展的影响。村民从支沟搬出来，搬迁距离有的多达3千米，也有村民从沟口搬到了一河之隔的对岸（三组村民），更有居民从距离干道30米的山脚底下搬向路边，这里既有出入方便的交通考虑，也有路边售卖的经济利益追逐。

同样，以游憩主导型的小流域为例，尽管左邻右舍都有一定血缘关系，但农户家庭之间的竞争、不同地段聚落之间的竞争，已经很明显，农户不可能再回到原本简单的关系之中。

当然，聚落之间相互好的影响也非常明显，如在老林河小流域中，其三组"林中小筑"区域，原本只是西安的一家企业租下农户放弃的近路边、30米多高平台上的一处旧房子装修而成；但很快，已搬至路边的农户自己也将房子进行一番装修，进行农家乐的建设；再很快，河对岸山脚下的聚落也开始了相同模式的演绎，一模一样的土墙处理，质朴而不失品位。

2）人本生活追求对小流域内公共设施使用的影响

随着流域外公共设施的快速推进与完善，特别在城镇功能得到快速完善与加强的背景下，镇村差异逐渐拉大，以前不用出山谷就可以完成的小学教育，则变成了如同城里人一样的"候鸟式"居住，以东川沟小流域五组的农户为例，丈夫在外地打工，妻子带着孩子在镇上租房陪读，每周回来一次，种种家里的庄稼，收拾收拾屋子，过了周末，再带一点新鲜的蔬菜回到镇上。

与此同时，随着班车的开通、交通的便利，村民一些小病都不在村里治疗了，尽管依托较高价位和政府补助，医疗点仍然可以维持，但即使面对一些小病，越来越多的村民也选择到镇上进行治疗，一方面觉得医疗点技术不过硬，连针都扎不好，另一方面觉得并不是很划算，除了紧邻公共设施的农户之外，更多农户因为私有摩托，最多20分钟，就到镇上了，或者每天打工回来，顺便就可以把药买回来等原因，反倒不去临近聚落的药房。

于是，小流域中的聚落开始与流域外镇区，甚至县区聚落形成很强的互动关系，反而使得原有教育、医疗所承担凝聚小流域聚落的功能逐步丧失，成为政府补贴下、服务周边邻居及应急的产物。

3）社会变革对基本村组行政管理作用的影响

2006年农业税废止后，基层组织机构作为社会生态体系的基础就已被很大程度地降低，其对聚落凝聚的作用，在逐渐变弱。2015~2016年基层社区和基层组织试点建设的推行，更说明村民小组在原本人口规模基础、经济共同体发展侧重的基础上，社会属性正在进一步被强化、原有的概念也正在被更新与升级，形成一种螺旋上升的认知。原有过分侧重经济体系及行政"管理"的基层组织，在当前社会发展的演变下急需要调整与补充。

小流域中的聚落组织，始终处于一个人口变化与空间限制的矛盾之中，于是在组织方式中，既考虑沟峪的现实情况，又强调人口规模体系的构建。所以既能感知到地形条件的影响限定，又能看到不合理的一面与无奈，例如：外流域的车北河村、两河村与营盘镇的关系始终是分分合合，规模化难以形成的状态，使得聚落体系的存在，更多依托行政组织管理来体现。

所以，这种关系始终是模糊的，从而导致了同样地形、同样人口规模背景下整体组织的巨大差异——在对陕南周边的其他高山沟壑流域山地村组管理体系调研中，发现同在商洛市的洛南县，当将其所含小流域长度与乾佑河中小流域相近的村落进行对比，可以发现，尽管都是高山沟壑型村落，但洛南县一个村级行政机构包含了12~16个组，柞水县一个村级行政机构只包含4~6个组（表5-2）。

| 地点 | 小流域 | 统计长度（米） | 户数（户） | 一级管理机构 | 二级管理机构 |
|------|--------|------------|----------|------------|------------|
| 商洛市柞水县 | 老林河小流域 | 20510 | 397 | 朱家湾村 | 4个村民小组 |
| | 太峪河小流域 | 12980 | 391 | 秦丰村 | 6个村民小组 |
| 商洛市洛南县 | 谢湾小流域 | 3600（人口区） | 131 | 四皓镇党沟村① | 6个村民小组 |
| | 栗峪河小流域 | 14260 | 436 | 麻坪镇斜岭村 | 14个村民小组 |

同一城市不同县、相近地形特征小流域村组比对　　　　表5-2

同时，在对太峪河（秦丰村）、老林河（朱家湾村）、芦柴沟（车水河村一、二组）小流域内组长进行调研时发现：①分散的农户财产自理，各组组长管控能力较弱；②原有社会经济关系导致决定权在财产关联较紧密的较少数家庭中；③农户在村域内空间迁移，但户籍仍在原有村组，造成乡村治理混乱；④乡村自治管理水平较低，完全可以增加其管理的复杂性。

因此可以判断，早期的活动直接辐射范围取决于农业的产出水平，由此决定了村庄的密度、规模和零散的空间结构，离散的本底特征使得行政管理更具有聚落凝聚的意义。村组对小流域本身的空间形态有一定的约束与耦合关系，但目前这种关系存在着很强的模糊性，已不再是合理社会系统的准确反映。其影响下的空间体系也在逐渐失去意义，它更适合作为研究分析的基本单元，而并不一定是合理的空间分布单元。

这也是当前政府进行"社区化、村组化"新探索的目的所在，是专家进行"RROD单元""人居生态单元"研究的意义所在。也是本书将社会适应性研究重新回归到"场域关联"本源的意义所在。

## 5.2 小流域乡村聚落空间集聚的场域关联变化特征

小流域中种种要素的变化，在平原中也同样发生着，都是更高层级的产居空间关联加强，以及生活条件改善的场域关联，是以就地产居平衡损失或者剥离为代价的场域关联，是大范围尺度物质关联、社会化关联作用的结果。只是由于小流域的基本空间限制，使得它呈现出了自己的规律与特征。

结合聚落集聚的基本空间特征及具体的各种产居特征，本书将小流域场域关联特征按照"错位关联""局部关联""整体关联"三个侧重，总结出"扁平化、类型化、惯性化"三大变化特征。

---

① 　共13个村民小组，流域外有7个。

### 5.2.1　错位关联扁平化交互发展，但强弱有差异

小流域内不同层级场域关联主导要素的变化，使原有简单的、封闭的场域边界被剧烈地弱化，与上一层级的关联变得越来越频繁，从而也使得每一层级原本就很微弱的场域"中心"进一步走向消解，原本起到聚落村庄凝合的学校、医疗设施，转变成了聚落与镇区关联的固化剂，原本重要的"行政关联""产居关联"反倒成了聚落合理发展的制约，"点—轴"的空间发展集聚伴随的却是小流域自身"功能关联"的弱化（图5-2）。

原本以农户就近产居关联为核心的聚落中心也变得越来越弱化，见缝插针的模式使得小流域空间轴向化加强的同时，不同层级的归属感却在减弱，次一层级场域关联走向衰落。

由于空间集聚并没有完全与功能化、社会化集聚相匹配，在一定区域内，尽管聚落之间的空间距离较近，但相互之间可能发生的功能关联非常少，且随着交通工具、社会需求的增加，错位越来越大，原本亲密的，甚至会发生争斗的上下村、前后村关系，就如同高速改变了城市内原有的线状经济，强化了点状链接一样，变成了过路村，所以三者之间的协同度并不一样，这也是很多研究探索的本质。

最终，小流域内各聚落斑块群，也就是核密度估算的核点集聚区域之内、之间的关联越来越弱，强调直接与更高层级的功能性、社会性场域发生关联，从而导致小流域自身的核心功能、社会功能进一步瓦解与消解。

当然，其对小流域中场域关联的影响也有积极的一面，这种变化是融入更高更好生活旋律

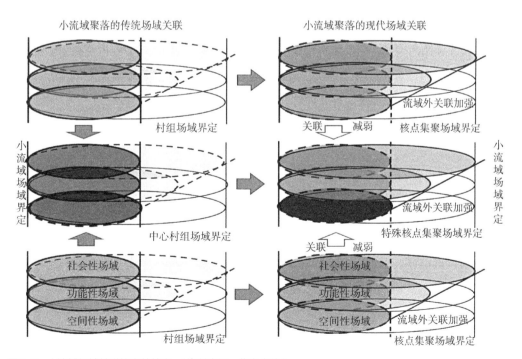

图5-2　小流域场域关联的内外转变　（资料来源：作者自绘）

之中，融入更大尺度、更加自我开放的一个体现，产业收入和生活便利追逐，是聚落进一步优化的重要基础。

伴随着小流域与小流域外部场域关联的加强，由于出行频率的不同，功能联系的不同，其与"大规模生产场域"之间的关联也会呈现出不同的差异，即与"小流域作业单元"（按照小流域的自然工程划分体系，多为镇域的范畴）之间的关联也可以划分为"弱、中、强"三种程度。当然，这里的"弱"，也是就当前关联度横向比较而言的（远高于过去的频率）：

（1）当聚落与"大规模生产场域"之间更多发生教育、医疗的低频率（长期在镇区租房）关联时，定义为小流域单元的弱关联，因为这已经成了今天两者之间最基本的关联表征（在早期阶段、区域经济发展初期，实际上已经可以算作强关联），该类型小流域有21F王家河小流域、21D芦柴沟小流域、31C龙潭河小流域。

（2）当聚落因为产业关系、区位关系和镇区或小流域作业单元，保持较高日常通勤时，定义为小流域单元的中度关联，该类型小流域有2G东甘沟小流域、32B太峪河小流域、31E东川河小流域。

（3）而当聚落内的产业发展与镇区形成较高互动时，则定义为小流域作业单元的强度关联，如33C老林河小流域，可以说到目前为止，镇区的相关旅游开发、游客中心，都有着明确的指向性，老林河聚落（实质上为牛背梁景区）发展反倒使得两者之间建立了较强的关联。

伴随着强弱关联的初步分析，也发现，由于秦岭南麓特殊的资源优势、生态背景，小流域内部空废及含青年常住等要素也变得不再那么孤立：

（1）农户的产居从"就地平衡"，到"就近平衡"，再到"小流域平衡"，以及"流域平衡"，使得农户流动日益频繁以及农房空置日益增大。

（2）流动范围的增强、频率的增大，不仅仅带来了农户人口的消失，也带来了新的观念以及新的生活，外来的流动人口也在增加，空置的房屋与空废的房屋产生质的变化。

（3）流动的增强，也加速了部分农村青年的回归，使得乡村含青年常住农户的比例也因经济、区位以及发展变化的不同而呈现出不同的比值关系，并为小流域的进一步发展带来不同的影响。

### 5.2.2 局部关联类型化核点发展，但匹配不同步

小流域内虽然各个聚落分布散乱，但是仍可以抽象为一定的集聚与非集聚区域，呈现出数量多少、规模大小不同的特征，那么相对其对场域关联的影响而言，因其空间规模变化，自然也会使得每个集聚或非集聚区域呈现出不同的场域特征，会随着空间规模的变化而呈现出不同的核点化特征。

1）关联度较低的基础型核点集聚区域及表征型（不匹配）核点集聚区域

借助案例小流域的研究，发现宅院集聚，使得一个区域原本相隔较远的多个分散斑块变成一个较大斑块，更使得原本隔离较远的斑块距离变得相对较近，形成一个有一定空间耦合关系

的、较大规模的斑块群，从而实现"斑块"场
所关联到"斑块群"场域关联的转变，建构起
新的、小范围的生产生活地缘认同。当这种
认同达到一定程度时，这样的核点集聚区域
称之为"基础型核点集聚区域"（图5-3），而
这时集聚区域对应的诸多参数则是判定的重
要参数（本书研究的参数主要由乾佑河诸多小
流域对比产生的，虽然具有典型性，但仍有
局限，未来可在概念、操作过程认同的前提
下，进一步对类似的其他高级别中各小流域
进行同样调研，调整完善该参数）。它是山区
聚落"大分散、小集中"营建的具体方法与引
导方向，以"分散式集聚"为表征，但必须达
到一定标准。

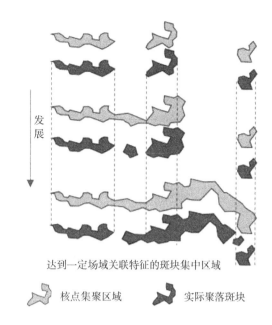

图5-3 基础型核点集聚区域 （资料来源：作者自绘）

按照既有成果"RROD"理论，如前文
基础研究所述，其理想规模为"1500~3500人"、合理半径"450~700米"，之间距离尺度为
3.5~5千米，相应的公共设施"门槛距离"为"5~10分钟"，这也意味着，这代表几个因素
的数值在某个层面而言，是相等价的。而在小流域中的实际情况是，1500~3500人对应的是
8~10千米的空间距离，小学、医疗所等核心公共设施往往是10千米外小流域外的合理供给。

显然，在小流域这样的背景下，其内的场域关联比平原地区原野上的聚落更为复杂，故本
书第3.3节对"RROD理论"中以"农业劳作半径、农业规模效益、公共服务设施距离"等内生
性要素为核心的设定进行调整是有必要的。

公共行为的错位，使得小流域聚落间的地缘性关联比功能性关联更重要，"具有合适出行
距离、邻里认知尺度"的、具有一定规模聚落群体、可形成较好邻里关系和互助关系、竞争帮
扶关系所确定的地缘聚落共同体[①]更为重要，也就是说，某种基于地缘特征的、复合一定尺度
的社会性场域关联更为重要，而其中的公共设施主要起巩固与强化作用。

调研的结果也确实和初始设定相同，在"可接受的较高频率日常步行接受距离"中42%的
农户选择了10分钟（21%农户选择5分钟，排第二），近乎1000米左右的范围，即直径2千米内
的聚落是大家可接受的聚落间距离。

另外，在各流域集聚区域，平均每千米农户宅院规模的比较、农户近距离出行频率及满意
度的抽样调查中，发现在35户/千米左右（核点集聚区在70户左右），常住户数不低于30户/千

---

① 桂华和余彪基于一个移民性地缘村落的考察，发现在血缘关系不发达的村落中，基于地缘建立的人
情关系和互助关系是村落内部最重要的两种社会关系。

米（有较多农户为中老年核心家庭常住，经过问卷调研比较及焦点访谈小组座谈，发现具有较好满意度的最小核点集聚区域常住农户，按5户取整的方式取值）的聚落集聚区域中（如21D芦柴沟小流域核点集聚区域一），农户的认同感相对较好。这也符合，未来二三级小流域可以容纳50户左右的最低可能容量，符合邻里交往心理认同三层次（互助性邻里关系、相识性邻里关系、认可性邻里关系）中的第二层次，即当农户在50~150户的时候，邻里依然能相互熟悉和见面偶尔能打招呼，同时还有最小的规模效应。

反之，当通过GIS核密度估算得到的核点集聚区域，经过调查，其农户聚集数量以及常住规模达不到相应标准，则该核点集聚区域属于不匹配核点集聚区域，可定义为"表征型"核点集聚区域，应对其进行具体剖析，判定是否可以、是否需要推动进一步集聚，使之转变为相对稳定的合理区域，还是需要通过政策推动其加速消解。

2）关联度较高的复合型核点集聚区域及游憩型核点集聚区域

随着乡村农业生产与生活的逐渐分割（原本就地产居平衡被破坏），以及其他大型休闲设施的建设，也促进了小流域内部农户宅院功能的复合，使得聚落越来越具有"街区"的概念，聚落不再是均质的，聚落的某些如侧重生产、侧重居住、侧重休闲的特性会逐渐加重，又由于在一定区域内联动性的加强，聚落的动态整合不再是简单的合并，而是不同资源配置的再优化，从而实现"单一关联向复合关联"的转变，故可以定义为"复合型核点集聚区域"（图5-4）。

这种集聚区域受外来游憩开发的直接影响较大，虽然带来了小流域的勃勃生机，但是因为冬夏季节（有的小流域不存在，如在秦岭南麓东部山阳镇等区域由于海拔及温度的问题，差异相对较小）、商业经营等因素的影响，导致聚落产生较大的人口规模变化，其中因自然因素导致的差异化需进行一定弱化，但也需从科学的、可持续发展的角度，进行辩证的考虑与优化。

同样，根据平均每千米农户宅院规模比较、农户近距离出行频率及满意度的抽样调查及焦点座谈小组访问，该类型核点集聚区域农户不应少于35户/千米（满足基础型核点集聚区域的基本要求，实际数量都多于此数），含青年常住农户不宜低于35户/千米（关键数值，以32B太峪河核点集聚区域二含青年常住42%为参照反推取整），一般具备"较大规模农业企业及关联产业、一定级别公共及大型休闲服务设施，或成规模游憩服务农户"的特征。

该复合的概念，是在保证基本农户不低

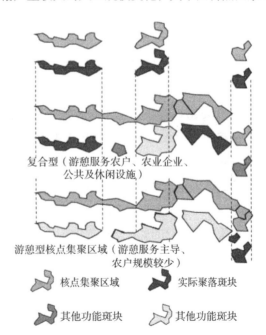

复合型（游憩服务农户、农业企业、公共及休闲设施）

游憩型核点集聚区域（游憩服务主导、农户规模较少）

核点集聚区域　　　　　实际聚落斑块

其他功能斑块　　　　　其他功能斑块

图5-4　复合型、游憩型核点集聚区域
（资料来源：作者自绘）

于35户/千米基础上界定上的，即该核点集聚区域首先是基础型核点集聚区域，其次因为其他条件的增加，成为复合型核点集聚区域，但是调研中也发现尚存在有较大开发建设量，但是农户规模低于基本要求的核点集聚区域，大于平均核点集聚区域20户/千米，如33A老林河核点集聚区域三、四，农户只有22户/千米和23.5户/千米，其含青年常住农户+含青年季节性居住农户（部分）达到58%、62%，都远高于42%（以32B太峪河核点集聚区域二含青年常住42%为参照计算，为8.4户/千米，5户取整计10户/千米），不过由于游憩活动组织、宾馆建设等行为，农户满意度也较高，关联度较高，故界定为"游憩型核点集聚区域"，该类型核点集聚区域是否合适，后文会结合相关评价进行分析，本节仅将其作为一种特征进行总结。

### 5.2.3  整体关联惯性化动态发展，但结果易改变

（1）基于核点场域关联分析的小流域场域关联判断

借助小流域内部不同区域"农户产居特征、行为及满意度调研"，同样不难理解，即使占地规模相当、宅院数量相当，中老年常住家庭的比重、含青年人常住家庭的比重不同，其场域特征仍会呈现出较大的不同，从而调整着小流域的场域核点化特征与单纯"核密度估算"出来的核点集聚区域之间的匹配关系，使得每一个"局部场域关联"呈现出不同级别的强化、弱化特征，形成新的"强关联核点集聚区域""弱关联核点集聚区域"，以及"不匹配核点集聚区域"。当核点集聚区域农户达到45户/千米以上，且含青年常住农户不低于20户/千米时（以同类评价较好的、数值最低的32B太峪河小流域核点集聚区一为参照，按含青年常住农户平均值42%反推得到），这一类基础型核点集聚区域也具有较强的关联效果；而复合型、游憩型核点集聚区域由于含青年常住户、公共服务设施规模的基本保证，区域内活动较为丰富，且与外界交流频繁，也属于强关联核点集聚区域。

此外，核点集聚区域的数量、强弱，以及整个小流域的平均农户数量、含青年常住比例，也都进一步调整着整个小流域的场域关联强弱特征，当小流域具有两个较强关联基础型核点集聚区域，且整个小流域农户达到35户/千米（因为整个小流域都达到了弱基础型核点集聚区域的宅院数量特征），其也就具备了整个小流域强关联的基础条件；或者当其具有两个或以上已经成型的复合型核点集聚区域的小流域，该小流域也必然会呈现出较强的整体关联特征。

（2）小流域场域关联动态变化

小流域场域关联的变化也会因空间变化、产业变化、社会变化阶段的不同，呈现出动态性的变化特征（图5-5）。

首先，小流域内聚落空间集聚的变化主要集中于2014年以前，政府移民政策的大力推动，使得大部分散居农户完成了第一次空间集聚，使得每一个小流域的三级流域区出现了大量的宅院增加，实现了基础层次的场域关联加强，这也是当前阶段所研究区域小流域宅院空废较低的根本原因。

但在2014年之后，大规模的空间集聚则基本停滞，我们也可以看到，每个小流域统计区域

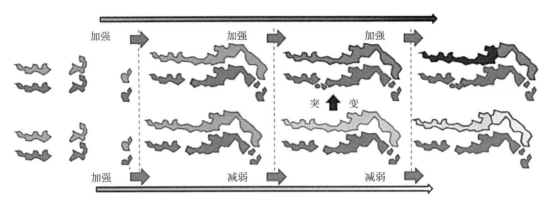

图5-5　小流域场域关联的动态变化　（资料来源：作者自绘）

增加的宅院开始按照个数，甚至是"0"的数量变化。功能性、社会性场域变化成了核心，从而导致小流域中"含青年常住家庭"数量的影响越来越重要，非物质的集聚进一步突显，并逐渐走向两极分化。

根据调研，不同强度场域关联的小流域，其关联的差异化在进一步拉开，关联度越高的小流域，其关联度增加的幅度也越高，公共设施、含青年常住家庭户数及比例越高，外出的频率也越高。

而与之相反，伴随着更高层级关联强度快速增加，小流域进一步改变的加速，伴随着农业化进程的快速转型，更多原本因空间集聚而加强的小流域场域关联会逐渐降低，原本的集聚将成为过程性的集聚，最终走向空废大幅增加的命运。这种趋势不仅仅在小流域内，在较大流域中的镇区、县城也都在发生着，只是由于小流域自身规模较小、相对更为脆弱，从而导致这种分化更加明显，这也是当前更小流域中更小的一级流域、二级流域演变的结果。

当然，小流域的状态并非一成不变，由于外力作用，由于资源价值的提升，不同小流域场域核心特征也在不断地发生变化，从而进一步从根本影响小流域聚落空间的再次真实集聚。例如在三级小流域龙潭河小流域的调研中，虽然该流域的场域关联非常弱，比较好的二级小流域还要差，但里面的村民却对未来充满了信心，认为他们这条小流域将来一定会得到开发，这也从侧面说明该小流域未来会走向另一个阶段、另一种状态。

此外，由于小流域规模较小，甚至一个创意、一个特殊的产品出现都有可能改变小流域的聚落集聚走向，但这也是我们需要控制与引导的，应该让这种变化在合适位置发生，因为小流域虽然规模小，但它却是大量存在，是秦岭南麓整个生态环境构建的最根本要素。

特别是在当前社会发展阶段下，基本搬迁之后，满足基本生存需要的农户，需求也会变得越来越复杂，更高级别的马斯洛自我实现需求既会带来小流域更丰富多彩的改变，也会使得小流域聚落建设变得更加杂乱无章。

一旦缺乏全局观、系统观、整体观统一指导，很容易变成"能人"指导下的个性产物，或者因外来投资客及业主自我利益追逐的破坏性建设，带来一些较难改变的负面影响，调研中发现的河道被侵占，聚落空间特色缺失、过度商业化等具体的现实建设问题，都是因整体管控缺失及不到位造成。

同样，在调研中可以发现，虽然数量仍然很少，但由于各种迁居，使得不同时间段内，小流域内聚落的场域关联是变化的，夏季小流域内的场域关联更高一些，冬季不仅流域整体走向萧条，局部地段甚至出现人迹罕至的局面，而且这种现象还在进一步加剧中。

## 5.3 基于场域关联匹配的聚落空间集聚类型提取

虽然根据小流域乡村聚落的核密度估算，每个小流域都必然会产生相应的空间性核点集聚区域，而且也可以根据规模、数量、位置的不同进行基础集聚形式的总结。但正如小流域场域特性所描述的一样，乡村聚落空间的核点集聚，并不意味着其场域关联的进一步加强，甚至在集聚之后，出现了更进一步的萧条，如31C龙潭沟小流域的集聚区域一，其中新建的安置区几乎无人居住，空间是集聚了，但从场域关联的角度而言，并没有成为真正有意义的核点集聚区域。

所以，本节以"场域关联变化"特性为指引，结合具体与限定性场域特征相匹配的核点集聚区域①数量、类型、位置、相互间关联强弱②及其他特征③进行总结，并最终在相关小流域验证分析后，在初始形式划分的基础上进一步归纳为以"无核点""单核点""双核点""多核点"为基础，具有不同强弱关联特征的5种不同集聚类型，以及按照流域级别差异、空间差异形成的9种集聚形式（有两种是在乾佑河流域中，推断并通过验证存在的其他两条小流域相关形式，涉及5个核点集聚区域），原有的20个核点集聚区域，按照相关界定只有12个核点集聚区域，是与场域关联相匹配的，具体如表5-3所示。

---

① 该核点集聚区域是指达到标准的、具有较好场域关联特征的基础型核点集聚区域、复合型核点集聚区域和游憩型核点集聚区域三种，指标确定详见5.2.2，其中：基础型核点集聚区域，指分布农户不低35户/千米，常住农户不低于30户/千米（可以是纯粹中老年核心家庭常住）的核点集聚区域（2千米长）。复合型核点集聚区域，具有较强关联效果，含青年常住农户不低于35户/千米，一般具备"较大规模农业及关联产业、一定级别公共及大型休闲服务设施，或成规模游憩服务农户"的核点集聚区域（2千米长）。游憩型核点集聚区域，具有较强关联效果，但农户较少，在20~35户/千米之间，含青年常住农户不低于10户/千米，具有"一定级别公共及大型休闲设施，或成规模游憩服务农户"的核点集聚区域（2千米长）。

② 当基础型核点集聚区域，农户达到45户/千米以上，且含青年常住农户不低20户/千米时，这一类基础型核点集聚区域也具有较强的关联效果；当小流域具有两个较强关联的基础型核点集聚区域，且整个小流域农户平均达到35户/千米（因为整个小流域都超过了基础型核点集聚区域的宅院数量特征），其也就具备了整个小流域强关联的基础条件；当小流域具有两个或以上已经成型的复合型核点集聚区域的小流域，该小流域也必然会呈现出较强的整体关联特征。

③ 据农户核点及整体集聚特征，对具体案例展开涉及地形条件、产业发展、建设状态等方面反向总结得到。

小流域核点集聚类型归纳表 表5-3

| 核点集聚类型 | | 典型案例 | 核点匹配特征 | | | |
|---|---|---|---|---|---|---|
| | | | 核点一 | 核点二 | 核点三 | 核点四 |
| 无核点集聚 | 线性弱关联 | 21F王家河小流域 | 不匹配 | 不匹配 | | |
| | | 31C龙潭河小流域 | 不匹配 | 不匹配 | 不匹配 | 不匹配 |
| 单核点集聚 | 线性弱关联 | 21D芦柴沟小流域 | 基础型核点 | 不匹配 | | |
| | | 西川三级小流域26 | 基础型核点 | 不匹配 | | |
| | 局部强关联 | 22G东甘沟小流域 | 复合型核点 | | | |
| | | 龙须三级小流域22 | 复合型核点 | 不匹配 | 不匹配 | |
| 双核点集聚 | 局部强关联 | 32B太峪河小流域 | 基础型核点 | 复合型核点 | 不匹配 | |
| 多核点集聚 | 线性强关联 | 31E东川河小流域 | 基础型核点 | 基础型核点 | 基础型核点 | 复合核点 |
| | | 33A老林河小流域 | 复合型核点 | 复合型核点 | 游憩型核点 | 游憩核点 |

注：灰色表示在乾佑河柞水段其他小流域验证存在的类型

这里的核点集聚区域，并不仅是GIS核密度估算出来的空间集聚核，已经具有了更多的生产、居住等社会意义；也并不类似于城市的发展核，而是一种应进行优化、进行有目标引导的聚落建设区域；其所谓强关联、弱关联，也是相对而言，是对"大分散、小集聚"具体落实的，是一种具有针对意义的、相对关系的描述。

同样，由于小流域的长宽比制约，形式表达中也采用了抽象提取放大的模式，只是有了更丰富的内涵与所指，用不同的色彩填充来表示。并在此基础上，增加了"⬚"、"⬚"等形式，示意不同的功能集聚区域；"⬚"表示空间集聚与场域集聚不匹配；单粗实线"▬"表示匹配度不高，聚落间属于弱关联特征；而双粗实线"═"表示匹配度较高，属于强关联特征。

### 5.3.1  无核点弱关联集聚类型

无核点弱关联集聚类型也称之为散点集聚类型，主要是由于地形关系、产业关系、成本问题，以及村民不愿远离农地等原因，在早期的各种安置、迁居中，呈现出的依形就势、散布于主河谷中的状态，虽然也是在向主沟集聚，也有考虑一定集中安置（如龙潭沟安置区1、3），但并未形成真正聚居核心，空废率相对更高（由于老龄、妇女的长期存在，空废率并不是想象得那么高，一般不超过25%，接近25%的也多是易地搬迁、家庭分户所致），使整个小流域处于较尴尬的境地。

在对乾佑河柞水段小流域进行了再次梳理后，发现除了案例型小流域之外，该类型小流域存在较多，主要为二级小流域，以及一定数量的三级小流域（表5-4）。

小流域无核点弱关联集聚类型　　　　　　　表5-4

| 场域关联程度 | 核点集聚特征 | 无核点弱关联集聚示意图 | 核点集聚不匹配 | 弱关联 | 聚落斑块 |
|---|---|---|---|---|---|
| 线性弱关联 | 核点集聚区域场域关联不匹配（表征型核点集聚） | 　　二级 31　　三级 3 | | | |
| 典型案例 | | 21F王家河小流域、31C龙潭沟小流域，原GIS核密度估算分别为双核点、四核点 | | | |
| 与上位流域场域关联 | | 关联程度较低 | | | |
| 流域基本特征 | | 包括二级、三级小流域，地形条件限制较多，点轴集中区有效统计宽度平均在100米[①]以下，距沟口2千米内，无较好的核点集聚区域，且有效统计用地在100公顷以下 | | | |
| 建设用地特征 | | 已建设用地在10万平方米以下，建设用地占比10%以下，点轴集中区域聚集度在20以下 | | | |
| 空间宅院特征 | | 整个小流域宅院平均在15户/千米以下，各核点集聚区域[②]平均在20户/千米以下，最大的核点集聚区域也在35户/千米以下 | | | |
| 常住家庭情况 | | 75%左右（老、中年主干家庭占多数，此项仅为针对该类型的具体总结） | | | |
| 含青年常住家庭情况 | | 一般在30%以下（此项仅为针对该类型的具体总结） | | | |
| 产业发展特征 | | 农业主导生产型，经济条件较差，各种服务设欠缺，休闲设施较少 | | | |

　　该类型小流域一般用地条件都非常紧张，限制较多，点轴集中区统计宽度平均在100米（两条案例型小流域分别为63米、66米）以下，且距沟口2千米左右的地方，纯粹依托自然条件无法形成较好核点集聚区域，整个小流域点轴集中区域有效统计用地低于100公顷以下。

　　整个小流域目前建设用地在10万平方米以下，建设占比在10%以下，核密度估算出来的点轴集中区聚集度在20以下。每千米平均住户15户以下，平均核点集聚区域在20户左右及以下，最高核点集聚区域在35户以下。

　　小流域多为农业主导生产型，经济收入较低，各种服务设施欠缺，即使建设，也很难维系，休闲设施相对更少。

　　各空间集聚区域的场域关联较低，小流域整体的场域关联也非常弱，处于一种非常不稳定

①　类型划分的数值，虽然标注为以上或以下，但因为各条件归纳是多个因子共同决定的，故可以有所浮动，有一定交叉。如宽度界定在100米以下，但其他条件符合，100～110米之间也可以归为该类别；反之，如果宽度界定在100米以上的，但其他条件符合，90～100米的小流域也可以归为相应类型，其他因子所确定数值的情况类似。

②　这里指未达到标准的，仅是通过GIS计算出来的核点集聚区域，即表征型核点集聚区域。

的状态，亟待进一步梳理与引导，理论上是需要进一步消解与整合的，但受外界条件及周边环境的影响，其发展还是会存在不同的趋势。

### 5.3.2　单核点双关联集聚类型

单核点双关联类型，主要为单核点线性弱关联和单核点局部强关联两种类型：

第一种类型，具有单核点线性弱关联集聚类型的小流域，用地条件较好，一般为二级小流域，因为河流长度不大，区位选择余地不高，除了向县城及镇区迁居之外，无论是政府主导，还是个人搬迁，农户一般都会选择在沟口地段相对集中区域建设，即使存在较大空废，但因相对集中，有利于小流域基本发展的维系，经过适当改造、整饬，就可以建构起更有效的基础型核点集聚区域。

该类型小流域点轴集中区统计宽度平均在100米以上，且距沟口2千米左右的地方，可以形成较好核点集聚区域，整个小流域点轴集中区域有效统计用地一般也低于100公顷。

整个小流域目前建设用地在10万平方米以下，建设占比在10%以下，核密度估算出来的点轴集中区域聚集度一般在20~40。每千米平均住户15户以上，平均核点集聚区域在20户/千米以上，最高核点集聚区域在35户/千米以上。

小流域最大核点集聚区域常住农户不低于30户/千米。含青年常住家庭比例一般在30%以下。

小流域多为农业主导生产型，经济收入较低，各种服务设施欠缺。

根据其自身属性特征而言，该类型小流域可以保留，可进一步推动流域内的集聚，形成一个较高强度场域关联的基础型核点集聚区域，将其作为一个良好的农业型小流域展开进一步优化。

此外，当以该类型在乾佑河流域其他三级小流域中进行比对验证时，发现也有类似结构存在，只是小流域地形条件较差，点轴集中区域平均宽度在100米以下（表5-5）。

小流域单核点弱关联集聚类型　　　　表5-5

| 场域关联程度 | 核点集聚特征 | 单核点弱关联集聚示意图 | 基础型核点集聚区域 | 弱关联 | 聚落斑块 |
|---|---|---|---|---|---|
| 线性弱关联 | 基础型单核点集聚 | | 二级 | 三级 | |

| | |
|---|---|
| 典型案例 | 21D芦柴沟小流域，原GIS核密度估算为双核点；西川三级小流域26为乾佑河研究区域内非案例小流域 |
| 与上位流域场域关联 | 关联程度较低 |
| 流域基本特征 | 二级小流域，地形条件相对较好，点轴集中区计算宽度平均在100米以上；距沟口2千米内，有较好的核点集聚区域，有效统计用地在100公顷以下 / 三级小流域，地形条件限制较多，点轴集中区计算宽度平均在100米以下，且有效统计用地在100公顷以下 |
| 建设用地特征 | 已建设用地在10万平方米以下，建设用地占比10%以下，点轴集中区域聚集度在20~40之间 |
| 空间宅院特征 | 整个小流域宅院平均15户/千米以上，各核点集聚区域平均在20户/千米以上，最大的核点集聚区域也在35户/千米以上 |
| 常住家庭情况 | 最大核点集聚区域不低于30户/千米（老中年主干家庭占大多数） |
| 含青年常住家庭情况 | 30%以下（此项仅为针对该类型的具体总结） |
| 产业发展特征 | 农业主导生产型，经济收入较低，各种服务设欠缺 |

类型二，则属于特殊的二级小流域，由特殊景观资源与产品导致的特殊集聚，对地形条件要求不高，即使地形条件较差，但农户也愿意承担其所带来的不便，如案例东甘沟小流域，其点轴集中区统计后计算平均宽度仅为30米，但却集中了158户人家，且有不低于10%的农户从事农家游憩服务，常住家庭在90%左右，含青年常住家庭达到60%，另具有较大规模服务设施两座，其核点集聚区域为复合型。

而当三级小流域用地条件限制较多，点轴集中区计算宽度平均在100米以下，人口较少，但资源比较特殊的情况下，也同样存在这一类构型，在乾佑河流域的龙须河22三级小流域验证得到，其核点集聚区域农户规模在45户/千米以上。

该类型小流域多为农业主导游憩型小流域，经济收入适中，各种服务设施仍然欠缺，但休闲设施有一定规模。

该类型小流域各核点集聚区域的场域关联较低，但第一集聚区域的场域关联较高；小流域整体的场域关联仍较弱（但如东甘沟，其有效点轴长度只有1个核点集聚区的距离），可进一步优化与引导。同时为了更好地保护小流域的生态环境，该集聚区域后的相关聚落建设，应严格限制（表5-6）。

### 小流域单核点局部强关联集聚类型　　　　　　　表5-6

| 场域关联程度 | 核点集聚特征 | 单核点局部强关联集聚示意图 | 复合型核点集聚区域 | 弱关联 | 聚落斑块 |
|---|---|---|---|---|---|
| 局部强关联 | 复合型单核点集聚 | | | | |

| 局部强关联 | 复合型单核点集聚 | 二级 | | 三级 | |
|---|---|---|---|---|---|
| 典型案例 | | 22G东甘沟小流域，原GIS核密度估算分别为单核点；龙须河三级小流域22，为乾佑河研究区域内非案例小流域 | | | |
| 与上位流域关联程度 | | 关联程度中等 | | | |
| 流域基本特征 | | 特殊的二级小流域，地形影响不大，有特殊的景观资源与产品 | | 用地条件限制较多的三级小流域，点轴集中区计算宽度平均在100米以下，有较大人口规模，或特殊景观资源与产品 | |
| 建设用地特征 | | 一般改造地形较大，应严格限制与安排 | | | |
| 空间宅院特征 | | 最大核点集聚区域都在45户/千米以上（大于35户基本要求） | | | |
| 常住家庭情况 | | 85%以上（此值仅为对该类型的具体总结，大于30户基本要求） | | | |
| 含青年常住家庭情况 | | 占到45%以上（此值仅为对该类型的具体总结，大于35户基本要求） | | | |
| 产业发展特征 | | 农业主导游憩型，经济条件较好，服务设施仍缺,休闲设施有一定规模 | | | |

### 5.3.3 双核点局部强关联集聚类型

该类型小流域一般为三级小流域，农户在300～400户，而且地形相对较好，点轴集中区计算宽度平均都在100米以上。虽然按照核点集聚密度估算会产生三到四个核点集聚区域，但由于沟峪较长，农户的自主搬迁、企业搬迁等多种原因，空废率仍较高，如太峪河小流域，最后一个核点集聚区域竟然出现了高达30%的空废特征，本书将之总结为"双核局部强关联类型"。

该类型小流域点轴集中区域有效统计用地在100公顷以上，目前建设用地在10万平方米以上、40万平方米以下，建设占比在25%以下，核密度估算出来的点轴集中区域聚集度也在60以上。每千米平均住户30户以上，核点集聚区域在45户以上，最高核点集聚区域在70户以上。

小流域点轴集中区域常住家庭一般在75%以上，（老、中年主干家庭占大多数），含青年常住家庭比例一般在30%以上。其中一个集聚区域为复合型，常住含青年农户也超过了35户/千米。

小流域多为农业主导游憩型，经济收入较高，各种服务设施欠缺，休闲设施有一定建设规模。

但由于只有一个核点集聚区域为复合型，或较强关联基础型，故定义为局部强关联模式，整体的场域关联程度仍然较低，应展开进一步的优化（表5-7）。

小流域双核点局部强关联集聚类型 表5-7

| 场域关联程度 | 核点集聚特征 | 双核点局部强关联集聚示意图 | 基础型核点集聚区域 | 复合型核点集聚区域 | 弱关联 | 聚落斑块 |
|---|---|---|---|---|---|---|
| 局部强关联 | 复合型核点集聚区域+基础型核点集聚区域 | | | | — | ■■■ |
| 典型案例 | 32B太峪河小流域，原GIS核密度估算为三核点 | | | | | |
| 与上位流域关联程度 | 关联程度中等 | | | | | |
| 流域基本特征 | 为三级小流域，地形条件相对较好，有效统计宽度平均在100米以上；距沟口2千米内，有适宜的核点集聚区域，有效统计用地在100公顷以上 | | | | | |
| 建设用地特征 | 已建设用地在10万平方米以上、40万平方米以下，建设用地占比25%以下，点轴集中区域聚集度在40以上 | | | | | |
| 空间宅院特征 | 整个小流域宅院平均在30户/千米左右（小于35户），各核点集聚区域平均在45户/千米以上，最大的核点集聚区域在70户/千米以上 | | | | | |
| 常住家庭占比 | 不低于80%（大于30户/千米） | | | | | |
| 含青年常住家庭占比 | 在45%以上（大于35户/千米） | | | | | |
| 产业发展特征 | 农业主导游憩型、经济条件较好，服务设施仍缺、休闲设施有一定规模 | | | | | |

### 5.3.4 多核点强关联集聚类型

该类型小流域同样主要为三级小流域，农户一般在400户以上，居住农户较多，场地较好，整个小流域的场域关联程度较高，整个小流域的平均农户一般都在40户/千米（超过35户要求），所以该类型小流域，一般都属于线性强关联小流域（表5-8）。

1）多核点线性强关联形式一

该形式小流域是秦岭南麓场域关联特征非常好的小流域（如31E东川河小流域，宽度达到230米），但是并不多，同样是出于产业特征、产居关系、成本问题，以及村民不愿离农地太远的意愿等原因形成，由于地形条件较好，利于开发，且有一定资源或产品优势，形成的较理想的小流域集聚模式。

该形式小流域点轴集中区域有效统计用地达到200公顷以上，一般建设用地也在40万平方米以上，建设用地占比达到15%左右，平均点轴集中区聚集度在60以上。每千米平均住户达到40户以上（东川河小流域达43户），平均集聚区域在50户以上，最高核点集聚区域在70户以上。共包含三个基础型核点集聚区域与一个复合型核点集聚区域。

小流域点轴集中区域常住家庭一般在85%以上（中老年主干家庭占大多数），含青年常住家庭比例一般在50%以上。

小流域产业特征较为多元，可以为不同类型，发展农业条件也能获得较高收益，整体经济收入较高，各种服务设施以及休闲设施根据产业特征，而有所差异。

各空间集聚区域的场域关联较高，小流域整体的场域关联也较高，处于一种较稳定的建设状态，具有较好的发展前景，但仍需要进行限制与制约。

2）多核点线性强关联形式二（不同变形很多，但核心特征与问题相似）

该形式小流域，主要为老林河这样的特殊小流域，用地条件较好，在其支沟有国家级的特殊资源牛背梁风景区，从而导致大量的开发建设。

该小流域点轴集中区域有效统计用地在200公顷以上，已建设用地达到了40万平方米以上，占比也在20%以下，核点集聚度约在60以上，涉及两个复合型核点集聚区域和两个游憩型核点集聚区域（第四个核点集中区域在支沟上）。

小流域多核点强关联集聚类型　　　　　　　　　　　表5-8

| 场域关联程度 | 核点集聚特征 | 多核点集聚结构示意图 | 基础型核点集聚区域 | 复合型核点集聚区域 | 游憩型核点集聚区域 | 强关联 |
|---|---|---|---|---|---|---|
| 线性强关联集聚模式 | 三基础一复合核点集聚区域 | | | | | |
| | 两复合两游憩核点集聚区域 | | | | | |
| 典型小流域 | | 31E东川河小流域、32A老林河小流域，原GIS核密度估算为四核点 | | | | |
| 流域基本特征 | | 为三级小流域，地形条件相对较好，有效统计宽度平均在100米以上；距沟口3千米内，有适宜的核点集聚区域 | | | | |
| 与上位流域关联程度 | | 31E东川河小流域 | 关联程度中等 | 32A老林河小流域 | 关联程度较强 | |
| 建设用地特征 | | 有效统计用地在200公顷以上，已建设用地在40万平方米以上，建设地占比15%～20%，点轴集中区域聚集度在60以上 | | | | |
| 核点集聚区域特征 | | 较强关联基础型核点集聚区域 | | 有复合、游憩两类核点集聚区域 | | |
| 空间宅院特征 | | 整个小流域宅院平均一般在40户/千米以上（大于35户/千米），各核点集聚区域平均在50户/千米以上，最大的核点集聚区域也在70户/千米以上 | | 大幅满足各项指标，最大的核点集聚区域常住农户也在70户/千米以上，但因个别集聚区农户数量过低，使得整个小流域宅院平均户数不高 | | |
| 常住家庭占比 | | 不低于85%（高于各项指标要求） | | | | |
| 含青年常住家庭占比 | | 一般在50%以上（满足要求） | | | | |
| 产业发展特征 | | 不同产业类型、经济条件较好，服务设施、休闲设施有所差异 | | | | |

该小流域内已经充分利用了其适宜建设用地，聚集度很高，但并不应鼓励，其每千米平均住户才到20户左右，尽管最大核点集聚区域农户也达到了70户以上，常住家庭一般在85%以上

（老林河小流域实际上达到了93.5%），含青年常住家庭比例一般也在50%以上，是典型的游憩休闲型小流域，高达40%农户直接参与到农家开发，另有4%的农户将房屋租赁出去，此外还有大量的大型休闲游憩设施。

### 5.3.5 其他核点关联集聚类型的推断

具体小流域案例研究主要集中于乾佑河流域，虽然涉及多达42条不同级别小流域，但仍不能穷尽各种类型，故根据核点的数量、类型，本文认为，二级小流域的类型及相应属性关系如已列举的类型，但三级小流域仍存在更多的形式，还处于进一步集聚、优化的阶段，按既有参数划分，仍可增加以下两种类型及八种形式：

1）双核线性弱关联与双核线性强关联集聚类型（2种类型、含4种形式）

以前文"双核局部强关联类型"为参照，可以推断具有类似特征的三级小流域，农户平均数量在20户/千米左右，但没有过多的游憩及其他产业介入，两个核点集聚区域农户都在35户/千米左右，常住超过30户/千米，属于基础型核点集聚区域，那么该类型可定义为双核线性弱关联集聚类型。

仍具有类似特征，但农户平均数量在35户/千米以上，核点集聚区域达到45户/千米。则定义为双核线性强关联集聚类型。

同样，小流域内部也会出现只有一个集聚区域为复合型核点集聚区域，但在满足其他条件下，农户宅院达到平均35户/千米的类型；以及小流域内两个集聚区域都有一定比例游憩或其他产业，那么两者之间一定会发生相对较大的互动与影响，也可以定义为双核线性强关联集聚类型（表5-9、表5-10）。

小流域双核点线性弱关联集聚推断类型及形式　　　　表5-9

| 场域关联程度 | 核点集聚特征 | 多核点集聚结构示意图 | 基础型核点集聚区域 | 弱关联 | 聚落斑块 |
|---|---|---|---|---|---|
| 线性弱关联 | 基础型核点集聚区域+基础型核点集聚区域 | | | | |

小流域双核点线性强关联集聚推断类型及形式　　　　表5-10

| 特殊影响要素 | | 农业主导生产型，平均农户在20户/千米，核点集聚区农户规模较少 | | | | |
|---|---|---|---|---|---|---|
| 场域关联程度 | 核点集聚特征 | 双点集聚结构示意图 | 基础型核点集聚区域 | 复合型核点集聚区域 | 强关联 | 聚落斑块 |
| 线性强关联 | 基础型核点集聚区域+基础型核点 | | | | | |

| | | |
|---|---|---|
| 特殊影响要素 | 农业主导生产型，平均农户在35户/千米，核点集聚区大于35户/千米 | |
| 线性强关联 | 复合型核点集聚区域+基础型核点集聚区域 | |
| 特殊影响要素 | 农业主导游憩型，农户在35户/千米以上，核点集聚区大于35户/千米 | |
| 线性强关联 | 复合型核点集聚区域+复合型核点集聚区域 | |
| 特殊影响要素 | 农业主导游憩型、游憩主导休闲型，双复合核点集聚区域 | |

2）多复合核点线性强关联集聚形式（涉及4种形式）

同样，进一步以"多核点线性强关联类型"为基础，参考相关关键因子，根据复合核点个数，可以划分为无复合核点、单复合核点、双复合核点线性强关联集聚形式、三复合核点线性强关联集聚形式，但是三复合型集聚类型应严格限制与管控（表5-11）。

小流域双核点线性强关联集聚推断类型及形式　　　　表5-11

| 场域关联程度 | 核点集聚形式 | 多核点集聚结构示意图 | 基础型核点集聚区域 | 复合型核点集聚区域 | 强关联 | 聚落斑块 |
|---|---|---|---|---|---|---|
| 多核点线性强关联 | 三基础型核点集聚区域 | | | | | |
| | 单复型核点集聚区域+双基础型核点集聚区域 | | | | | |
| | 双复合型核点集聚区域+基础型核点集聚区域 | | | | | |
| | 三复合型核点集聚区域 | | | | | |

3）其他游憩型核点集聚形式

秦岭南麓，特别是秦岭腹地，相对于北麓而言，开发建设相对较少，故游憩型核点集聚区域相对较少，但如果围绕游憩型核点集聚区域进行推断，应也会产生五六种类型，但本文认为，该类型必须严格控制，宜按相关旅游规划进行调整，所以除了老林河既有游憩型核点集聚区域外，未进行更多的推断罗列。

4）其他四核点集聚形式

同样，按照类似东川河的集聚特征，涉及不同数量不同类型四个复合型集聚核点集聚区域的小流域应该也会存在。但理论上其本质并没有发生变化，只是不同类型数量有所差异而已，故这里也未再进行推断罗列。

所以综上所述，小流域乡村聚落的空间集聚可以扩充为7种类型17种形式，其中7种形式是总结归纳的成果；2种形式是在基础模式基础上，在研究范围内验证发现的成果；另有2种类型8种形式是基于基础模型推断，有待进一步落实（表5-12）。

小流域核点集聚类型及形式汇总表　　　　　　　　表5-12

| 核点集聚类型 | | 典型案例 | 核点匹配特征 | | | |
|---|---|---|---|---|---|---|
| 无核点集聚 | 线性弱关联 | 21F王家河小流域 | 核点不匹配 | | | |
| | | 31C龙潭河小流域 | 核点不匹配 | | | |
| 单核点集聚 | 线性弱关联 | 21D芦柴沟小流域 | 基础型核点 | | | |
| | | 西川三级小流域26 | 基础型核点 | | | |
| | 局部强关联 | 22G东甘沟小流域 | 复合型核点 | | | |
| | | 龙须三级小流域22 | 复合型核点 | | | |
| 双核点集聚 | 线性弱关联 | 其他三级小流域 | 基础型核点 | 基础型核点 | | |
| | 局部强关联 | 32B太峪河小流域 | 复合型核点 | 基础型核点 | | |
| | 线性强关联 | 其他三级小流域 | 基础型核点 | 基础型核点 | | |
| | | 其他三级小流域 | 复合型核点 | 基础型核点 | | |
| | | 其他三级小流域 | 复合型核点 | 复合型核点 | | |
| 多核点集聚 | 线性强关联 | 其他三级小流域 | 复合型核点 | 基础型核点 | 基础型核点 | |
| | | 其他三级小流域 | 复合型核点 | 基础型核点 | 基础型核点 | |
| | | 其他三级小流域 | 复合型核点 | 复合型核点 | 基础型核点 | |
| | | 其他三级小流域 | 复合型核点 | 复合型核点 | 复合型核点 | |
| | | 31E东川河小流域 | 基础型核点 | 基础型核点 | 基础型核点 | 复合核点 |
| | | 33A老林河小流域 | 复合型核点 | 复合型核点 | 游憩型核点 | 游憩核点 |

注：灰色表示推断类型、不匹配也即为表征型核点

## 5.4 本章小结

小流域乡村聚落的空间集聚表征是本书课题研究基础，但并不是最终结果，只有真正明确了其内作用机制的具体特征，明确了与影响要素匹配关系，从而进行的空间集聚分类，才是完整的类型归纳。

为此，本节以欧洲社会学界代表人物布迪厄先生"场域"研究为理论支撑，按照"大规模生产场域"和"限定性生产场域"的划分进行了包含"小流域场域"及"核点集聚场域"的体

系建构，丰富了传统的"村—组"研究方式。

进而以各种社会性主要要素与空间集聚的匹配为突破口，进行了"错位关联""局部关联""整体关联"的关联特性归纳，并通过前期调研数值的针对性总结，对GIS核密度估算的核点集聚区域进行量化匹配，以核点集聚区域"农户不低于35户/千米""常住农户不低于30户/千米""含青年常住农户不低于35户/千米""含青年常住农户不低于10户/千米""具有较大规模农业及关联产业、一定级别公共及大型休闲设施，或成规模游憩服务农户"等判断条件进行"表征型（不匹配）""基础型""复合型""游憩型"核点集聚区域的类型划分，进行强关联、弱关联的解读。

最终，在此基础上，按照小流域的不同分级，结合具体与限定性场域特征相匹配的核点集聚区域数量、类型、位置及相互间关联强弱，对章节3各小流域集聚形式展开了进一步的总结，归纳出以"无核点""单核点""双核点""多核点"为基础的，具有不同强弱关联特征的5类集聚类型及相应的9种集聚形式（2种集聚形式为本流域内其他小流域验证得到），并结合各参数划分，进行了2种类型、8种形式的推断。

# 聚焦乡村聚落空间集聚的社会——生态 PSR 健康发展评价

◎ 小流域乡村聚落空间集聚的生态影响及用地建设适宜性分析

◎ 基于聚落空间集聚的社会—生态PSR健康发展评价模型确定

◎ 典型小流域的社会—生态PSR健康发展评价及总结

◎ 本章小结

基于前文的系列调查与总结，本章在2.3.4小流域社会—生态PSR健康发展评价方法确定的基础上，在准则层、因素层确定的基础上，进一步对可选择指标层因子进行筛选及标准化处理，最终完成具有针对性的评价模型建构及评价应用。其中社会适应方面因子基本可以初步确定，但生态适宜方面影响还有待进一步展开，为此，本章首先围绕小流域集聚的类型、特征进行了该方面的调查与分析。

# 6.1 小流域乡村聚落空间集聚的生态影响及用地建设适宜性分析

小流域乡村聚落是山水环境中的产物，无论是诞生、成熟，抑或是萎缩、消解，都将在周边自然条件变化中书写浓浓的一笔，潜移默化地改变其所在自然及生态环境，反过来，环境要素的改变又进一步推动乡村聚落的调整，故相互间的关联作用是本研究必须进行思考的重要因素。为此，本节进一步围绕乾佑河流域柞水段全域、典型最敏感小流域及重要建设区域（核点集聚区域）进行了敏感性、承载力、适宜性评价，以期发现聚落变迁对自然生态环境的破坏及影响，从而为科学合理地进行聚落引导奠定良好基础。

## 6.1.1 乾佑河柞水段小流域的生态敏感性分析

乾佑河柞水段作为"生态重要区域"[①]的典型区段，因自然资源丰富可以更零散地分布于流域底部，但也存在生态环境脆弱、经济发展相对滞后、土地利用率低等诸多问题，更重要的是因市场需求的作用，各种活动与建设正在加剧，相对于黄土高原地区沟壑地区的小流域，空间集聚的发生尤为剧烈，生态负面影响也因之发生更剧烈变化。故本节从生态敏感度分析开始、逐步聚焦，进一步探讨聚落集聚对乾佑河流域柞水段的生态影响，寻找宏观生态视角下山地聚落建设的生态限制条件。

1）生态敏感因子的设定

生态敏感性是指生态系统对区域内自然和人类活动干扰的敏感程度，反映区域生态系统在遇到干扰时，发生生态环境问题的难易程度和可能性的大小，用来表征外界干扰可能造成的后果[206][207]。

虽然该区域在《秦巴山区绿色循环发展研究》中的成果已相对聚焦，但依然相对宏观，尺度较大，且内容复杂，故本书参考常规敏感评价指标体系，进一步依据"秦巴山区绿色循环发

---

① 生态因素是小流域分析必须考虑的前置条件，但本文在前文3.1.2中就生态典型已经分析过，生态影响也是根据不同地理条件、不同区位、不同要素决定的，虽然秦岭是《全国家生态功能区划》的重要组成，但毕竟这里也有类似"商洛"这样的城市出现，也要有众多的县、镇、村存在，不是说秦岭内每一个流域能不能有村民居住，这也是本文研究的先决态度，书中所说的"秦岭南麓乾佑河柞水段小流域"大部分都是处于中国工程院院士课题《秦巴绿色循环发展研究》中的"生态极重要区域、生态重要区域、协调区域"的第二级、第三级，虽然这仅是一个课题，但具有一定的指导性。

展研究中的各单项评价特征"，重新进行指标因子的选择与
建构。选取高程、坡度、水源涵养、水土保持、禁止开发
区域等5项因子作为核心指标，相应建构了"高敏感区域、
中敏感区域与低敏感区域"三个层级的评价体系，并通过
GIS单因子叠加，得到乾佑河流域的生态敏感区域分布。

（1）高程

高程是山地生态敏感性评价的必要考虑因素之一，
对流域内可建设用地的选取影响巨大。根据现状数据可
知，乾佑河流域柞水段的高程在691～2802米之间，最高
点营盘牛背梁，海拔2802米，最低点为下梁西甘沟口，
海拔691米。将高程进行平均分级，划分为3个等级，为
方便计算对每个等级进行赋值，2200米以上为敏感度高
的区域，赋值为5，1600～2200米为敏感度一般的区域，
赋值为3，541～1600米为生态敏感度低的区域，赋值为
1，得到乾佑河流域高程敏感性分析图（图6-1）。

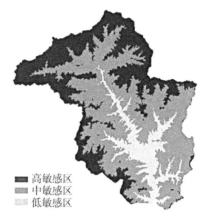

高敏感区
中敏感区
低敏感区

图6-1　乾佑河柞水段高程敏感性分析
（资料来源：作者自绘）

（2）坡度

坡度生态敏感性体现在生态载体与开发活动之间的
关系上。坡度较大地区的开发，容易打破区域的生态连续
性，造成山体滑坡水土流失等不可逆的区域生态损失，因
此需要根据坡度的等级进行生态敏感度评分[208]。本文将
坡度大于25度的区域划分为高敏感区域，赋值为5，将10
度～25度划分为中敏感区域，赋值为3，将小于10度的区域划分为低敏感区域，赋值为1，得到
乾佑河流域坡度敏感性分析图（图6-2）。

高敏感区
中敏感区
低敏感区

图6-2　乾佑河柞水段坡度敏感性分析
（资料来源：作者自绘）

（3）水源涵养

当前世界面临的淡水资源短缺问题，使饮用水水源保护成为生态安全、社会稳定的重大课
题。科学合理地划分水源地的保护范围，确保饮水安全具有十分重要的意义，是人与社会经济
协调发展的根本保证。根据《柞水县乾佑河地表饮用水源地保护区划分方案》，乾佑河共有老
林河、红岩沟、马房子河三处水源保护地（表6-1）。

柞水县乾佑河地表饮用水源地　　　　　　　　　　　　　　　表6-1

| 水源地名称 | 地理坐标 | | 供水量（立方米/天） |
| --- | --- | --- | --- |
| | 东经 | 北纬 | |
| 老林段大坪地 | 33° 48′ 40.11″ | 109° 00′ 07.49″ | 10000 |
| 红岩沟 | 33° 42′ 43.04″ | 109° 06′ 35.92″ | 2700 |
| 马房子河 | 33° 39′ 53.93″ | 109° 05′ 04.22″ | 1200 |

基于乾佑河建设的引乾济石调水工程，是西安城区规划的六大供水水源之一，陕西省第一个南水北调工程，故乾佑河区域的水源涵养具有重要意义。该工程是在老林河、太峪河、龙潭河上分别修筑低坝引水。本书以小流域为划分单位，将水源保护地和引乾济石工程水源地所在的区域划分为高敏感区域，赋值为5，将其他水域及河道的一级缓冲区划分为中敏感区域，赋值为3，将非水域区域划分为低敏感区域，赋值为1（图6-3）。

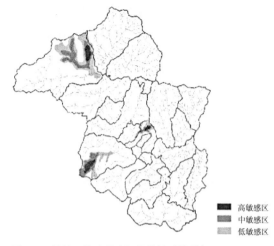

高敏感区
中敏感区
低敏感区

图6-3 乾佑河柞水段水源涵养敏感性分析
（资料来源：作者自绘）

（4）水土保持

水土保持是指对自然因素和人为活动造成水土流失所采取的预防和治理措施[209]。它是生态系统的重要功能，受植被构成、地形地貌、降雨侵蚀力和人为管理等[210]因子综合影响。乾佑河柞水段区域内地质构造属秦岭纬向构造体系之秦岭褶皱带，岩性主要为泥砂质碎屑岩、泥质碳酸盐岩、硅质岩与轻微变质的泥砂质碎屑岩及碳酸岩组成，出露的地层主要为奥陶系、志留系、泥盆系和第四系，具有秦岭南麓高中山沟壑区的典型特征，地质构造相对复杂。

本文根据地质地貌及历年来发生地质灾害的频率和程度统计，按小流域将整个区域划分为三级，即水土中度流失区，水土轻度流失区和水土基本不流失区（表6-2）。其中，浅山水土中度流失区水土保持较差、常发生自然灾害，将其判定为高敏感度区域，赋值为5；低山水土轻度流失区水土保持一般且发生自然灾害频率稍低，将其判定为中敏感度区域，赋值为3；中山水土基本不流失区水土保持较好且较少发生自然灾害，判定为低敏感区域，赋值为1。故得到乾佑河流域水土流失程度分布图（图6-4）。

柞水县乾佑河段水土保持评价表　　　　　　　表6-2

| | 水土中度流失区 | 水土轻度流失区 | 水土基本不流失区 |
|---|---|---|---|
| 小流域 | 下梁、石瓮等区域 | 东川、七坪等区域 | 老林、太河等区域 |
| 特征 | 地势坡度变化大，岩性复杂，谷坡的现代发育过程也很不相同。一般在宽谷段均以冲积坡、撒落坡为主，上冲下淤，坡脚有松散物堆积，形成小块坡脚田，田块不稳，多粗骨状砂石土 | 本区溪沟流量季节性变化大，枯水干涸，平水潜流，汛期横溢，河床比降大，洪水挟泥石能力强，造成主要大河流河床淤积 | 本区天然植被较好，土壤侵蚀量小。但岩石是易风化片麻岩、花岗岩和结晶岩等，风化产物较粗，含石英颗粒多，黏粒少，抗冲性差，加之本区雨多集中，常引起土壤侵蚀 |
| 赋值 | 5 | 3 | 1 |

图6-4 乾佑河柞水段水土流失敏感性分析
（资料来源：《柞水县水土保持区划报告》）

图6-5 牛背梁国家森林公园生态敏感性影响分析
（资料来源：作者自绘）

（5）禁止开发区域

禁止开发区域[210] 12，主要是我国当前相关法律规定必须严格保护的国土空间，比如自然保护区、饮用水源保护区、基本农田保护区、国家地质公园、国家森林公园等。根据国土局调研资料，乾佑河柞水段共有国家森林公园一处即牛背梁国家森林公园，饮用水保护区三处，即位于老林河、红岩沟、马房子河的水源保护地。将以上禁止开发区域定为高敏感度区域，赋值为5；对以上禁止开发区域向外100米范围的区域定为缓冲区，即中敏感度区域，赋值为3；将其他区域定为低敏感度区域，赋值为1（图6-5）。

2）生态敏感空间划分

将以上5项赋值根据区内现状，对各项影响因子赋予相应的权重。并对单因子生态敏感度进行加权叠加，参照公式：

$$S = \sum (W_j \times D_j) \tag{6-1}$$

$S$为研究区域生态敏感度综合数值，$W_j$为$j$生态因子生态敏感值，$D_j$为$j$生态因子指标权重[211]。根据以上公式运用GIS软件叠加，得到乾佑河区域综合生态敏感度分级图，即将整个区域划分为高敏感度区、中敏感度区、低敏感度区三个等级（图6-6）。

最终将生态敏感区划图与小流域边界图进行叠加，发现情况较好的小流域涉及"高敏感度区、中敏感度区、低敏感度区"三个区域，情况不太好的小流域只涉及"高敏感度区、中敏感度区"两个区域，但无论哪一条小流域，其聚落主要分布的谷底部分，也

图6-6 乾佑河柞水段生态敏感性综合分析
（资料来源：作者自绘）

就是本文提取的"点轴集聚区域"基本都在生态"中敏感区"及"低敏感区"内，都属于需要谨慎处理、但相对安全的区域。

其中位于该研究范围内西北区域的33A老林河小流域是高敏感度区域最多的，该小流域对外界环境改变造成的影响，是最缺乏抵抗力的。

根据前文的研究，在所有小流域中，游憩主导休闲型小流域是人为改变环境最大的小流域，同样是老林河小流域，仅集聚斑块建设就达到了50万平方米以上，也就是说，在乾佑河区域，生态敏感性最脆弱的地方，恰巧是社会要素影响最大的地方，两者之间的矛盾，是整个区域矛盾的典型代表，为此本文以该小流域为对象进一步从承载力的角度展开了具体小流域的进一步生态关联分析。

## 6.1.2 典型高生态敏感区小流域生态足迹模型构建及承载力分析

生态承载力，指在生态系统结构和功能不受破坏的前提下，对外界干扰特别是人类活动的承受能力。作为生态适宜性的重要研究基础，是人地关系中人的活动与生态环境之间测度的一个重要指标[141][34][212]。

生态承载力包括三个层面[213]：一是生态系统自我调节以及人类的积极作用；二是资源的消耗程度和环境的纳污能力；三是社会经济发展强度和人类消费所带来的压力。其中前两层含义代表生态承载力的支持部分，第三层含义代表生态承载力的压力部分。如支持部分大于压力部分则生态系统不超载，属于合理、有序状态，反之生态系统超载，属于混乱、无序状态。

为了更科学地进行承载力的评价，本文运用生态足迹法[214][215]，即根据生态服务能力的差异，将能够供应生态产品与服务的生态性土地，按照六种基本类型：耕地、草地、林地、水域、建筑用地和化石能源地进行标准化处理，进而根据人均资源能耗相对应的生态生产性土地面积进行计算。

1）老林河小流域生态足迹计算

由于老林河（朱家湾村）小流域地处秦岭生态保护区，禁止开发第二产业，当地居民日常资源消费结构比较单一，但该区域第三产业即乡村游憩产业发展较好，其产业发展对生态的影响远大于当地居民本地活动。故在进行生态足迹计算时必须考虑游憩行为产生的生态足迹消耗量，本文将生态足迹分为本底生态足迹和游憩生态足迹两个部分。

乡村游憩，相对旅游而言，是对增加的侧重于近距离农业关联休闲活动的强调，在具体生态足迹消耗上与研究方法较为成熟的"旅游生态足迹"是一致的，只是内容有所扩充，鉴于本文的主要目标，借用了"旅游生态足迹"法进行计算。

（1）本底生态足迹

本底生态足迹的计算方法如下式所示（因子选择）：

$$EF = N \times ef = N \times r_j \times \sum_{i=1}^{n} aa_i = N \times r_j \times \sum_{i=1}^{n} \left( \frac{c_i}{p_i} \right) \qquad （6-2）$$

其中，$EF$：总生态足迹（公顷）；

$N$：人口数量（人）；

$ef$：人均生态足迹（公顷）；

$i$：消费品的种类；

$j$：生态生产性土地类型；

$aa_i$：第$i$种商品的人均生态生产性土地面积（公顷）；

$c_i$：第$i$种商品的人均年消费量（千克）；

$p_i$：第$i$种商品的年平均生产能力（千克/公顷）；

$r_j$：第$j$类土地的均衡因子。

在考虑生态足迹消耗时采用生物资源消费和能源消费两部分代表该区域人类活动的主要生态足迹。老林河小流域（朱家湾村）总人口为1544人，故上式中$N$=1544。

根据上式，可以测算出老林河小流域（朱家湾村）本底生态足迹为1008公顷，人均本底生态足迹为0.6582公顷（表6-3）。

老林河小流域（朱家湾村）人均生态足迹　　　　表6-3

| 项目 | 平均产量（千克/公顷） | 人均年消费量（千克） | 生产面积类型 | 均衡因子 | 人均生态足迹（公顷） |
|---|---|---|---|---|---|
| 粮食 | 3500 | 148.7 | 耕地 | 2.8 | 0.11896 |
| 蔬菜 | 18000 | 94.9 | 耕地 | 2.8 | 0.14762 |
| 猪肉 | 70 | 15.8 | 草地 | 0.5 | 0.11286 |
| 油料 | 450 | 12.7 | 耕地 | 2.8 | 0.07902 |
| 禽类 | 33 | 10.4 | 草地 | 0.5 | 0.15758 |
| 水果 | 18000 | 25.8 | 林地 | 1.1 | 0.00158 |
| 茶叶 | 566 | 0.556 | 林地 | 1.1 | 0.00108 |
| 木材（立方米） | 800 | 23.6 | 林地 | 1.1 | 0.03245 |
| 电力 | 1000 | 1.501 | 化石能源地 | 1.1 | 0.00165 |

（2）旅游生态足迹

旅游生态足迹是生态足迹概念在旅游行为中的应用[216][217]，是在一定时空范围内，与旅游活动有关的各种资源消耗和废弃物吸收所必需的生物生产土地面积，把旅游活动过程中旅游者的生态消耗用形象的土地面积进行表述[218]，在旅游生态足迹账户核算体系中，生物生产性土地根据生产力大小的差异可划分为化石能源地、可耕地、草地、林地、建成地和水域等6大基本类型（表6-4）。具体计算则是饮食、住宿、交通、购物、游览、娱乐六大类的加和[219]。即

$$T=T_{food}+T_{accommodation}+T_{transpotation}+T_{visit}+T_{shopping}+T_{entertainment}$$

该式中 $T$ 为旅游生态足迹，$T_{food}$ 表示旅游餐饮生态足迹，$T_{accommodation}$ 表示旅游住宿生态足迹，$T_{transpotation}$ 表示旅游交通生态足迹，$T_{visit}$ 表示旅游游览生态足迹，$T_{shopping}$ 表示旅游购物生态足迹，$T_{entertainment}$ 表示旅游娱乐生态足迹。

旅游生态足迹模型

表6-4

| 旅游要素 | 旅游生态足迹模型 |
|---|---|
| 旅游餐饮生态足迹 | $T_{food}=a \cdot S+c \cdot N \cdot D \cdot C/P+b \cdot N \cdot D \cdot E/r$ |
| 旅游住宿生态足迹 | $T_{accommodation}=a \cdot N \cdot S+b \cdot N \cdot D \cdot K \cdot E/r$ |
| 旅游交通生态足迹 | $T_{transportation}=a \cdot S+b \cdot N \cdot D \cdot L \cdot E/r$ |
| 旅游游览生态足迹 | $T_{visit}=a \cdot S+b \cdot N \cdot E/r$ |
| 旅游购物生态足迹 | $T_{shopping}=a \cdot S+x \cdot R/（Q \cdot g）$ |
| 旅游娱乐生态足迹 | $T_{entertainment}=a \cdot S$ |

资料来源：《基于旅游生态足迹的拉萨旅游地生态补偿标准》

根据实际调研获取的情况，老林河小流域所在朱家湾村目前的旅游项目主要以食、住、行、游四方面为主，其产生的生态足迹也主要由这四方面组成。因此在研究该小流域旅游生态足迹时，本文认为可以从旅游餐饮生态足迹、旅游住宿生态足迹、旅游交通生态足迹、旅游游览生态足迹四个方面进行构建。分别采用[220]：

$$T_{food}=a \cdot S+c \cdot N \cdot D \cdot C/P+b \cdot N \cdot D \cdot E/r$$
$$T_{accomnrodation}=a \cdot N \cdot S+b \cdot N \cdot D \cdot K \cdot E/r$$
$$T_{transportation}=a \cdot S+b \cdot N \cdot D \cdot L \cdot E/r$$
$$T_{visit}=a \cdot S+b \cdot N \cdot E/r$$

①旅游餐饮生态足迹

包括旅游地范围内为旅游者提供餐饮服务的所有餐饮设施占地面积、各类食物的消耗量及在经营过程中的能耗[219][220]。根据调研资料及世界粮农组织公布的各类土地世界平均生产力，再引用现在普遍采用的均衡因子，即耕地2.8，林地1.1，建设用地2.8，草地0.5，能源化石地1.1，水域0.4，参照旅游餐饮生态足迹模型计算出2016年朱家湾村人均旅游餐饮生态足迹为0.00499859公顷（表6-5）。

旅游餐饮人均生态足迹　　　　　　　表6-5

| 分类 | 平均产量（千克/公顷） | 人均游客日消耗量（千克） | 游客消耗总量（千克） | 面积类型 | 均衡因子 | 人均旅游餐饮生态足迹（公顷） |
|---|---|---|---|---|---|---|
| 粮食 | 3500 | 0.3 | 900000 | 耕地 | 2.8 | 0.00072 |
| 蔬菜 | 18000 | 0.5 | 1500000 | 耕地 | 2.8 | 0.000235 |
| 食用植物油 | 450 | 0.03 | 90000 | 耕地 | 2.8 | 0.00056 |
| 猪肉 | 70 | 0.3 | 380000 | 草地 | 0.5 | 0.002715 |
| 禽类 | 33 | 0.3 | 50000 | 草地 | 0.5 | 0.00076 |
| 电力 | 1000 | 0.000756 | 756 | 化石能源地 | 1.1 | 0.0000085 |
| 生物燃料 | 210000 | 0.945 | 945000 | 林地 | 1.1 | 0.000005 |
| 建设用地 | | | 0.98 | | 2.8 | 0.0000274 |
| 合计 | | | | | | 0.00499859 |

②旅游住宿生态足迹

包括旅游地即朱家湾村（老林河小流域）旅游住宿设施建成地面积和为游客提供相应服务所消耗的化石能源地面积[219][221]。由于老林河小流域餐饮设施和住宿设施几乎都由农家乐和宾馆统一承担，故在进行测算时本文仅考虑住宿消耗能源。

根据资料显示，朱家湾村约有床位1500个。根据旅游住宿生态足迹模型，得到朱家湾村人均旅游住宿生态足迹为0.000084公顷（表6-6）。

旅游住宿人均生态足迹　　　　　　　表6-6

| 分类 | 单位能耗（千克/床） | 能耗总量（千克） | 面积类型 | 均衡因子 | 人均旅游住宿生态足迹（公顷） |
|---|---|---|---|---|---|
| 住宿能源消耗部分 | 0.03 | 5964 | 化石能源地 | 1.1 | 0.000084 |

③旅游交通生态足迹

主要考虑各类旅游交通设施的建成地面积和旅游交通工具在旅游活动中的能源消耗量[219][221]。根据调研资料，朱家湾村道路面积约54.26公顷，已建成停车场总面积约0.9公顷。通过访谈，了解到来旅游的人多数都会选择自驾游，且平均出行距离约80公里。这80公里中约有15公里在朱家湾村生产性土地面积内。根据旅游交通生态足迹模型，计算2016年朱家湾村人均旅游交通生态足迹为0.00047125公顷（表6-7）。

旅游交通人均生态足迹                    表6-7

| 分类 | 单位能耗（兆焦/人·公里） | 能量消耗总量（千克） | 面积（公顷） | 面积类型 | 均衡因子 | 人均旅游交通生态足迹（公顷） |
|---|---|---|---|---|---|---|
| 小汽车 | 1.8 | 31680 | 200 | 化石能源地 | 1.1 | 0.0003168 |
| 道路 | | | 54.26 | 建成地 | 2.8 | 0.000151928 |
| 停车场 | | | 0.9 | 建成地 | 2.8 | 0.00000252 |
| 合计 | | | | | | 0.000471248 |

④旅游游览生态足迹

主要体现在观光道路的建成地面积与观光空间化石能源的消耗量两大方面（表6-8）。根据调研资料，该区域旅游观光道路主要集中在牛背梁国家森林公园内，建成地面积约22.4公顷。故根据旅游游览生态足迹模型，算出人均旅游游览生态足迹为0.000023097公顷。

旅游游览人均生态足迹                    表6-8

| 分类 | 面积类型 | 均衡因子 | 人均旅游游览生态足迹（公顷） |
|---|---|---|---|
| 观光道路的建成地面积 | 建成地 | 2.8 | 0.0000224 |
| 观光空间化石能源消耗 | 化石能源 | 1.1 | 0.000000697 |
| 合计 | | | 0.000023097 |

⑤旅游生态足迹汇总

以上四项相加，得到老林河小流域（朱家湾村）旅游生态足迹为5576.935公顷。人均旅游生态足迹为0.005576935公顷（表6-9）。

旅游人均生态足迹汇总                    表6-9

| 项目 | 人均旅游生态足迹（公顷） | 旅游生态足迹（公顷） |
|---|---|---|
| 餐饮 | 0.00499859 | 4998.59 |
| 住宿 | 0.000084 | 84 |
| 交通 | 0.000471248 | 471.248 |
| 游览 | 0.000023097 | 23.097 |
| 合计 | 0.005576935 | 5576.935 |

（3）生态足迹汇总

将上面本底生态足迹和旅游生态足迹进行加和，老林河小流域（朱家湾村）总生态足迹为6584.935公顷，由于此时人数由本底生态足迹的当地居民数和旅游游客数两部分构成，故在这里不再考虑人均生态足迹。

2）老林河小流域生态承载力计算压力评价

生态承载力的测算即计算生态对人类活动的承载力大小（表6-10），对各类生物生产性土地面积乘以均衡因子和产量因子，扣除12%的生物多样性保护面积后，即可以得到老林河小流域生态承载力。计算中产量因子采用wackernagel等在计算中国生态足迹时的取值[221][222]，耕地为1.66，建筑用地为1.49，草地为0.19，林地为0.91，水域为1，化石能源地为1。

$$T = \sum_{i=1}^{6} \left( S_i \times a_i \times y_i \right) \qquad (6\text{-}3)$$

式中：$T$——生态承载力（公顷）；

$\quad\quad\ S_i$——均衡因子；

$\quad\quad\ y_i$——产量因子；

$\quad\quad\ a_i$——第$j$类生物生产性土地面积（公顷）。

老林河（朱家湾村）小流域生态承载力　　　　　　　　　表6-10

|  | 面积（公顷） | 均衡因子 | 产量因子 | 生态承载力 |
|---|---|---|---|---|
| 耕地 | 67.33 | 2.8 | 1.66 | 340.83784 |
| 林地 | 11321 | 1.1 | 0.91 | 11332.321 |
| 建设用地面积 | 389 | 2.8 | 1.49 | 1622.908 |
| 水域 | 78.24 | 0.4 | 1 | 31.296 |
| 草地 | 1044.43 | 0.5 | 0.19 | 99.22082 |
| 化石能原地 | 0 | 1.1 | 1 | 0 |
| 合计 | 12900 | — | — | 13426.58366 |
| 扣除12%的保护生物多样性所需的面积 |  |  |  | 11815.39362 |

进而将得出的生态足迹与生态承载力进行对比，即可得到乾佑河流域的生态压力指数[223]。根据生态压力指数的等级划分标准，即可对乾佑河流域生态压力的强弱做出判断，该指数越大，说明区域的生态压力越大，系统的安全性越差（表6-11）。

生态压力指数等级划分标准　　　　　　　表6-11

| 等级 | 指数特征 | 表征状态 |
|------|----------|----------|
| 1 | <0.5 | 很安全 |
| 2 | 0.51~0.80 | 较安全 |
| 3 | 0.81~1.00 | 稍不安全 |
| 4 | 1.01~1.50 | 较不安全 |
| 5 | 1.51~2.00 | 很不安全 |
| 6 | >2.00 | 极不安全 |

经前文分析计算，老林河小流域（朱家湾村）生态足迹为6584.935公顷，而其生态承载力为11815.39362公顷。从表面的数值上来看老林河小流域的生态足迹并未超过其生态承载力，按照相关压力指标参考值，可以发现，其生态压力并不大，处于较安全状态，同理，对其他敏感度较低的小流域进行的抽样计算，更是处于安全状态。

但在实地调研中也发现，由于老林河小流域地形呈长条形，在乡村旅游业发展和政府移民搬迁的双重影响下，朱家湾村的聚落空间分布已经从之前农业产业主导下的在整个村域零散分布逐步演变为现在游憩产业主导下的集中分布在主沟等区位条件较好的线性空间上。

截至2017年末，沿主沟两侧的线性范围内，住宅数量所占村域总住宅数量的比例已经达到90%以上，也就是说，整个村域的承载力只由该线状空间消耗，这就造成了空间上的不匹配现象。由此看来，单纯数值所显示出的较安全是从整体角度出发，但局部存在生态压力过大的现象，造成了局部地段生态破坏。针对这一现象，必须提出相应的管控措施来阻止其无序发展。

### 6.1.3　小流域典型核点集聚区域用地适宜性分析

1）用地适宜性评价方法借鉴

通过前文宏观层面乾佑河流域的生态敏感性及高敏感区域小流域生态承载力分析，可以清楚地认识到，当前小流域的建设，即使是目前开发量最大的小流域，相对客观的生态环境而言，只要通过合理的组织，也是安全的、可接受的，但是需要管控，更需考虑其开发建设是否会对更宏观的生态意义有所影响，是否会带来更大的社会问题。

本节为了进一步了解乡村聚落核点集聚区域用地及地形改造的基本特征，选择了包含不同核点集聚区域所在的小流域片段，进一步展开了详细的建设适宜性的评价，具体如下：

评价的范围以设定核点集聚区域（2000米）为基础，向外延展，初步控制3000~4000米，

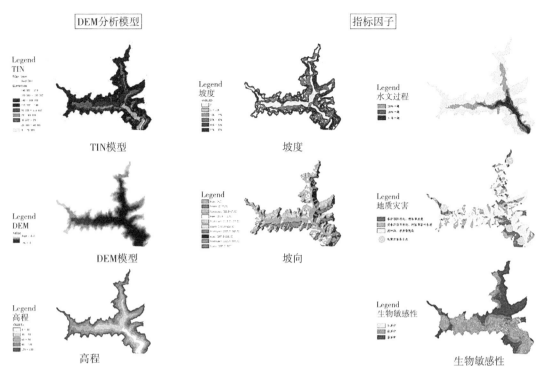

图6-7　33A典型核点集聚区域4用地适宜性分析　（资料来源：作者自绘）

其宽度为常规理解的山脚线范围向外延伸
50米，如图6-7、图6-8所示，总面积控制
在200公顷以内。进而选择不同小流域的类
似空间范围，以1∶2000为基础，对地形作
进一步的补充。

　　在指标选取上参考相关标准中的指标
体系，从地面坡度、坡向、地质灾害、水
文过程、其他敏感要素保护五个要素进行
了量化评价，得到表6-12。

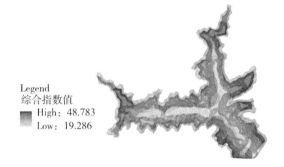

图6-8　33A典型核点集聚区域4用地适宜性综合分析
（资料来源：作者自绘）

用地适宜性评价体系　　　　　　　　　　　　　　表6-12

| 指标因子 | 不适宜级（2分） | 适宜性较差级（6分） | 适宜级（10分） |
|---|---|---|---|
| 地面坡度 | ≥25% | 10%≤地面坡度<25% | <10% |
| 坡　向 | 0度~90度、270度~360度 | 90度~150度、210度~270度 | 150度~210度 |
| 地质灾害 | 有非活动性冲沟、滑坡等现象 | 非活动性冲沟、滑坡等影响辐射区 | 无相关现象 |
| 水文过程 | 5年（30） | 10年（50） | 20年（70） |
| 其他敏感要素保护 | 要素对象自身 | 外围10~30米 | 外围30~50米 |

用地适宜性划分

表6-13

| 类别等级 | 类别名称 | 分值（$P$） |
|---|---|---|
| 一类 | 适宜建设用地 | $P \geq 40$ |
| 二类 | 限制建设用地 | $22 \leq P < 40$ |
| 三类 | 禁止建设用地 | $P < 22$ |

作为案例性的研究，本文采用了30米×30米的栅格单元建构，并借助GIS工具进行原有地形的适度还原，进而形成封闭图斑，得到评价级差图。在单个因子评价之后，对每个因子赋予权重并叠加，根据指标因子对其评分，最终得到每个区域的分值，然后对不同的分值划定评价标准，得到适宜建设区、限制建设区、禁止建设区三类用地划分（表6-13）。

2）基于用地适宜性分析的研究区域分类

根据研究表明，小流域内的核点建设区域主要分为三类，一类是有较多适宜建设用地的核点建设区域，如33A老林河小流域核点集聚区域4（图6-8），有相对较开阔的建设用地；一类是有一定规模的限制建设用地的区域，如33A老林河核点区域1；另一类多数用地为限制区域，如22G东甘沟小流域核点区域1。

在多个案例比较中发现，后两类集聚区域占比也不少，其中第二类更是达到20%，所以小流域内不同于平原地区，限制建设用地的使用是必须予以充分考虑的，它是聚落集聚与用地矛盾的焦点，在生态条件允许的大背景下，适度、有选择地进行用地有条件改造，是解决聚落集聚，集聚与场域价值较好关联的重要考量。但应在充分研究小流域发展及集聚趋势的基础上，对限制建设用地做出针对性要求。

# 6.2 基于聚落空间集聚的社会—生态PSR健康发展评价模型确定

## 6.2.1 小流域社会—生态系统的三生融合分析

乡村聚落的可持续发展，除了自身场域特征影响外、生态适宜限制外，还受到来自政策、经济等方面的影响与推动，《乡村振兴战略规划》中的四类村庄发展趋势、国土空间规划中的"三区三线"设计，都需要慎重地分析与考虑，但由于研究焦点的侧重，本书在这一方面更多是借鉴及有针对性地提取。

2012年12月8日，党的十八大报告[①]提出开展生态文明建设的理念，在优化国土空间开发格局部署中建立了"促进生产空间集约高效、生活空间宜居适度、生态空间山清水秀"目标，以

---

① 选自中国共产党十八大报告全文，中国时政，2012。

政治家的视角从战略的高度，用通俗易懂的语言总结了生产、生活、生态空间的发展要义。而这"三生空间"的建构、概念的解读，也正是"社会—生态系统"发展的目标与指向，故结合城乡规划学科要具体落实到空间的工作视角，结合小流域社会—生态系统的具体认知，本书进一步以"三生空间"为目标对前文各分析进行了抽取概括，也为评价因子的选择确定基本方向。

1）生态目标导向下的基本影响分析

（1）从生态影响的综合分析来看，在人口大量迁移的背景下，在严格管控的治理下，秦岭南麓生态重要区域中[①]各小流域内，聚落建设对生态影响相对可控，山清水秀的格局是可维护与保持的。

（2）生态概念非常复杂，有狭义的自然生态，也有含社会因子的复合生态。故相关评价还需要将小流域置于宏观生态价值的战略背景及作为一种人居类型的复合生态去考虑。

（3）自然条件评价是聚落集聚的基础条件，严格禁止对自然河道的侵占、不适宜建设的坡地改变，及一级小流域内的非必要建设。

（4）在乡村人口继续减少的背景下，进一步推动聚落的消解与还原，推动宏观生态目标的实现，但同时在整体用地减少的统筹安排下，对确需增加建设用地及利用有条件建设用地的，应予以认真考虑。

2）生活目标导向下的基本影响分析

（1）维持不低于平均水平的经济收入，促进收入非农化的加强，是小流域乡村聚落农户留居必须面对的现实。

（2）充分考虑河谷地段自然承载力的前提下，维持一定的农户规模、保有一定的常住农户数及含青年常住农户数尤为重要。

（3）积极面对小学教育、医疗出行、行政管理等原本起到中心强化的活动被替代趋势，在维持应急就医、环卫服务等社会基本保障的前提下，充分考虑域外设施使用的便利性、通达性。

3）生产目标导向下的基本影响分析

（1）在综合平衡的基础上，积极推进现代生态农业的适度规模化、企业化、市场化，积极遵循宏观经济发展及相关政策的引导。

（2）在限制非聚落功能比重的前提下，充分利用各种资源、相关规划与投资，因地制宜地推动小流域的游憩服务及发展。

## 6.2.2　小流域社会—生态PSR健康发展评价指标选择及标准值确定

从章节2小流域社会—生态健康评价方法中表2-4中可以得出，因素层每一个指标涉及下

---

① 　章节1.5.3在生态典型性方面进行描述，根据相关规划与研究，秦岭南麓主要由44%的生态极重要区域、36%的生态重要区域、20%的生态协调区域组成。

一层级因子都很多，甚至存在交叉现象，而评价体系的建构，则是以最具针对性且易于评价为目标，因子一般在两个，可以增加或减少，本书在前文综合分析后，最终仍按照每项两个因子进行选择，特别是在系统压力、系统状态方面，其中一个因子侧重基本面的反映，而另一个因子则是更强调前期研究中挖掘特性的反映。

同样，按照一般PSR评价体系，本书设置了标准值作为换算的主要参考值，考虑到各小流域聚落建设的区域平衡，及各小流域内多数调研值虽然不稳定，但基本都在可控范畴内的实际情况，主要标准值则以不同流域的高值、低值为上下限，在参考国家、地方相关标准，以及国家平均水平的基础上，作适当调整，并根据具体因素设置目标不同，分别定义为积极值与消极值。有些指标考虑高值或低值是特殊情况下的产物，则也根据实际情况选择第二极值为准（表6-14）。

聚焦聚落集聚的小流域乡村聚落社会—生态PSR健康发展评价体系　　表6-14

| 准则层 | 因素层 | 指标层 | 单位及部分指标释义 | 标准值 | |
|---|---|---|---|---|---|
| 系统压力 | 人口活动压力 | X1总人口规模 | （人）点轴集中区域人口 | 1634 | 385 |
| | | X2每千米增加人口规模 | （人）点轴集中区内 | 58.58 | 11.17 |
| | 社会经济发展压力 | X3平均人均收入 | （元/人） | 11470 | 4890 |
| | | X4非传统农业非务工收入占比 | （%）— | 42 | 1 |
| | 聚落建设压力 | X5宅院每千米平均数 | （户/千米） | 43.55 | 12.20 |
| | | X6核点建设聚集度 | （%）含斑块大小相对系数的相对聚集度 | 74.43 | 7.72 |
| | 生态环境压力 | X7流域平均宽度 | （米）点轴集中区平均宽度 | 135 | 26 |
| | | X8建设用地占比 | （%）建设用地占点轴统计用地比例 | 9.18 | 25.83 |
| 系统状态 | 社会经济发展水平 | X9流域农户集聚比率 | （%）点轴集聚区域农户占流域农户比例 | 98 | 83 |
| | | X10土地市场转型率 | （%）建设用地及农业用地流转占比 | 67.72 | 3.57 |
| | 聚落空废常住特征 | X11宅院平均空废率 | （%）— | 6.55 | 24.51 |
| | | X12含青年常住农户比例 | （%）含季节性 | 63.60 | 12.25 |
| | 生态环境影响指数 | X13区域景观及农业质量相对比重 | （—）景观价值、农业产出的比重 | 10 | 2 |
| | | X14相对通达指数 | （千米）相对大型交通基础设施或县镇距离 | 3 | 15 |
| 系统响应 | 政府企业介入状态 | X15,2016年聚落相关投入占比 | （%）各流域占总流域投入 | 37.88 | 3.79 |
| | | X16,2016年旅游或农业投入占比 | （%）各流域占总流域投入 | 49.41 | 0.11 |
| | 村民及游客满意度 | X17村民满意度调查 | （—）— | 371 | 306 |
| | | X18游客满意度调查 | （—）无游客小流域按照平均值计算 | 386 | 316 |

1）系统压力指标层因子的选择

其中生态环境压力方面，考虑小流域选择区域（36%生态重要区）的前置条件，及小流域按照流量、规模、长度主导分级的前提，最终选择流域平均宽度、已建设用地占点轴统计用地比例两个指标进行。

人口活动压力方面，考虑到集聚研究的变化属性，则以总人口规模、调研的四个时间段内平均每千米增加人口规模为参数。该指标的标准值选择比较特殊，一般情况下，小流域每千米增加人口规模都在60以下，而东甘沟因为特殊情况达到了144.38，本书也采用了最高值58.58。

社会经济发展压力，采用人均收入以及非传统农业非务工收入占比两个指标，后者一方面反映了收入的实际情况，另一方面也是小流域产业发展影响的关键。

聚落建设压力，采用每千米宅院平均数，以及核点建设聚集度两个指数，其中后者是前文研究的重点之一，是包含了斑块大小系数加权后的相对聚集度，反映谷底地区建设的真实情况，避免户数不多，但斑块建设用地较大情况的影响。

2）系统状态指标层因子的选择

在生态环境影响方面，则是根据前文生态适宜性影响的分析，考虑到人口减少大趋势、生态副作用可控的前提下，去掉了常规的自然破坏等因子的选择，而是以积极性生态影响为主要参数，选择区域景观及农业质量相对比重、相对通达指数。其中就"区域景观及农业质量相对比重"一项而言，考虑到秦岭南麓小流域的自然景观基础，任何未开发的小流域景观赋值都取1，重要景观资源取3，特级景观资源取5，同样，农业基本产出取1，有较好农业用地及少量农业企业取3，有较好农业开发企业取5，根据每个小流域加和后进行标准值的取舍。

社会经济发展水平方面，则选择了土地市场转型率和流域农户集聚比例，其中前者主要反映了土地参与市场化的状态，后者指小流域内点轴集中区农户，占总农户的比例，反映流域内农户可进一步集聚的规模。

在聚落空废常住特征方面，包含宅院平均空废率、含青年常住农户比例，这是本书研究的重要结论之一，特别是含青年常住农户这一指标，是包含了主干家庭、核心家庭类型、有青年居住农户的总和。

3）系统响应指标层因子的选择

在政府企业介入状态方面，采用了聚落建设相关投入占比、旅游或农业投入占比两个指标，客观而言，随着乡村振兴战略的提出，各行各业在乡村建设方面都有很大的力度与支持，包含规划、房屋、院落、市政等方面，为了易于比较，最终选择了所有投入加和的比对，以2016年数据为准。

在村民及游客满意度方面，则分别采用了两者的满意度调研数据，"满意度调查"，则是按照前文"挺满意、比较满意、一般满意、不满意、非常不满意"5个档次，分别赋予5、4、3、2、1进行加权比较，按照最高值、最低值进行标准值建构。由于本书流域发展本源属性强调，村民产居研究聚焦，所以后者的研究也是从村民游憩服务的角度展开，而非景区等专业性旅游评价、相关数据则以补充为主，具体参考附录2"乾佑河柞水段小流域乡村聚落发展的游客感知调查问卷"。

### 6.2.3 指标的标准化处理及权重等相关参数确定

1）指标标准化处理

为了统一各评价指标的单位和量纲，参考成熟案例，采用极差法进行数据的标准化处理，具体公式如下：

正（负向）向作用指标：

$$X'_i = \frac{X_i - \min X_i}{\max X_i - \min X_i} \quad (6-4)$$

$$X'_i = \frac{\max X_i - X_i}{\max X_i - \min X_i} \quad (6-5)$$

式中$X'_i$、$X_i$为第$i$项的标准化值和第$i$项的原始值，$\max X_i$、$\min X_i$为第$i$项的标准最大值和标准最小值。

2）权重及综合指数确定

健康发展评价是一个多指标定量综合评价的过程，其中单项指标只能从某一侧面反映系统的发展状况，只有根据相应的权重，将各评价指标标准化值逐层合成综合指数，才能反映整体状况[167]1101。由于研究的重点与对象的特征，本书采用了层次分析法和不同领域专家评判法来确定权重。

PSR健康发展评价指标权重　　　　　　　　　　　　　　　　　表6-15

| 目标层 | 准则层 | 权重 | 指标层 | 权重 |
|---|---|---|---|---|
| 基于聚落集聚分析的小流域社会—生态系统健康评价 | 系统压力 | 0.3064 | X1 | 0.1132 |
| | | | X2 | 0.1321 |
| | | | X3 | 0.1195 |
| | | | X4 | 0.1258 |
| | | | X5 | 0.1321 |
| | | | X6 | 0.1258 |
| | | | X7 | 0.1131 |
| | | | X8 | 0.1384 |
| | 系统状态 | 0.3710 | X9 | 0.1379 |
| | | | X10 | 0.1466 |
| | | | X11 | 0.1638 |
| | | | X12 | 0.1810 |
| | | | X13 | 0.1724 |
| | | | X14 | 0.1983 |
| | 系统响应 | 0.3226 | X15 | 0.2289 |
| | | | X16 | 0.2530 |
| | | | X17 | 0.2651 |
| | | | X18 | 0.2530 |

　　为此，选择了5名专家进行咨询，并根据咨询结果，建构相应判断矩阵，计算得出各单项要素指标和三大指标层的权重（表6-15）。采用如下加权函数法合成系统评判综合指数，该指数也可被称为健康综合指数：

$$F_i = \sum_{i=1}^{3} w_i \times \left( \sum_{i=1}^{n} X'_i \times W_{ij} \right)$$ （6-6）

　　式中$F_i$小流域社会—生态健康发展综合指数，$W_i$为第$i$项子系统权重[224][225]，$W_{ij}$为第$i$子系统第$j$项指标权重。$F$值越接近1，表明健康状况越好。

　　对不同聚集类型的小流域各项指标进行计算，并结合权重进行加权求和得出综合指数，在借鉴国内外生态系统健康等级划分的基础上，将小流域社会—生态系统健康级分为健康、亚健康、临界状态、不健康和非常不健康5个等级（表6-16）。

PSR健康发展评价等级标准　　　　　　　　　　　　　表6-16

| 综合指数 | 0.8～1.0 | 0.6～0.8 | 0.4～0.6 | 0.2～0.4 | 0.0～0.2 |
|---|---|---|---|---|---|
| 等级 | 健康 | 亚健康 | 临界状态 | 不健康 | 非常不健康 |

## 6.2.4　小流域乡村聚落核点集聚区域PSR健康发展评价

　　在小流域综合评价的基础上，本节进一步聚焦，围绕核点集聚区域的聚落建设设计了简化的PSR健康发展评价，并对相关参数进行调整，如采用含青年常住农户的参数，替代含青年常住农户比例，以进一步发现其中相对纯粹的特征，但仍强调一点，该评价是建立在完成整个小流域聚落体系评价后。

　　具体消减因子主要集中于两个方面：一是经济要素的筛减，考虑到综合评价中可持续发展因素的侧重，目标选择相对更纯净一些；第二由于核点集聚区域长度2000米的基本恒定，总量与分量区分意义不是很大，故具体见表6-17。

核点集聚区域PSR健康发展评价体系　　　　　　　　　表6-17

| 准则层 | 因素层 | 指标层 | 单位及部分指标释义 | 标准值 | |
|---|---|---|---|---|---|
| 系统压力 | 聚落建设压力 | X1宅院每千米平均数 | （户/千米） | 160 | 9 |
| | | X2核点建设聚集度 | （%）含斑块大小相对系数的相对聚集度 | 158.72 | 4.47 |
| | 生态环境压力 | X3流域平均宽度 | （米）点轴集中区平均宽度 | 322 | 40 |
| | | X4建设用地占比 | （%）建设用地占点轴统计用地比例 | 3.69 | 72.39 |
| 系统状态 | 聚落空废常住特征 | X5宅院平均空废率 | （%）— | 0 | 33.33 |
| | | X6含青年常住农户 | （户/千米）含季节性空置 | 49.5 | 0 |
| | 生态环境影响要素 | X7区域景观及农业质量相对比重 | （—）景观价值、农业产出的比重 | 10 | 2 |
| | | X8相对通达指数 | （千米）相对大型交通基础设施或县镇距离 | 4 | 23 |

| 准则层 | 因素层 | 指标层 | 单位及部分指标释义 | 标准值 | |
|---|---|---|---|---|---|
| 系统响应 | 村民及游客满意度 | X9村民满意度调查 | （—）— | 382 | 303 |
| | | X10游客满意度调查 | （—）无游客小流域按照平均值计算 | 410 | 332 |

# 6.3 典型小流域的社会—生态PSR健康发展评价及总结

## 6.3.1 典型小流域社会—生态PSR健康评价的综合及分类指标比较

在前文评价体系建构的基础上，进一步对七条小流域社会—生态系统展开具体发展状态的评价（图6-9），并对结果进行横向比较，发现就综合指数而言：两条小流域处于亚健康状态，两条小流域处于临界状态，两条小流域处于不健康状态，另有一条小流域处于非常不健康状态，且可以直观地发现，小流域不同层次场域关联强度越强，其健康评价值越高（表6-18）。具体现象与问题体现如下：

小流域、产业特征、核点集聚类型与PSR健康发展评价比较　　　　表6-18

| 典型小流域 | 小流域产业特征 | 小流域场域关联强度 | 与上位流域场域关联强度 | 小流域PSR健康评价 |
|---|---|---|---|---|
| 33A老林河小流域 | 游憩主导休闲型 | 多核点线性强关联 | 强度关联 | 亚健康 |
| 31E东川河小流域 | 农业主导生产型 | 多核点线性强关联 | 中度关联 | 亚健康 |
| 32B太峪河小流域 | 农业主导游憩型 | 双核点局部强关联 | 中度关联 | 临界 |
| 22G东甘沟小流域 | 农业主导游憩型 | 单核点局部强关联 | 中度关联 | 临界 |
| 21D芦柴沟小流域 | 农业主导生产型 | 单核点线性弱关联 | 低度关联 | 不健康 |
| 31C龙潭河小流域 | 农业主导生产型 | 无核点线性弱关联 | 低度关联 | 不健康 |
| 21F王家河小流域 | 农业主导生产型 | 无核点线性弱关联 | 低度关联 | 非常不健康 |

（1）即使评价最好的33A老林河小流域，是以复合型、游憩型核点集聚区域为主体的小流域（四核点），其峰值为0.7934，还处于亚健康状态，这说明还是有很多不足之处，需要改进。

从其四大指数相对分值来看，差异并不是很大，但聚焦于指标层指数分析，可以发现问题主要集中于宅院每千米平均数，以及游客满意度这两值，都处于非常低的状态，特别是该小流域是整个案例研究小流域中游憩开发最好的现实面前，这说明一个问题，其开发虽然没有饱和（生态足迹承载力远未达到阈值），但相对建设量出现了问题，影响了游客的心理期望，影响了专家的可持续发展选择，所以一定程度原生态特征才是小流域聚落发展的重要基础与优势。

31E东川河小流域是核密度估算为四核点集聚区域（初始状态）的小流域，同样处于亚健

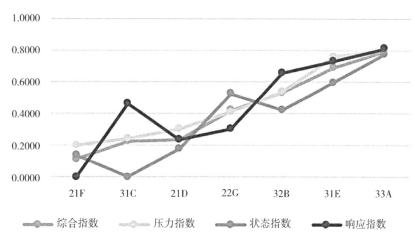

图6-9  典型小流域社会—生态PSR健康评价 （资料来源：作者自绘）

康状态，数值为0.6905，作为一个纯粹农业主导生产型的小流域，其健康评价也非常高，然而更让人意外的是具体村民以及游客满意度的数值，分别达到了最大值和第二高值。

该小流域最大的不足则是距离重要交通枢纽或者城镇较远，是多个案例小流域中赋值最低的；另外一方面则是相对投资建设还较小，但去年围绕旅游、农业的投资规模都已开始加剧，由此可见，在秦岭中真正具有良好农业生产条件的小流域，同样是难得的游憩及生产基地。

（2）22G东甘沟、32B太峪河小流域是两条处于临界状态的小流域，这说明这两条流域的建设在目前状态下相对较好，但是从具体比值中可以发现，前者只有0.4183，后者达到0.5328，中间差距非常人，这也说明东甘沟小流域的发展并不一定是单纯鼓励。

东甘沟小流域是单核点复合型集聚的小流域，尽管用地狭窄、紧张，但其建设较多，整体状态较好，由于产业发展的原因，容纳较多的农户，收入较高，使得场域价值也较高。可是它并不一定是可持续的，高达25%的建设占地使得小流域过于拥挤，评价较低是其重要短板。

相反，太峪河小流域河道较宽，人口规模也较大，资源也较丰富，区位条件也较好，属于三级小流域中条件较佳的小流域，是三核点集聚的小流域（初始状态），理应具有较高的健康评价值，但其收入仍相对较低，除受到33A老林河小流域旅游发展竞争等经营性要素影响外，该流域的建设占地比重仍然较高，也是一个关键影响因素，过分的松散、不集约，只会降低小流域的场域价值，该拥有较好资源的小流域更需要很慎重地进行聚落优化整合。

（3）21D芦柴沟、31C龙潭河小流域都是属于不健康的状态，而且其值也都非常低，刚刚突破0.2，虽芦柴沟拥有一个场域状态匹配较好的基础型集聚区域（初始为2个核点集聚区域），但就整个小流域的聚落建设而言状态很差、不稳定，这也意味着大多数区域的聚落都会再发生调整（但村民的满意度较高，这应该与农户分户较多，主要以老年农户为主的原因）。

而龙潭沟小流域本身为三级小流域，虽有四个核密度估算区域，但场域关联都比较低，主要问题在于流域的有效宽度过低，从而导致农户居住分散，其聚集度数值过低，是一大硬伤。

但该小流域位置较佳，虽然游客为数不多，但平均满意度却是最高的，而且，相关的投资也在逐步增长，由此可见，该小流域的聚落建设还是有着较好发展前景的。

（4）21F王家河小流域是非常不健康的小流域，不具备较好场域关联匹配的核点集聚区域（初始为2个核点集聚区域），是整个小流域中分值最低的小流域，其中每千米增加人口规模也是最低的，只有11.17人，换算后标准值为0，由此可见，流域内的农户转移、搬迁非常低，说明农户是以向外搬迁为主。

虽然，本书只进行一条该类小流域的案例深入研究，但在该区域，该类型小流域并不少见，且已经出现了小流域人口几乎搬迁没有了的现象，如在09号鲛沟小流域里，该小流域，人口规模较小，建设用地有限，纵深在5千米左右，且沟口在乾佑河主干道沟口处有相对开阔的城乡建设空间，目前仅剩下的8户也在今年的贫困移民政策的扶持下，签署了意向协议。这里固然有村政府搬迁资金争取的努力，但更应该看到一种发展的趋势。

### 6.3.2 核点集聚区域社会—生态PSR健康评价的综合及分类指标比较

通过对7条小流域20个GIS核点集聚区域[①]的健康发展评价综合指标比较可以发现：共有6个核点集聚区域处于亚健康状态、8个核点集聚区域处于临界状态，6个核点集聚区域处于不健康状态（表6-19）。

小流域核点集聚区域的场域关联匹配与PSR健康发展评价比较　　　表6-19

| 典型小流域 | 核点集聚区域1 | | 核点集聚区域2 | | 核点集聚区域3 | | 核点集聚区域4 | |
|---|---|---|---|---|---|---|---|---|
| 比较项目 | 场域匹配 | 健康评价 | 场域匹配 | 健康评价 | 场域匹配 | 健康评价 | 场域匹配 | 健康评价 |
| 21F王家河小流域 | 不匹配 | 不健康 | 不匹配 | 不健康 | | | | |
| 31C龙潭河小流域 | 不匹配 | 不健康 | 不匹配 | 临界 | 不匹配 | 不健康 | 不匹配 | 不健康 |
| 21D芦柴沟小流域 | 基础型 | 临界 | 不匹配 | 不健康 | | | | |
| 22G东甘沟小流域 | 复合型 | 临界 | | | | | | |
| 32B太峪河小流域 | 基础型 | 临界 | 复合型 | 亚健康 | 不匹配 | 临界 | | |
| 31E东川河小流域 | 基础型 | 亚健康 | 基础型 | 临界 | 基础型 | 亚健康 | 复合型 | 亚健康 |
| 33A老林河小流域 | 复合型 | 亚健康 | 复合型 | 临界 | 游憩型 | 临界 | 游憩型 | 亚健康 |

其中不同类型小流域核点—综合评价指数的递增（图6-10），反映了场域关联核点集聚区域论断的合理性；及从匹配后的无核点到多核点特殊型集聚模式推理的合理性，从基础型核点到复合型核点关联逐渐加强的合理性。

---

① 包含了无场域关联的、由GIS计算出来的、最初始的原核密度估算区域。

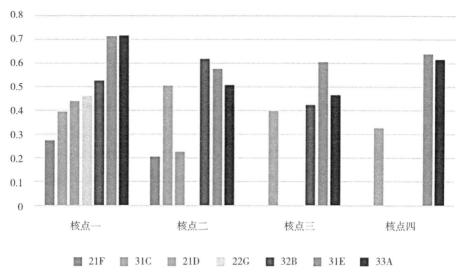

图6-10　典型小流域核点集聚区PSR健康评价——综合指数
（次序按照核点集聚区域数量排列）（资料来源：作者自绘）

但较接近的数值，也说明乡村聚落的核点集聚区域一旦形成，其等级序列并不是很明显，并不像城市体系一样，出现较大的首位度差异。

（1）健康指数较高的核点集聚区域多数集中于三级小流域中，大部分都是复合型较强、条件较好或者资源较丰富、农户较多的核点集聚区域。其中31E东川河农业主导生产型小流域有三个都处于亚健康值范围内，还高于33A老林河游憩主导休闲型小流域的核点集聚数量（4个核点集聚区域，2个处于临界状态，分别为游憩型与复合型），这说明秦岭山区里真正有价值的农业型小流域，仍然有很大的发展潜力。

但其亚健康的基本现实，则反映出仍具有很大问题需要调整，具体如31E东川河农业主导生产型小流域空废度较高、33A老林河游憩主导休闲型小流域游憩满意度较低，这也说明单纯的农业生产还是有一定不足的，对小流域的常住人口有较大不利影响，而过多游憩关联建设，也带来很多的不利感知。令人意外的是核点四游憩型核点集聚区域（两个游憩型核点集聚区域中的一个），其分值并没有想象得那么低，也在亚健康范围内，据了解，主要是该区域原汁原味"终南山寨"项目的定位，赢得经营者、游憩者以村民的认可，但也需要更加合理的引导与管控。

（2）8个临界状态的核点集聚区域，各有各的情况与缘由，其中在22G东甘沟生产主导游憩型二级小流域中，只有一个核点集聚区域，条件有限，如果不是因为特殊的游憩资源，早就会消失殆尽，故这已经是其较好的状态，其高达34.66%建设占地比（占整个小流域有效面积比25.83%），导致游客满意度相对值达到最低，故也是其最需要调整的问题所在。

另一个比较特殊的核点集聚区域位于31C龙潭河三级小流域，该小流域经过场域特征匹配后，属于无核点集聚区域的小流域，所以其他空间核点集聚区域的健康评价分值都很低，但是其核点集聚区域二评价分值却达到0.5064，就其分项指标发现，主要是村民满意度及游客满意度拉高了其价值。一方面，由于最好的区位条件，尽管游客很少，但来的游客都评价很高，认为少量的建设才是真正的秦岭，而老百姓一方面住进了新房子，另一方面出于对未来发展的期待充满了自信。

还有一个较特殊的集聚区域当属于31E东川河农业主导生产型小流域的核点集聚区域二，其数值为0.576，虽然相对也较高，很接近亚健康值，但已经属于临界状态的程度内。具体复核，发现该流域点轴集中区全长11710米，四个核点集聚区域长度达到8000米，两个核点集聚区域间距，仅为220米，而其他核点集聚区域间距都在1000米以上，这说明纯粹从GIS计算出来的核密度估算区域，也会因农户总体规模较大、场域关联度也很高，但因分布相对疏散、导致聚落空间的差异、归属仍存在不足的情况。其核点集聚区域人口规模上基本上很难再有大的增加，又由于紧邻亚健康核点集聚区域的挤压，其应该进一步进行梳理，进一步取舍优化。

第四个需要分析的是33A老林河小流域核点集聚区域三，该核点为游憩型集聚区域，但分值处于临界状态，也说明了取舍矛盾的所在，是生态建设与经济发展矛盾的集中体现，该区域位于老林河小流域主沟的尾部，居住农户最少，有一个大型山地式宾馆，除了依山而建、层数不高、成组团的客房外，还含有众多别墅式客房，整个小流域获得经济效益的初始原因，就是来自景区及该宾馆建设带来的消费。

（3）6个处于不健康状态核点集聚区域，说明这些核点与场域价值不匹配的推断是正确的，该核点不具备影响或者带动小流域聚落发展、稳定存在的能力，和过渡区域的宅院状况类似，虽有一定的空间集聚，但也是暂时的，相对低效。这一类集聚区域，在考虑上位发展需要的同时，应该多考虑其向自然环境的过渡。

当然，有些位于特殊位置的核点集聚区域还需单独考虑，如31C龙潭河小流域其核点集聚区域一，一般而言，作为有方向影响的小流域，其第一个核点集聚区域都具有较好的区位优势，理论上最低应该处于临界状态，但该核点集聚区域，是新建的集中安置区，所以空置率很高，很多人还是回到老屋和父母一起住，这个问题需要妥善解决。

### 6.3.3  基于核点集聚区域与小流域PSR健康评价的总结

根据整个小流域及核点集聚区域的健康评价比较，可以确定该评价体系具有以下三个特征：

第一，该评价体系是围绕聚落建设展开的综合评价，所以即使生态环境非常好，社会因子如果偏低，整个小流域的综合状态也偏低，故该评价体系是在生态格局分析基础上展开的进一步发展性评价。

第二，筛选后的各因子作为评价体系的关键因子是合适的，能够反映出小流域的基本情况。即使有些评价结果和感觉、感知有所差异，但在分析其原因后，也是可以理解与接受的，故由该指标因子构成的评价体系是可以在进行其他小流域评价时予以运用。

第三，由于标准值设置多是以各小流域最大值、最小值所确定的（主要因子），所以整个数值相对较低，更是一种相对的健康评价，如进行更多类似乾佑河柞水段流域的调研，进一步优化该参数将变得更为准确。故当前研究背景下，在其他小流域中，可以直接进行类比借鉴，但综合指数则需根据结果进行相对调整，或者进行同样的系数调查，优化参数。

另一方面，将小流域产业特征、空间集聚类型、核点集聚区域与PSR健康评价展开了进一步的综合比较，可以发现：

（1）小流域社会—生态的健康特征与其上位流域场域关联强弱有关，相互间的联系越强、流动越强，小流域的健康值越大，不同产业发展类型小流域都具有更加健康发展的趋势，但合理的游憩行为增加将更有助于健康值的提升。

（2）二级小流域更易于出现PSR健康评价结果较低，三级小流域更易于出现PSR健康评价结果相对较好的情况，也进一步证明了将二级小流域作为聚落空间集聚起始研究的推断与实践是合理的，也说明三级小流域是乡村聚落空间集聚的主要承载地。

（3）小流域社会—生态的健康特征与核点集聚区域的数量、规模呈正态分布，核点集聚区域越多，复合度越高，场域关联越强，小流域的健康值越大，小流域聚落建设的稳定度越高，但也会存在较多不协调的制约。

（4）在无特殊支流影响的前提下，一个较好核点集聚区域是二级小流域较高健康评价的最佳状态；三个较好核点集聚区域是三级小流域较高健康评价的最佳状态；有特殊支流影响的小流域，核点集聚区域应控制在四个及以下。

（5）从健康分值评判来看，因用地条件的限制，农业主导生产型小流域在山区里仍具有较好的发展优势与趋势，需要特别扶持与引导；在当前新型城镇化的建设背景下，无论是哪一类特征的小流域，游憩功能都有可能以不同程度状态介入其中，需要特别予以引导与控制。

（6）核点集聚区域不健康，则场域关联自然不强，相互间匹配不适宜，应考虑如何消解；核点集聚区域处于不健康与健康的临界状态时，则分别存在场域关联匹配与不配的两种状态，前者说明当前状态较好，但有被合并、整合的可能，存在较大问题，后者说明该核点集聚区域当前状态不利，但具有成为有较好场域关联核点集聚区域的趋势。

（7）对于处在亚健康的核点集聚区域而言，虽然有较好的场域匹配特征，但最高值也就在0.7以上，这说明由于小流域生态建设与人文建设、原住村民与外来游憩者之间不同的诉求侧重，及相互间的矛盾是较强的，要求越高存在问题越多，主观性影响也会变得越来越重要。

（8）多数处于临界健康评价的核点集聚区域，主要问题表现在场域匹配方面有所不足，核点集聚区域归属感不强；有效农户规模较少、居住却较为分散；产业组织较为单一、相互间联系不够紧密。

# 6.4 本章小结

针对小流域具体的集聚特征，本章首先从小流域的生态本底开始，借助敏感性分析、生态足迹以及用地建设适宜性分析，指出在小流域内农户大量外迁、聚落建设势微的前提下，各种集聚的生态影响性是可控的，有些条件不佳的用地也需要充分考虑，而不是简单放弃。

其次，以社会—生态系统为指导，以"三生空间"建构为目标从生态（包括含社会因子的复合生态）、生活、生产方面对前文分析的各影响要素进行归纳总结；并在此基础上，结合第2章提出的小流域社会—生态"PSR"健康评价方法，围绕"河谷宽度等用地条件及聚落聚集度、常住农户数、含青年常住农户数、交通便利等强调归属感营造的基本场域关联参数"进行第三层级指标层因子选择、标准值及权重等参数体系设计，建构了以小流域聚落集聚发展为焦点的"健康评价体系"及具体的聚落集聚区域建设为核心的"健康评价体系"。

最后，以该评价体系为基础，对选择的7条典型小流域及其中小流域核点集聚区域进行了具体应用，进行综合指标、分类指标的评价结果分析；并进一步对评价体系进行了三个应用条件的总结，对具体问题与现象结合健康评价、流域特征、产业类型进行了再分析，并进行了各影响要素的再梳理及耦合特征的总结。

# 小流域乡村聚落空间集聚的域化体系建构与优化

◎ 小流域点轴域化集聚体系的提出与建构

◎ 基于小流域域化体系建构的三级联动优化引导模式

◎ 基于小流域域化体系建构的三生双控优化引导措施

◎ 聚焦小流域集聚的『上位流域乡村聚落发展管控规划』建议

◎ 本章小结

小流域乡村聚落从表象到本质都存在着核点空间的集聚特征，表现出一定的场域关联匹配，它是需要被总结提取的，但也正如PSR评价结果显示的那样，它们并不一定是健康合理的。

故结合小流域健康评价、每一分项比较剖析及场域特征匹配关系，从小流域集聚本质出发，从社会—生态可持续发展的角度出发，重新审视点轴集聚现象，进行系统化的提取与建构，提出相应优化模式与措施，才是聚落集聚优化的关键所在。

# 7.1 小流域点轴域化集聚体系的提出与建构

## 7.1.1 村组管理单元与社会—生态单元

根据社会—生态系统研究及相关前期"单元"的观念解读，知道每一个社会—生态系统所对应的空间整体就是一个单元体，宅院、城市到城市群，都是不同层级的单元体。但这个单元体绝不仅是一个空间载体的所指，更是一个符合社会适应的场域关联体，更应是一个具有较高可持续健康发展的社会—生态共同体。

而村落虽是一个自然存在的空间体系，但在历史的长河中，因为血缘、行政、经济等因素，通过村—组管理、村规民约等关联纽带的建立，转变为更具社会意义的乡村聚落体。故按照这种界定指向，每一个小流域的村组划分，都是一次社会—生态单元的界定，按照前文的调查分析，二级小流域会存在2～5个村民小组的界域划分，三级小流域会存在1～2个行政村、存在4～9个村民小组的界域划分。

只是这种划分方式是按照就地经济平衡以及土地管理的方式展开的，空间并不完全对应与聚焦。每一个村民小组都对应了从山顶到山谷包含林地、河流、村宅用地的空间范畴，直至将整个小流域无缝完整划分；行政村更是管理这些村民小组的统称，是按照管理需求进行的更大范围林地、河流、村宅协调的机构。

这种划分方式，是从较早的井田、乡里、保甲转变而来的，历史上不同阶段有着不同的名称、规模、内涵与目的。据《国语·齐语》所记载，当初管仲推行乡里制度，正是为了达到"卒伍整于里"的目的，使一里之中同伍之人"居同乐，行同和，死同哀"[226]，秦朝大概为25户一里（五家为邻、五邻为里），汉制为百户一里，这种划分方式都是以纳税、征兵为主要目标；到了明初，则采用里甲编制方法，每110户编为1里，由缴粮最多的10户担任里长，其余100户则称为甲首。

1917年山西省署颁布的《各县村治简章》规定：村内居民凡足三百户者应设村主任一人，

村副一人，村民在300户以下者，或一村设一村主任，或指定主村联合邻村合设一村主任，但联合村离主村不可太远。1926年江苏省颁行《各县村制组织大纲》，借鉴山西的村制，规定了100户的极小限度，同时规定，村的下面以25户为间，间的下面以5户为邻[226]6。

中华人民共和国建立以后，乡村建设大致分为三个阶段[227]：第一阶段，1950年12月开始，以《乡（行政村）人民政府组织通则》颁布为标志，此时乡与行政村并存，同为农村基层行政区划，其规模由一村或数村构成，户数在100～500户之间，人口在500～3000人不等。

第二阶段，1954年以后，随着农业合作化运动迅速发展（1955年进入高潮阶段），认为乡村区域宜大不宜小（不适宜合作化的需要），各地开始扩乡、建社（合作社）并社，农村经济合作组织涉及互助组、初级社，再到高级社的区分。1956年9月，中共中央、国务院《关于加强农业生产合作社的生产领导和组织建设的指示》，对合作社的规模作了原则规定:山区100户左右，丘陵区200户左右，平原区300户左右，超过300户以上的大村，可以一村一社[226]9。

人民公社体制内部划分为公社、生产大队（行政村级别）、生产队（自然村级别）三级。公社是国家政权（乡），大队是以管理生产为主的准行政组织，生产队则是基本核算单位（自然村），[228]46全国农村的基本核算单位平均规模为25户，大体上相当于初级农业生产合作社的经营规模[226]10。

第三阶段，随着人民公社体制向家庭承包责任体制的转变，人民公社制度的瓦解，原来的生产大队、生产队组织开始瘫痪。1987年，全国人大常委会通过了《中华人民共和国村民委员会组织法（试行）》村民委员会正式全面建立[228]50，开始了乡镇村治模式，即乡镇政权+村委会制。其还规定了村民委员会可以分设若干村民小组，小组长由村民小组会议推选。村民小组基本上是原生产大队的延续，有一部分由较大的生产队分割而成[226]15。

从其演变过程中可以发现，村组这种社会—生态单元的划分，自初始就有着"管理"的概念，这种管理虽然也实现了"社会、自然、经济"的一定程度协同。但无论是里坊划分，公社、生产大队、生产队划分，行政村、村民小组划分，还是100户、25户的数据划分，多是以征兵缴粮、一定层级协同生产为起始展开。

在当今"以人为本"观念下，在更大尺度动态开放的社会背景下，管理、生产仍然是重要的依托，但不再是全部，就地平衡转变为就近平衡，再拓展为跨流域平衡……A组的村民在B组居住，在C组经营，也是屡见不鲜。故调整或至少在村组划分方式的基础上，补充进行聚焦于聚落本身建设的，满足现代生态、生活、生产方式的跨区域协同管理，迫在眉睫。

## 7.1.2　基于核点集聚的多层级小流域社会—生态单元界定

### 1）小流域核点集聚单元

根据小流域的社会—生态系统认知，根据整体小流域及各核点集聚区域的健康评价，本书认为"核点集聚"方式的划分可以一定程度弥补村组单元划分的不足，当小流域内每一个核点集聚区域具备了空间集聚的特性，经历了场域关联的特性匹配，达到了一定的健康评价标准，就是一个合理的、更有意义的单元，也就由"核点集聚区域"转化为了相对稳定的"核点集聚单元"。

根据前文的研究，每一个GIS核密度估算出来的核点集聚区域可以划分为表征型核点集聚区域、基础型核点集聚区域、复合型核点集聚区域、游憩型核点集聚区域；同时，每一个核点集聚区域又可根据健康评价结果划分为"健康的核点集聚区域""亚健康核点集聚区域""临界核点集聚区域""不健康核点集聚区域"和"非常不健康核点集聚区域"。

就小流域核点集聚区域而言，我们知道，初始2千米的边界是在借鉴相关研究成果基础上根据GIS核密度估算生成的，与小流域天然清晰的边界不同，本身这个界限并不存在，故首先回答的是当前状态下，2千米长的范围内，该核点集聚区域基本标准是否达到，该核点集聚区域"是否成立"；而核点集聚单元则是在发展的眼光下，强调不同核点集聚区域"需不需要成立""需不需要调整""朝什么方向调整"。

故综上所述，本书认为每一个达到临界健康状态的核点集聚区域，都可以称之为核点集聚单元，按照表6-19所展示，主要包含以下四类：

（1）分布农户不低35户/千米、常住农户不低于30户/千米（可以是纯粹中老年核心家庭常住）的基础型核点集聚区域。

（2）具有较强关联效果，含青年常住农户不低于35户/千米，具备"较大规模农业企业及关联产业，一定级别公共及大型休闲设施，或成规模游憩服务农户"的复合型核点集聚区域。

（3）具有较强关联效果，但农户在20～35户/千米之间，含青年常住农户不低于10户/千米，具有"一定级别公共及大型休闲设施，或较大规模游憩服务农户"的游憩型核点集聚区域。

（4）具有特殊或较强发展潜力的表征型核点集聚区域。

相应的，按照场域关联匹配程度、匹配类型，核点集聚单元又可进一步划分为"基础型核点集聚单元""复合型核点集聚单元""游憩型核点集聚单元"以及"特殊表征型核点集聚单元"。这些单元需要进一步根据"临界""亚健康""健康"的评价结果，根据综合或者分类具体指标及相应因子分析进行调整与优化（图7-1）。

其中每一个核点集聚单元的影响因子，宜按照基本核点集聚区域成立、持续发展影响、质量强弱影响三个递进关系进行排列，如表7-1，而单元的具体进一步优化，则是根据这些选项，进行针对性调整。

2）小流域域化单元

核点集聚单元、集聚区域由若干集聚斑块组成，但它们又和一些过渡性的场域空间构成了更富生机的小流域"社会—生态系统"，同样为了强调其社会属性特征，可以定义为小流域社会—生态单元。

与核点集聚区域不同的是，天然的山脊线使得小流域本身就具有了清晰的边界，具有明显的异质性、独特性，即使完全或几乎无人居住的小流域，但也是一个相对较独立的社会—生态系统存在，具有"单元"的性质；即使评价结果为非常不健康，因边界清晰也是一个独立的

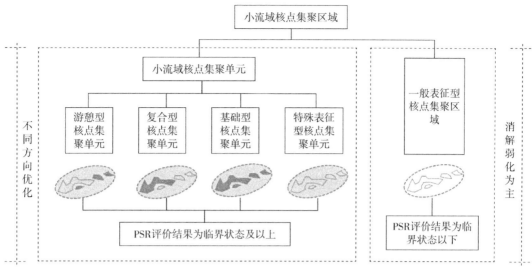

图7-1 小流域核点集聚区域、小流域核点集聚单元图示 （资料来源：作者自绘）

"单元"存在。故为了区分其特征，本书将前者定义为自然生态单元，而参与评价的各种小流域单元，称之为点轴集聚单元，这种点轴集聚单元又可以根据评价结果的严重程度分为小流域消解单元和小流域域化单元。

多层级小流域社会—生态单元及影响要素整理表　　　　　　表7-1

| | | | | |
|---|---|---|---|---|
| 核点集聚单元 | 质量强弱影响要素 | 持续发展影响要素 | 集聚区域成立影响要素① | 每千米常住户数 |
| | | | | 常住家庭占比 |
| | | | | 含青年常住户数 |
| | | | 资源特征、核点位置、用地建设规模、小流域域化单元定位 | |
| | | | 空间特征、集约程度、功能设置 | |
| 小流域域化单元 | 质量强弱影响要素 | 持续发展影响要素 | 基本类型划分影响要素 | 有效空间平均宽度、长度 |
| | | | | 每千米常住户数 |
| | | | | 常住家庭占比 |
| | | | | 含青年常住率 |
| | | | | 产业特征 |
| | | | 资源特征、区域位置、核点单元数量、宏观可持续发展定位 | |
| | | | 山村特征体验、道路交通组织 | |

---

① 相关基本参数及划分，见章节6.2.2。

（1）小流域消解单元是指评价结果为非常不健康的小流域，最终发展是有些许农户存在或者是完全无人居住，以小流域自然生态单元的形式出现，根据表6-18评价比较可以知道，主要为一般的无核点线性弱关联小流域，多指二级小流域。

（2）小流域域化单元是在小流域点轴集聚单元的基础上，对场域关联及其隐含信息的进一步强调，主要指评价结果为不健康①及以上的小流域，这说明就农户聚居而言，这些小流域存在一定、较大或者很大问题，仍需根据因子作进一步的判断，从而提出相应的优化建议，根据表6-18评价比较可以知道，主要为有特殊或较强发展潜力的有无核点线性弱关联小流域（有特殊的表征型核点集聚区域）以及所有有核点集聚单元的小流域。

小流域域化单元可以分为农业主导生产型小流域域化单元、农业主导游憩型小流域域化单元、游憩主导休闲型小流域域化单元。它们应进一步明确"需不需要调整""朝什么方向调整"，从而最终实现小流域的优化。根据本书的研究先决条件及秦岭宏观生态安全格局确定的前提下，后两者都是有较好发展趋势的（图7-2）。

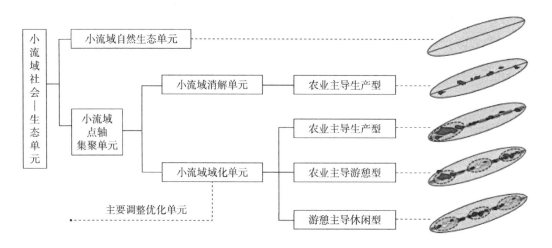

图7-2 小流域社会—生态单元、小流域域化单元图示 （资料来源：作者自绘）

同样，根据前文的分析，每一个小流域域化单元的影响因子，宜按照基本类型划分、持续发展影响、质量强弱影响三个递进关系进行深化排序，如表7-1，小流域整体的优化选择，应根据具体因子展开。其中第三个层面，山村特征体验、道路交通组织是满意度调研的结果，前者主要通过自然环境与人工环境的组织关系来体现，这是其不同于黄土高原地区小流域聚落的根本；后者则是原住民、游憩者舒适度以及流动迁居趋势应对的重要前提；而且随着新型城镇化进一步发展，该主观性影响要素的作用越来越高。

---

① 小流域域化单元，是包含了小流域核点集聚单元的上层级单元，小流域核点集聚单元以"临界"为健康评价的分界判断，故小流域域化单元则是以更宽泛一级"不健康"作为健康评价来确立。

### 7.1.3　基于不同单元界定的小流域点轴域化集聚体系建构

在行政行为弱化、市场行为强化、内在需求提高这一趋势面前，在场域特征发生重大转变的现象面前，现代小流域乡村聚落的集聚必将是融合"衰退、消解与增长"于一体的体系化集聚，"衰退、消解、增长"不是孤立存在的，虽然他们也并不是此消彼长的"互补"关系，但却是"牵一发而动全身"的流域化关联；它们也不再仅仅是流域内部的自我调整，更是流域之间的系统化互动。所以本书认为各聚落的集聚也不应是简单的搬迁与新建，而是多方因素综合作用下的系统选择，各聚落的发展必然是"市场行为、行政行为、主观行为"多方平衡的体系化营建。

故结合PSR健康评价，结合以上不同层次的单元划分与界定，本书认为特殊的表征型核点集聚单元（一般的表征型核点集聚区域不称之为单元，会走向消解）将会转换为具有更高关联强度的另外三种核点集聚单元；而这些单元经过优化后，应具有更高的健康评价，并改变整个小流域的健康值，改变小流域与上位流域之间的关联强度，最终形成具有更多复合信息、拥有不同层级场域强关联的集聚，本书将之定义为"点轴域化集聚体系"，后文简称为域化体系。

同时，也形成了小流域乡村聚落"点轴集聚—核点集聚—具有复合信息的核点集聚（场域

含有两三个核点集聚单元的三级小流域是主要载体，含有单个核点集聚单元的二级小流域是次要载体（研究重点）；考虑位于上位流域中（四或者五级）镇区等具有较全面公共服务设施聚居空间的协同发展（非研究重点）

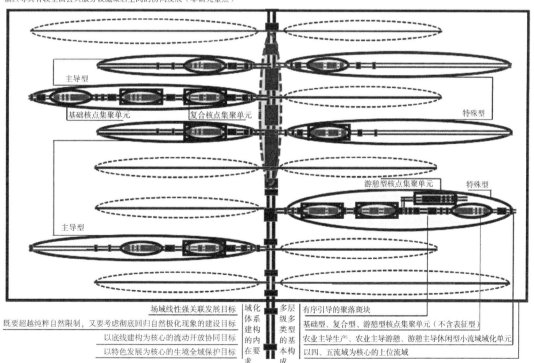

图7-3　小流域乡村聚落点轴域化集聚体系　（资料来源：作者自绘）

关联为主导）—单元集聚—具有健康状态的单元集聚"的认识深化与改变。

该体系的建构是在考虑行政组织的基础上，强调小流域以"社会—生态为本底、斑块集群为基础、场域关联为核心、健康发展为导向"的多层级多类型集聚内涵（图7-3）；强调既考虑"超越纯粹自然限制"，又考虑"彻底回归自然极化现象"；既考虑"流动开放协同"，又考虑"生境全域保护"的区域化、系统化辩证发展关系。其中：

（1）由于"小流域域化单元"是首要落脚点，必须将其纳入到更高层级中进行判别，故该域化体系是包含"上位流域（五级及四级流域，这里主要指柞水段乾佑河流域）—小流域域化单元（三级及二级流域）—小流域核点集聚单元—小流域聚落斑块"四个层级的体系营建。其中"小流域域化单元"的发展判断都是由与之直接关联的上位流域、该小流域、核点集聚单元共同来决定的，聚落斑块是具体的建设要素。

（2）根据PSR健康评价可以知道，无论是农业主导生产型，还是农业主导游憩型、游憩主导休闲型小流域域化单元，都可以达到高等级的评价结果，故它们都可以是域化体系的有机组成，基础型、复合型、游憩型核点集聚单元具有同样特征。

（3）"社会—生态为本底、斑块集群为基础"，则明确了小流域研究焦点——聚落斑块集群的价值，即明确了核点集聚单元的重要性，其保留与否、积极发展，或者一段时间内保留，都对小流域的发展有重要的影响，应充分考虑其内、外的"市场环境需求、行政运行需求、人本多元需求"，及相应的"自然要素限制、生态机制保护"等一系列社会生态现状及发展趋势。

（4）"场域关联为核心、健康发展为导向"，则进一步强调了"场域关联"的作用，即各个集聚斑块的建设发展，应在综合分析的基础上，以健康评价为着眼点，以不同层次场域关联强度增加为根本，以聚落衰退、消解及增减管控建设为目标，进行系统化营建。

（5）既要考虑"超越纯粹自然限制"，又要考虑"彻底回归自然极化现象"，主要强调自然生态要素的重要性，强调对生态红线的尊重，但也应考虑人工干预的可能性，在一定绿色技术匹配下，在保证不影响生态价值与要素的前提下，可进行一定的地形改造，以便于合理地进行人居环境建设；同时强调小流域内聚落完全消解的可能性，从而实现区域平衡、区域生态价值补偿的统筹建设。

（6）"流动开放协同"则重点强化了小流域内村民流动频繁的客观现实，强调小流域之间的协同发展的认可。无论是小流域核点集聚单元，还是小流域域化单元，都是以基本成立为基础进行的"底线"建构，不再要求必须设置小学、幼儿园这些公共服务功能，而是对强调流动特征的尊重、自我场域特征的建构。

（7）"生境全域保护"则是在保证"生态优先"基本原则上，进一步强调生存环境的保护，强调一定规模田园、一定形式房屋的保护，辩证考虑当地人所有的小规模经营和社区参与，考虑自然与文化环境的可持续性与价值，实现社会—生态系统的特色化健康发展。

## 7.2 基于小流域域化体系建构的三级联动优化引导模式

### 7.2.1 小流域三级联动优化引导模式的提出

　　根据前文可知，小流域域化体系是在社会—生态PSR健康评价基础上建构的结果，虽然不同类型核点集聚单元、不同类型小流域域化单元都可以存在，但更突出了其线性强关联集聚效果的实现，场域弱关联、局部强关联的消失。为此，本研究结合这一目标的建构，从上位流域（四或五级流域）、小流域域化单元、小流域核点集聚单元三个层级提出了相应的优化模式（图7-4），以期更有效地指导第四层级小流域内部聚落斑块的合理增减与建设。

　　优化指的是更好地调整与完善，不同的视角有不同的优化模式，本研究更强调在小流域内乡村聚落在消解背景下，健康集聚的优化，故根据矛盾焦点不同，其优化引导模式也有所侧重：在"上位流域层级"，更注重小流域之间、主次流域间统筹协调方面的优化引导；在"小流域域化单元层级"，更注重达到一定健康状态小流域动态转换方面的优化引导；"小流域核点集聚层级"更注重具有一定健康状态小流域核点集聚单元保留提升方面的优化引导。

### 7.2.2 不同小流域社会—生态单元间的统筹协调与组织引导模式

　　小流域域化体系，是以经过优化后达到健康程度的，以小流域域化单元为核心构建的聚落空间集聚体系。该体系的健康，首先应考虑整个上位流域是否健康，这需要更大区域的社会—生态比较分析及整个流域的全面论证定位，由于本书更多将其作为研究基础展开，故这一层级优化更多聚焦于宏观层面生境保护、流动协同这两方面，并由此推导出域化单元总量平衡和流

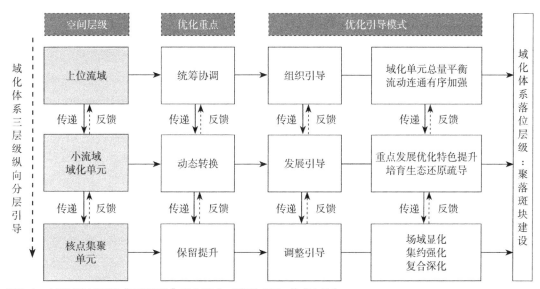

图7-4　小流域乡村聚落"三级联动"优化模式　（资料来源：作者自绘）

动连通有序加强的组织引导模式。

1）域化单元总量平衡

虽然研究区域处于36%的"生态重要区域"，是可以进行建设与发展的，但仍需在更高层面定位论证基础上，在生态保护强调的基础上，对不同小流域进行选择，进一步从生存环境彰显、自然原生态环境体现的角度进行考虑，结合产业发展趋势，结合区位优势等众多因素进行统筹协调。基于"优化"的立足点，主要强调两方面：

（1）在小流域所在的主干流域（如乾佑河流域）中有目的地保留一定规模自然生态小流域，通过生境移民等方式加速小流域消解单元的转变进程；同时根据不同类型小流域域化单元对秦岭生存环境影响程度的不同，进行一定比例的管控，对不同类型小流域的进一步发展，在宏观层面进行引导。

如在乾佑河流域背景研究中，根据调研统计、预测分析及专家打分，提出游憩主导休闲型小流域不宜超过20%，特殊资源条件下不得超过30%；农业主导游憩型小流域，宜控制在20%～30%；农业主导生产型以及不参与产业发展的自然原生小流域（包含景区型小流域）不得低于40%，当然，农业主导生产型小流域也可以有少量规模的游憩服务，但要根据实际情况严格限制（该数据来自于乾佑河流域的各河流的评判，具体推广量化有待研究的进一步加强和不同流域案例的进一步总结）。

（2）综合协调每条流域内建设的规模，在保证各条小流域社会—生态健康的基础上，适度进行一定建设指标的转移，保证具有更好发展优势的聚落集聚与建设；并进一步认知农田种植的不利与有利条件，在保证大规模退耕还林的前提下，分别从经济利益、社会利益平衡的角度加强农田种植的发展与保护。

2）流动连通有序加强

（1）在前期论证的基础上，充分面对小流域内村民流动的现实与趋势，加强其与上位流域的关联协同，配建一定规模的流动服务设施，并从社会—生态综合价值提高的角度对劳作性迁居及季节性迁居给予政策上的鼓励，推动相应的公共设施建设。

（2）在强调以小流域为一个社会—生态单元，进行聚落斑块建设有机引导的同时，根据小流域在区域中地位与关系，有选择地进行网络化建设，充分考虑小流域"旅游开发价值"与跨流域联系价值，合理进行小流域原有"单向"特征保持与改变，实现局部流域的生态或社会特征强调，实现开放性与内在归属性的平衡与协调，实现更系统的聚落营建引导与管控（图7-5）。

以旅游为突破口建立小流域之间和内部的相互关联

按不同分类展开综合比对，进行每个小流域的发展预判

图7-5 小流域内外关联调整引导
（资料来源：作者自绘）

### 7.2.3 小流域域化单元的动态转换与发展引导模式

1）小流域域化单元的动态转换

经济基础决定上层建筑，在分析中也看到，小流域不同的产业定位，对小流域社会—生态系统影响的差异是巨大的，对聚落集聚的表征以及内在关联的影响也是显著的。但农业主导生产型小流域、农业主导游憩型小流域、游憩主导休闲型小流域这三种类型并不是一成不变的，也会因为政府的重视、交通的改变、社会消费需求的加大，以及自身产业的品牌化提升发生产业结构的不同转变（图7-6）。

特别是在当前社会精细化、纵深化、休闲化发展的大趋势下，秦岭南麓内的村庄聚落都具有基本的游憩发展及特色农业发展潜力，150千米的南北平均尺度，高速路的穿插布局，使得整个山区都有机会成为游憩发展的目的地，使得每个小流域都具有精细发展的机会与可能。但又会因竞争影响，自身被淘汰，成为普通的农业小流域，甚至被消解，恢复成为背景小流域。生态保护、农业产业升级、游憩产业再塑的趋势决定了秦岭南麓各小流域聚落在这个时代发展的基本走向。

故三种小流域域化单元既是平行发展的不同类型小流域，也是不同阶段的流域发展演进类型，由于是主要围绕域化单元展开，故类似21F王家河小流域的小流域消解单元不在该范围内。另因指向明确，后文具体描述中也不再强调"域化单元"这一用词后缀。

（1）农业主导生产型小流域是最基本的产业型小流域，是目前山区里存在最大规模的小流域，是其他小流域形成的最初形式，结合小流域自身线性末端的空间特征，及相关产业发展的基础，该类型小流域将会出现以下多种发展趋势，但类型规模应进行有力控制与引导：

第一，弱化为小流域消解单元，并最终成为自然生态型小流域，由于较为偏僻的地理环境，交通组织匮乏，人口规模较少。据调查，除了留守老人外，搬迁安置意愿较高，向镇区或县城迁移的人群比重较大，虽然人们不愿意放弃自己的产业，但是由于各种原因，将成为下一

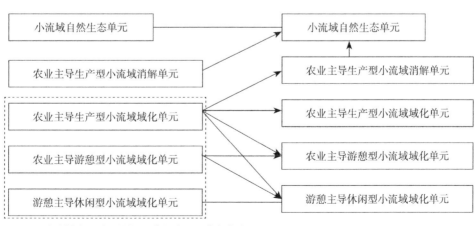

图7-6 小流域产业特征转换 （资料来源：作者自绘）

批退耕还林的主要推动者，如已经基本清空的药王堂地区鲛沟小流域。

第二，农业主导不变，但由于各种因素及生产模式的推动，农业集聚度更高，部分居民成为特色化、集约化发展的主要参与者，不过多数居民仍以外出务工为主，对农业的依赖度进一步降低，如21D芦柴沟小流域。

第三，向不同层次的游憩型小流域过渡，开始大规模建设与重新组合，如下梁街办31E东川河小流域，正向农业主导游憩型转变，该类型小流域需在区域内进行平衡，要做到有所为，有所不为，要通过评价，进行总量控制，特别防止被开发商引导。

（2）农业主导游憩型小流域，属于变化机会较多的流域，由于交通优势或者资源优势，未来将进一步增加游憩产业的规模与类型，甚至发生彻底巨变，其案例不胜枚举，游憩服务设施在与日俱增，老百姓自发迁移越来越主动。

该类型小流域，典型案例为32B太峪河小流域，一方面需要积极促进其发展，另一方面又要避免33A老林河小流域出现的一些问题，尽可能减少或避免游憩型核点集聚单元的出现，故特别需要发展的指引与管控。

（3）游憩主导休闲型小流域，这类小流域已经处于开发的较高阶段，乡村居民就地收入与日俱增，产业格局变化不大，产品越来越丰富，规模越来越庞大，但对小流域的村容村貌、空间格局建设有着巨大影响，流域内其他用地（裸地、闲置地等）正在转化为旅游购物用地以及餐饮用地，普通住宅转化为旅游住宿和娱乐用地。

如33A老林河小流域，当初受牛背梁景区的影响，仅局限于红庙河与老林河交汇处，状态和现在的农业主导游憩型流域——32B太峪河小流域一样。而如今整个小流域几乎布满了各种档次的农家乐与旅游服务设施，全域已转变为游憩主导性质，空间建设日新月异。根据调研记录显示，其建设密度、建设规模已让人堪忧，虽然游客仍反映游憩设施不足，但这不应该是一条小流域的事情，而是通过多条小流域协同发展来解决的。

2）小流域域化单元可持续发展的引导模式

根据以聚落集聚为基础的小流域社会生态PSR可持续发展评价，及小流域可持续发展的动态转化分析，不同小流域的建设引导模式大不相同，结合小流域的发展趋势、建设干扰模式与状态，小流域域化单元可以按照以下三类进行引导：重点发展优化、特色提升培育、生态还原疏导，这三种引导模式更多是发展导向的侧重，建设方向的强调；当然，在当前乡村逐渐消解的背景下，重点发展优化、特色提升培育并不意味着指标增加，即使规模增加，也含有生态还原的限制。

（1）重点发展优化模式

指已经有了较大规模发展与建设，各种游憩服务围绕着农业建设、景区旅游、山地休闲等活动相继展开，有着更好的发展趋势，但相关问题已开始逐渐出现，农民身份已经开始发生转换，出现房屋租给外来人搞经营，原住民搬迁至城里的情况。在考虑合理发展的同时，需要更加合理的管控与引导，空间特征表现为众多聚落斑块已经呈现出了很清晰的核点状集聚。

该流域主要是多核强关联小流域以及特殊的单核二级局部强关联小流域，健康值都比较高，一般为临界状态以上，如33A老林河小流域、32G东甘沟小流域，对应小流域类型及级别，如表7-2所示。

小流域域化单元可持续发展管控引导模式 表7-2

| | 农业主导生产型 | | 农业主导游憩型 | | 游憩主导休闲型 | |
|---|---|---|---|---|---|---|
| | 二级 | 三级 | 二级 | 三级 | 二级 | 三级 |
| 生态还原疏导模式 | √ | — | √ | — | √ | — |
| 特色提升培育模式 | — | √ | — | √ | — | √ |
| 重点发展优化模式 | √ | √ | √ | √ | √ | √ |

（2）特色提升培育模式

小流域内的旅游发展及农业发展有了一定的基础，或者虽然现状发展缓慢，但有交通区位等特殊优势又有较好发展前景的小流域应对该流域的未来做更进一步预判，一方面强调如何促进发展，合理引导聚落集聚，另一方面需借鉴较成熟流域发展中问题的解决方法，进行管控与引导的综合考虑，其空间特征表现为聚落斑块在线状集聚基础上，有进一步的集聚趋势，或者有很强、很特殊的集聚点。

该类型小流域主要指条件较好，或者具有特殊潜在优势的三级小流域，如32B太峪河小流域、31C龙潭河小流域。而有特殊潜在优势的二级小流域，原则上应以景区型小流域自然生态单元为导向进行发展，不再进行大尺度聚居型流域培育。

（3）生态还原疏导模式

前文已经进行过分析，尽管有着相同的大区位条件，但因开发机会、资源等因素制约，同样会有一批小流域慢慢走向萧条，也许在乾佑河流域较少，但在其他更偏僻的区域一定会广泛地存在，这里本身人口密度就相对较低，农业发展持续不前，资源背景并无甚特殊，最终结果是向绿色生态产业过渡，向秦岭大生态屏障的基础使命过渡。其空间特征一般为众多聚落斑块空间集聚规律尚不明显，聚落斑块相对零散。

该类型小流域多为二级小流域，健康值一般较低，本次研究对象主要有21D芦柴沟小流域。该类型小流域并不一定是聚落完全消失，而是根据实际情况进行有效判断，适度保留；三级小流域，如果没有核点集聚单元，其评价结果必然为不健康，或者非常不健康，这意味着条件非常差，原则上，应直接归类为小流域消解单元，不在该域化体系内。

此外，就产业而言，任何小流域在农业发展较好的情况下，只要交通区位较好，或者资源较好，必定会产生一定的其他衍生经济，只是比例有所不同而已，否则，必然因为小流域的天然缺陷，农业容纳规模不足，导致聚落走向衰落或者萎缩。

## 7.2.4 核点集聚单元的保留提升与调整引导模式

1）核点集聚单元（包含特殊的核点集聚区域）调整类型划分

当小流域核点集聚区域PSR评价为非常不健康或者不健康，该核点集聚区域必然被消解，但是评价结果达到临界及临界以上的核点集聚单元，也同样因类型、状态、条件的不同，存在消解与发展的可能性，存在进一步优化与调整的必要性。所以在当前快速发展的时代背景下，在国家相关政策的指导下，针对不同聚落集聚中暴露出来的问题进行解决，最终建构起场域关联状态更好、健康评价更高的小流域核点集聚单元，形成丰富多彩、富有活力的小流域域化体系至关重要。

（1）类型划分

故根据聚落集聚域化体系的确立，本研究认为各种核点集聚单元可以划分为还原弱化型核点集聚单元、保留观察型核点集聚单元、提升发展型核点集聚单元，这一划分影响因素较多，除了核点集聚区域健康评价结果外，还应根据流域等级、流域发展定位、场域关联匹配特征、距离沟口的位置等多个因子，共同进行判断。

还原弱化型核点集聚单元，主要指应被严格控制发展，或进行农户逐渐分流引导，甚至彻底搬出的核点集聚单元，即健康评价为临界状态的部分核点集聚单元，应根据次一级因子及小流域单元发展综合判断。

保留观察型核点集聚单元，主要指在一定阶段仍持续保留，但未来发展方向并不明确的核点集聚单元有可能消解，也有可能进一步集聚，健康评价也为临界状态的部分核点集聚单元。

提升发展型核点集聚单元，主要指根据判断，很长时间内都会存在的核点集聚单元，主要为具有较高健康评价的核点集聚单元，和部分有特殊发展条件及因素的临界核点集聚单元。

考虑到小流域乡村聚落集聚的易变性，及当前乡村聚落发展的阶段与逐渐衰减的大趋势，生态控制生境保护的目标，在统一规划后，应严格控制新核点集聚区域的产生。

（2）二级小流域中核点集聚单元的调整类型判定

核点集聚单元，主要指健康程度达到临界及以上状态的核点集聚区域，根据前期PSR评价分析，二级小流域中，单元若成立，则必须是场域关联达到基本匹配标准，故只有保留观察型和提升发展型两种（表7-3）。

二级小流域核点集聚单元调整引导类型　　　表7-3

| 二级小流域 | 单元场域关联 | | 单元PSR健康评价 | | | 已确定的小流域发展模式 | 核点集聚单元调整类型判断 |
|---|---|---|---|---|---|---|---|
| | 不匹配 | 匹配 | 不健康 | 临界 | 亚健康 | | |
| | — | √ | — | √ | — | 生态还原疏导模式 | 保留观察型 |
| | — | √ | — | √ | — | 重点发展优化模式 | 提升发展型 |
| | — | √ | — | — | √ | 重点发展优化模式 | 提升发展型 |

其中，当场域关联匹配，单元PSR评价为临界状态，小流域确定为生态还原消解模式时，则该核点集聚单元属于保留观察型。如21D芦柴沟小流域核点集聚单元一，是整个小流域中唯一达到基本要求的小流域，属于基础型核点集聚单元，且位于沟口区域，但整条小流域属于二级小流域，特色并不明晰，多为老年人，故应在根据具体问题优化的基础上进一步观察其发展趋势。

其他，当场域关联匹配，单元PSR评价状态为临界状态及以上，小流域属于重点发展优化模式，则核点集聚单元属于提升发展型。如22G东甘沟小流域核点集聚单元一，该核点集聚单元已经形成很久，有一定的规模，但是用地狭窄，从而导致建设相对过度，故应进一步展开优化。

（3）三级小流域中核点集聚单元的调整类型判定

根据前期PSR评价发现：有效的三级小流域域化单元（不含核点集聚单元的三级小流域都属于小流域消解单元）并不是很多，只存在特色提升培育型以及重点发展优化型两类；所以单元若成立，核点场域关联匹配并不一定达到标准，但无论向哪个方向发展，其发展态度都比较清晰，故也只存在还原弱化型和提升发展型两种；另一方面，由于核点集聚单元数量的原因，其发展定位与小流域域化单元的定位并不是一对一的直接关系。

此外，当小流域核点集聚单元的场域关联不匹配，属于特殊表征型核点集聚单元时，则该单元的PSR评价只能为临界状态，当没有其他评价等级更好的单元时，则属于提升发展型，如31C龙潭河核点集聚单元二；反之，属于还原弱化型，如32B太峪河河小流域核点集聚单元三。

同样，当小流域核点集聚单元的场域关联匹配，仍属于特殊表征型核点集聚单元时，则该单元的PSR评价只能为临界状态，但当没有其他评价等级更好的单元时，则属于提升发展型；反之，属于还原弱化型，如31E东川河核点集聚单元二。

其他核点集聚单元，评价达到亚健康以及以上，则必然属于提升发展型（表7-4）。

三级小流域核点集聚单元调整引导类型     表7-4

| | 单元场域关联特征 | | 单元PSR健康评价 | | 已确定的小流域发展定位 | | 小流域中主流域核点集聚单元数量 | | 核点集聚单元调整类型判断 |
|---|---|---|---|---|---|---|---|---|---|
| | 不匹配 | 匹配 | 临界 | 亚健康 | 特色培育 | 重点优化 | 评价更高单元数 | 总数 | |
| 三级小流域 | √ | — | √ | — | √ | — | 0 | 1~2 | 提升发展型 |
| | √ | — | √ | — | — | √ | 1~3 | 2~4 | 还原弱化型 |
| | — | √ | √ | — | √ | — | 0 | 1~2 | 提升发展型 |
| | — | √ | √ | — | — | √ | 1~3 | 2~4 | 还原弱化型 |
| | — | √ | — | √ | √ | — | — | — | 提升发展型 |
| | — | √ | — | √ | — | √ | — | — | 提升发展型 |

2）核点集聚单元的调整模式

小流域乡村聚落的集聚，虽已经表现出不同集聚特征、类型，但正如PSR健康评价的结果所展示，尽管其作为一种社会—生态联合体客观存在，但发展也是参差不齐，无论是临界状态的核点集聚单元，还是健康评价较高的核点集聚单元，除了具体的建设材料、形式等形象问题外，"关联强度不高"是其核心问题所在。

故核点集聚单元在分类划分后，应根据关联强度不高的具体指向及实际问题进一步按照"场域显化""集约强化""复合深化"的模式进行调整，其中保留观察型核点集聚单元，则主要围绕"场域显化"的模式进行组织：

（1）场域显化

即在保证小流域自然属性的基础上，通过各种措施达到归属感的营造，使人们意识到这里就是小流域的核心居住空间、服务空间，其他地方虽然有农户，但更多是"聚居单元"自然化了的后花园。这些措施包括公共空间的同构整饬、单元中核心聚集点（即较大斑块区域或者重心斑块区域）的建设以及交通等便利设施的加强。

从前文研究中，发现并不是每个小流域都有合理的核点集聚单元，而且并不是每个核点集聚单元都是很健康的，比如，21D芦柴沟小流域有两个GIS计算出来的核点集聚区域，但只有一个可以定义为核点集聚单元，由于小流域属于二级小流域，整个小流域人口规模不大，且没有特殊游憩资源及产业，借助政府政策，大部分年轻人都已分户，搬迁到沟口外、干道边的行政村内，这里更多是老人的集聚。

不过同样由于地形原因（这里宽度达到127米）、交通原因（距沟口2千米），这个核点集聚单元也具备一定人口规模，尽管主要是老人，但其综合评价也相对较好，属于基础型集聚单元，未来的发展还有待进一步观察。

故一方面需要对愿意搬迁到流域便利之处，且还没有搬迁的沟尾农户进行相应资助，进一步增加该单元规模，另一方面更应强调通过环境的有机梳理与整饬，建构并强化这一区域的整体感，进行符合当地聚落风格的、较为统一的门前屋后处理方式、进行特殊的植被种植。

该模式不仅仅针对这种基础型的集聚单元，其他强调游憩服务建设、强调农业生产的小流域核点单元，都需要进行这种空间感的营造，强调可识别性。

（2）集约强化

从前文的健康评价，发现各种流域因为地形原因、产业发展类型原因，建设用地与小流域河谷底部有效用地之间的比例差异很大，不好进行比较，但是同类之间却能发现很多问题，如22G东甘沟小流域（河谷平均宽度26米，每千米159人）用地占比为25.83%。

同样产业类型32B太峪河小流域（河谷平均宽度101米，每千米103人），用地占比23.11%，显然后者建设用地非常不集约。类似的核点集聚区域更是不胜枚举，所以应有目的地进行不同小流域核点区域的集约化建设，有效地引导聚落在这里集聚，扩充其规模；另一方面更应进一步增加每一个斑块的密度①，最终达到增加房子的时候，用地不再增加，甚至减少。

（3）复合深化

小流域聚落的空间集聚，只是核点单元有效集聚的第一步，更为关键是通过各种措施加强每一个单元的场域关联，场景化、集约化是基础，复合化才是小流域活力的深度体现。

在满足法律规范、满足政策引导的前提下，在整个小流域合理定位的预判下，尽可能地促进其多元化的建设，借助农家游憩的引导，借现代农业的促进，留住一定规模年轻人，使小流域成为满足生态战略要求下的和谐之地。

秦岭本身就是一个国家公园、生态保养区，相对黄土高原地区，每个小流域都拥有着良好的资源，当然并不是将每个核点集聚区域都要变成复合型的场域单元，其应是整体定位的具体响应。优化这种宜根据长远发展，对可以保留的空置房屋进行合理利用，针对流动人群的特征进行相应的活动组织。

但这种复合化目标的建设，是以一定规模原住民为支撑的，需严格控制相关产业的规模与比例，不能将复合型集聚聚落转变为游憩型集聚聚落。

# 7.3 基于小流域域化体系建构的三生双控优化引导措施

## 7.3.1 小流域三生双控体系及管控原则的提出

1）小流域三生双控体系

为了更具体地指导小流域内各集聚单元的优化，借助山地小流域乡村聚落域化体系，以及三级优化模式的建构，本节以各个小流域为基本平台，设计了相应的、以聚落建设管控为目标的"单元化"管控体系，以期更好地实现小流域型聚落"标准化"营建与"特征化"引导相结合，建构更具针对性、可操作性的优化方案。

该方案是仿照城市控制性详细规划中的导则和准则制定的，但更强调"市场化下的管控引导"，强调一定的弹性。强调在保证营建整体目标实现的前提下，给具

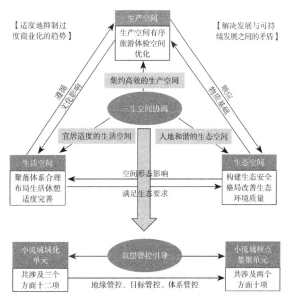

图7-7 小流域三生双控示意图
（资料来源：作者自绘）

① 详见章节3.3.4斑块设定。

体建设留有相应余地与创作的空间，真正保证"乡愁""生境"的特色与底蕴。

该管控体系是以小流域社会—生态系统健康发展，生态、生产、生活三大目标体系为基础的双层次聚落建设控制体系，本书将之定义为"三生双控管控体系"（图7-7），其中"三生"既是管控的动因、本质，又是管控路径与结果；"双控"既是管控的内容、形式，又是管控的纲领与措施。它是指对政府或者小流域全域投资的企业所进行的、自上而下的建设发展管控与引导；以及由政府、开发企业、村民个人所进行的、自下而上的局部更新改造管控与引导；同时更是指基于不同层级"场域"营建的"小流域核点集聚单元"及区域协同发展下的"小流域域化单元"两个层级的管控。

2）小流域三生双控体系的管控原则

小流域乡村聚落"三生双控"体系以"单元管控"为突破口展开，具有以下三个特点，只有这样才能使得乡村建设管控更具有引导性与发展的弹性。

（1）强调乡村聚落建设从"量化管控"到"地缘管控"的侧重

通过分析，每个小流域内的人口规模都不会很多，两三千人都算是非常特殊的小流域，更多是1500人左右的，还有很多只有二三百人的小流域。每一个流域内公共设施的配建都是非常有限，流动、互动是针对当前背景下小流域乡村聚落发展的大方向，所以本书认为该管控首先是一个"地缘单元"管控，是一个地理特征和居住、生产（含游憩）复合的空间单元管控，是强调流域内外流动增强并予以合理尊重认可的单元管控，强调在乡村人口减少却又规模不定的条件下，以及设施资源有限的背景下展开的不同层级单元管控，这里的用地规模也是因聚落发展趋势、以减少为导向管控的，注重于治理而非开发。

（2）强调乡村聚落建设从"行动管控"到"目标管控"的侧重

山地小流域内的聚落众多，看似繁乱的消解、扩张，实则是规律性与偶然性并存的，其内各种开发建设既有外来资本的短期强势化介入，也有政府长期持续化帮扶。所以考虑种种不确定性及每个聚落条件都不一样的山地背景特征，该管控方案属于"行动规划、行动管控"，更强调在生境强化的目标下，以产居协同为基础，归属等场域精神营建为导向，以聚落组合展开的方向性管控，明确各方在建设中的"作为"与"不可为"，进一步设定其在整个小流域聚落建设中的"刚性"与"弹性"约束条件。

（3）强调乡村聚落建设从"空间管控"到"体系管控"的侧重

该管控规划虽因功能简单、空间背景变化过于复杂等因素影响，不强调类似"土地细化导则"等内容的"城市控制性详细规划"的细则制定。但由于各聚落因居住与生产及相应游憩服务之间的强烈互动、制约关系，相关体系管控不可缺少；同时虽然聚落对象较小，但其研究尺度较大，故使得相关机构可以更系统地、更具持续发展观地进行小流域内外交通、公建、景观及相应引导机制的设置，有利于乡村聚落的合理统筹发展。

## 7.3.2 "导则式""小流域域化单元"的发展管控及基本指标设定

"小流域域化单元"是以小流域内聚落体系为焦点，进行生态、生产、生活环境，方向性、系统性建设管控的单元，其管控措施是指导更下一层级具体建设行为管控最为重要与直接的基础，是在一系列分析研究后形成的纲领性管控，是小流域生态、生产、生活三大构成体系协同发展下、流域内聚落空间系统化发展引导的关键。它是小流域社会—生态系统健康发展的重要保证，是其内每个"乡村聚落核点集聚单元管控"建构的依据、目标与营建导向。

该层级单元管控以导则及相应的系统图纸为主，导则是在流域平衡的基础上，在"重点发展优化模式""特色提升培育模式""生态还原疏导模式"确定的基础上，在聚落集聚优化构型判定的基础上，从以下3个方面、12项进行的管控：

1）空间体系定位与建构

小流域是一个具有自然生态特征的空间载体，只有被植入了生产、生活之后，才形成了一个完整的社会—生态系统，但是由于被植入要素的类型、比例不同，其具体社会生态属性也不尽相同；生长路径不同、机遇选择不同，结果同样不尽相同。同样是采用重点优化型模式，有可能是通过扩建新的单元进行优化，也有可能是其内不同单元重新组合与整饬，更有可能是政府干预的疏解与迁移。

但作为政府的管控依据，必须要立足相对科学的分析判断、相对广泛的信息与调查，对小流域做出较为合理的定位与空间发展指导，根据不同要素的影响程度，留有一定的弹性与余地。

该方面主要包含"产业发展类型""流域发展引导""人口类型、规模及流动特征预判""聚落空间体系定位""土地利用流域平衡""政府政策支持倾斜方向与类型"6项。

本书以33A老林河小流域（图7-8）为例、31E东川河小流域、21D芦柴沟小流域为对比（表7-5），进行相关的阐述：

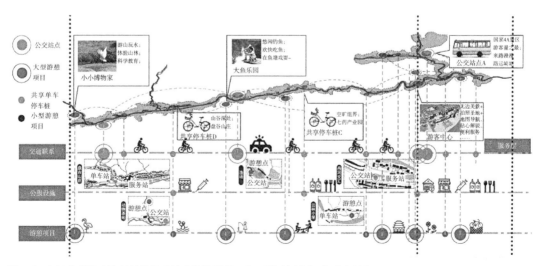

图7-8 33A老林河小流域域化单元综合管控引导示意 （资料来源：作者自绘）

典型小流域域化单元综合发展管控 表7-5

| | 33A老林河小流域<br>（游憩主导休闲型） | 31E东川河小流域<br>（农业主导生产型） | 21D芦柴沟小流域<br>（农业主导生产型） |
|---|---|---|---|
| 产业发展目标 | 游憩主导休闲型小流域 | 农业主导游憩型小流域 | 农业主导生产型小流域 |
| 流域发展引导 | 重点发展优化 | 特色提升培育 | 生态还原疏导 |
| 人口特征预判 | 数量增加（外来人口） | 数量增加 | 数量减少 |
| 聚落空间体系 | 特殊线性强关联体系 | 三核点线性强关联体系 | 单核点局部强关联体系 |
| （现状状态） | 四空间核点集聚区域 | 四空间核点集聚区域 | 双空间核点集聚区域 |
| 土地流域平衡 | 调整减少 | 加强密度填充 | 生态还原 |
| （案例指标） | 减少1.28%（19.28%） | 增加2.80%（15.20%） | 减少1.18%（9.18%） |
| 政府政策引导 | 产居优化 | 建设扶持 | 帮扶转移 |

"老林河"小流域属于"游憩主导休闲型小流域"；发展基础良好，但也出现交通组织不佳、产业重复、建设混乱等各种问题，未来可以在保证生态安全、自然生境特征的基础上，以"重点发展优化"为主；可以适度引导"流动人口规模"（主要为周边流域过剩人口的游憩服务参与）进一步增加；可以通过调整"游憩集聚单元"的形式，进一步构建更为合理的"特殊型聚落域化体系"；"虽然建设用地可以给予一定倾斜，但必须严格限制，本研究控制在18%"。政府应在产业提升、产居优化方面给予一定的支持，对企业及社会资本进入进行高标准限制。

2）公共设施及其他基本建设管控

三种产业发展类型、三种综合发展趋势的匹配，结合小流域的地形特征，使得小流域内聚落的基本模式会有更多的变形与演化，并导致整体规模、复合特性、公共服务设施配置的不同。

其内公共设施及建设引导主要有公服设施、游憩服务及相关产业服务设施、道路交通、建筑管控、基础设施5个方面，具体配置需结合流域特征及相关设施的国家相应指标进行设置，总体要求如表7-6所示（本规划建议参数根据实际调研规律及发展趋势判断，进行了一定调整）。

典型小流域域化单元基本建设管控 表7-6

| | 33A老林河小流域 | 31E东川河小流域 | 21D芦柴沟小流域 |
|---|---|---|---|
| 公共服务设施 | | | |
| 小学 | 取消 | 不设置 | 不设置 |
| 幼儿园 | 设置 | 设置 | 不设置 |
| 文化活动中心 | 设置 | 设置 | 设置 |
| 卫生室 | 设置 | 设置 | 设置 |

| | 33A老林河小流域 | 31E东川河小流域 | 21D芦柴沟小流域 |
|---|---|---|---|
| 游憩服务及相关产业服务设施 | | | |
| 增减总量控制 | 减少7%相关开发用地 | 小于20%建设用地配置 | — |
| 建筑功能限制 | 根据具体小流域特征进行限制（乡村旅游、养老社区等，禁止私宅大院） | | |
| 建筑高度限制 | 一般不得超过3层，12米，特殊区域公共建筑参见图则控制 | | |
| 宅院建设管控 | | | |
| 核点集聚单元 | 可建（在既有斑块内） | 适建 | 可建 |
| 集中过渡区 | 禁止 | 可建 | 禁止 |
| 道路及其他基础设施 | | | |
| 主沟道路 | 根据实际区位、区段划分，按照7米、5米、3米控制 | | |
| 支沟道路 | 必要 | 必要 | 不必要 |
| 公交站点 | 设置（游憩、终点） | 设置 | 设置（慢班） |
| 公厕 | 按标准设置 | 在集聚单元设置 | 在核点集聚区设置 |

3）"小流域域化单元"生境建设管控

尽管本书研究的小流域都处于适宜建设的"秦岭生态重要区"，且就目前其内乡村建设而言，对大尺度生态安全的影响是有限可控的，但在整个小流域地区，依然需要实行生态管控，开展生态保育，保护原生植被，禁止乱砍滥伐，最大限度地保护生态安全，保护原生态自然环境。只有这样，才能为更特殊的"秦岭生态极重要区"的保护建立良好的外围环境，才能使得"秦岭乡村聚落"生存的依托得以保全，才能使得小流域内各种建设处于更安全的地段之中。本书也不希望由于人口的转移，人们从主流域经过时，每个小流域峪口都被建设所占据，使人们与更广泛自然空间形成隔离（图7-9）。

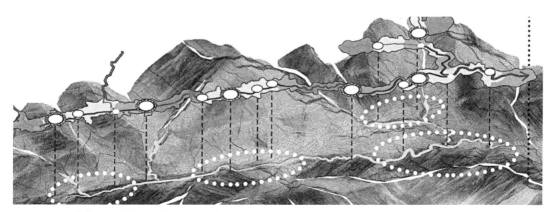

图7-9 33A老林河小流域生境管控引导 （资料来源：作者自绘）

该管控主要包含小流域中过渡区域的建设管控以及生境要素管控两项，是以原则性管控为主。在过渡区域除了宅院建筑的建设管控外，各种基础服务设施的建设也必须进行管控，从标识到栏杆，到公共厕所，提出原则性的管控建议与方案，并对特殊地点的项目进行案例式管控，在消解区域对空置房屋的置换与再利用进行针对性的限制。

另一方面是根据每个小流域的定位，进行针对性的自然生境的管控，这里应把自然环境作为自然生境的景观体系来对待，农田、树林、山水地段只能进行保留及相互间的转换，划定特殊的、绝对不允许新建区域（表7-7）。

典型小流域域化单元生境建设管控　　　　　　　　　表7-7

|  | 33A老林河小流域<br>（游憩主导休闲型） | 31E东川河小流域<br>（农业主导生产型） | 21D芦柴沟小流域<br>（农业主导生产型） |
|---|---|---|---|
| 过渡区域建设管控 | 禁止非必要设施建设 | 允许增加适量户数 | 禁止非必要设施建设 |
| 域化单元生境管控 | 增加不少于1%农田 | 加强生态河道保护 | 加强建筑拆迁复垦 |

### 7.3.3　"图则式""小流域核点集聚单元"的建设管控及基本指标设定

"小流域核点集聚单元"如同城市控制性详细规划中的"单元"一样，是实现"县域"到千百"聚落"的、宏微观良好转换的核心作用对象，是县域村庄布局规划中小流域这个抽象的、概念化行政"点"原则性管控到小流域众多聚落斑块实体"轴向"空间针对性管控的核心转换器。由于"核点单元"类型的不同，其也会产生不同侧重导向的管控方式与指标。

该管控单元，以类似于城市控制性规划中"图则"的形式出现，包含两个方面4大项10小项，此外，该图则可通过意象设计进行重点斑块的场景式意象管控[1]：

1）核点集聚单元界限及建设用地利用控制

核点集聚单元在实际建设中并不像城市建设区一样被限定在道路和用地之间，有清晰的界限，也并不一定要立个牌子，通过专门标识来突显。但为了便于具体管控，首先需要在图则上进行边界的确定，为此应该根据小流域"三生"的分析进行系统的研究与设计，确定模式的选择，进而通过核密度估算的校对调整[2]，寻找出合适核点集聚区，按照2千米左右的范围进行具体的边界确定。

其次，对该区域进行详细的生态安全格局分析，在此基础上根据发展的建设类型及规模预判，按照适宜建设区、限制建设区、禁止建设区，进行用地划分与确定，明确单元内各种蓝线、山脚的控制线（25度以上坡度），其中限制建设区是最为特殊一类，由于小流域内用地较

---

① 详见后文斑块建设引导。
② 详见规划编制路径。

为紧张，对地形地势进行一定的改造，还有利于节约良田，创造自然的聚落景观效果，应该纳入建设发展的考虑中，允许进行一定的土地整治，并提出相应建议。但是核点集聚单元之外，将严格限定，特别是当前正进行的一些土地整饬工程必须予以停止。

具体可按照有指向的"农家住区""农家乐复合区""大型游憩项目建设区""景观农业保留区"进行用地发展类型的整体引导，提出相应的建设管控原则。

2）单元建设项目管控与风貌管控

根据用地条件的评判、现状建设情况，结合章节3.2.3分析的聚落点状空间集聚形式、面状空间集聚形式、行列式线状集聚形式、散点线状集聚形式，进行整个单元的建设项目管控与建设风貌管控。

建设项目管控包含农户宅基地规模管控、公共服务建设项目管控、小型民宿等游憩项目、大型游憩建设项目管控，它们根据各自属性特征用"用地面积""建筑数量""建筑面积""建筑高度"等指标对整个核点单元进行控制，这些指标的选择会因小流域的类型有所差异。此外尚需根据小流域的性质进行公共活动场地、公共停车场地的控制。

建设风貌管控主要指整个单元的整体建筑形象及环境特色的管控，在强调特色的同时更需要进行"场域显化"的空间考虑。使整个单元在保证自然特征的基础上有较好的整体感及归属感，主要通过单元内建构筑物的色彩、形式及植被种植等方面来体现，条件允许的情况下可以进行单元的意象设计，如图7-10。

表7-8、表7-9为33A老林河小流域核点集聚单元1，31E东川河小流域核点集聚单元3的建设管控，前者进一步以"集约优化"为导向，后者则分别强调"场域显化""集约优化""复合深化"。

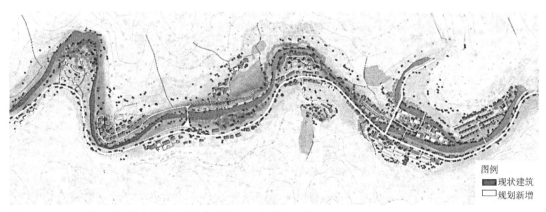

图例
■■ 现状建筑
□ 规划新增

图7-10  33A老林河小流域乡村聚落"核点集聚单元1"意象设计
（建议围绕重点集聚单元展开）（资料来源：作者自绘）

典型小流域——33A老林河小流域核点集聚单元1（原核点集聚区域一）建设管控　表7-8

| | | |
|---|---|---|
| 项目控制 | 农户宅基地 | 在既有斑块区域内，可增加10套，新补建宅院后退5米 |
| | 公共服务设施建设 | 不再增建 |
| | 民宿等小型游憩建设 | 控制农家乐建设数量，严格限制其他民宿的新建与增建 |
| | 大型游憩建设 | 严格限制2处在建区域，局部为四层，控制在18米高 |
| | 公共活动场地建设 | 新建集中公共活动场地一个，总面积增加至3800平方米 |
| | 公共停车场地建设 | 已达标准，不再增建 |
| 风貌控制 | 整体单元建设风貌控制 | 建筑以乡土风格为主，颜色以土黄色为主体，植被环境以补种、修葺整治为主 |
| | 特殊区域建设风貌控制 | 桥头区域，作为重点控制区域，建筑可以进行具有江南气质的粉墙黛瓦建设，强调其标识性 |

典型小流域——31E东川河小流域核点集聚单元3（原核点集聚区域四）建设管控　表7-9

| | | |
|---|---|---|
| 项目控制 | 农户宅基地 | 按照120套进行管控，新建宅院围绕既有建设区域增建 |
| | 公共服务设施建设 | 增加医疗服务机构一个 |
| | 民宿等小型游憩建设 | 鼓励民宿的新建与增建，规模不宜超过10% |
| | 大型游憩建设 | 大型游憩建设区域1处，占地面积不大于1万平方米，建筑面积小于8000平方米，主体为2~3层 |
| | 公共活动场地建设 | 已达标准，不再增建 |
| | 公共停车场地建设 | 已达标准，不再增建 |
| 风貌控制 | 整体单元建设风貌控制 | 以南方农家建筑特征为主，颜色为土黄色、白色，在保证自然特色的基础上，进行成片相同色系花卉的补种 |
| | 特殊区域建设风貌控制 | 滨湖区域应注意村民广场的建设，在保证自身形态完整的同时，注意与周边建筑湖泊的协调 |

3）斑块建设引导

斑块建设引导是建设管控在单元中各个斑块的意象管控，是一种结合意象设计进行的导向性管控，是图则管控的形象体现，更侧重对重点斑块进行场景化建设控制（图7-11）。如果对

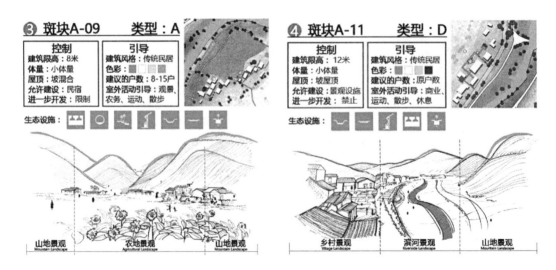

图7-11　33A老林河小流域乡村聚落"核点集聚单元1"典型斑块建设引导示意　（资料来源：作者自绘）

每一个斑块都进行严格的限制，反倒会影响市场行为下具体合理建设，导致小流域格局千篇一律，丢失小流域原本多姿多彩的社会生态景观。

# 7.4 聚焦小流域集聚的"上位流域乡村聚落发展管控规划"建议

## 7.4.1　当前小流域乡村聚落管控的主要依据、规范与不足

聚落空间的优化，是通过一院院农宅、一处处公共设施的建设完成的，随着市场行为介入的加深，除了政府移民搬迁工程外，更多是农户、企业的自发行为，故最终优化是通过具体的政府管控，而不全是政府建设来完成的。

但乡村聚落建设管控是一个相对繁杂的内容，涉及产业、空间、人文等方面，仅针对具体空间建设而言，除各种标准外[①]，更多见于国家、地方相关的重要及代表性文件：其中最为根本的则属2008年《城乡规划法》，其关于"乡村建设规划许可证"管理条款的设置，使得乡村建设有了更科学的方法与措施。

此外，各政府机构也从不同层面以"规章""导则""规划"等形式进行了乡村建设管控的设计与指导。如《乡村建设规划许可实施意见》《陕西省乡村建设规划条例》《浙江美丽乡村建设规范》《陕西省村庄规划编制导则（试行）》，以"规划""规章"等形式进行了乡村建设管控的设计与指导。

但同时不难发现，这种以"项目"所进行的管控，虽然深度差异很大，但就如同乾佑河流域涉及的不同规划一样，除了必要的环评等各种前置条件外，主要依靠"区域规划——县域村庄布局规划"及"修建性详细规划——村庄规划"来指导。

一方面，越来越规范化、具体化的"村庄规划"使得聚落建设有了更清晰直接的管控依据，但在我国六十多万个行政村面前，村村规划显然是非常艰难之事，很多地方单位以"三图一书、五图一书"的规划形式完成，更多依托国家、省区推行的"村庄规划编制导则"进行量化标准式营建。更多值得肯定、有建设意义的美丽乡村规划多是已经有了良好发展资源条件，企业已经意象进入，或者政府有选择地大力推动下的产物。

而山区，特别是小流域内"聚落"相对"行政村"而言数量更多，自然"村落"更是百万来计算，特别是在山区，各种斑块构成的广义聚落，更是几何数的增长，显然他们的管控更是难以实现，也根本无法实现。即使耗尽大量资金、大量时间进行具体的详细规划设计，也会因建设主体、建设时间的不确定性而出现管得过死、导致可用率较低。

另一方面，各种不同类型的"县域村庄布局规划"，虽强调分区分类，强调了建制镇（集

---

① 　如《村镇规划卫生标准》《农村普通中小学建设标准》。

镇）、中心村和基层村三个等级的划分，提出了不同的建设指导方案。但由于尺度较大，各种管理规定也就显得较为原则化，而且相对小流域而言，也就是落到了整个小流域的大体指导程度，整个小流域在图纸上可能就是一个"点"，甚至仍有很多聚落建设的小流域根本不涉及，使得相对具体的建设项目许可而言，又缺乏更有针对性的管控依据，缺少因地制宜解决问题的思路和手段。

此外，也有一些镇域村庄体系规划的尝试，但多为镇总体规划的配套成果，落点也多在行政村这个层面上，按照小流域的划分方式，200平方千米近乎作业单元的尺度作为工程性合作研究是合适的，但对外向场域关联日渐加强的社会-生态单元而言，这一尺度又显得有所不足。

### 7.4.2 "上位流域乡村聚落发展管控规划"编制的建议

1）规划编制的目标定位

针对小流域乡村聚落现状建设的具体管控难度，结合前文具体优化目标、模式及措施的提出，本书认为在秦岭南麓拥有众多小流域为主体的县域内，宜进行以小流域为基本对象的"上位流域乡村聚落发展管控规划"，它是以核点集聚单元为对象，以三生双控为核心展开的发展规划，其中上位流域主要指四到五级流域（现代城乡规划多是以"行政村"村落为对象，视角需要调整）。

鉴于研究精力及时间的关系，本研究的重点更聚焦于该建议规划中小流域内聚落的管控，上位流域干流部分区域的相关聚落仅作为背景研究，下一步应进一步结合较为成熟的、位于主流域中"较为平坦开阔"地区聚落的深入分析，方使得该发展管控规划更加合理。

该规划的管控主体是依《城乡规划法》赋予项目审核职能的"县城乡规划主管部门"，应根据相关规划的要求，组织编制该类型流域规划，并根据其中的"单元导则""单元图则"进行具体的建设行为许可。

2）规划编制的空间范围及焦点

小流域聚落是一个非常特殊的乡村聚落，较完整的每一个小流域都可以成为一个社会—生态系统，而位于四到五级河流段、每个接近于镇域层面的小流域作业单元，并不一定是健康的社会—生态系统，除了河流尽端的作业单元外，其他更多作业单元因为处于宏观河流的一部分，是一个研究平台。

若干不同镇域内的聚落也往往会因河流廊道的连通及最小共享公共设施的配置发生较好、较多的关联。故本书认为区域平衡的视角应放置于若干个小流域作业单元组成的较为完整的流域系统内，以期打破镇的行政界域限制，从而对小流域及主流域进行统筹的分析与研究。

一方面，一个县的县域往往不是仅仅围绕一条主干河流的狭长布置，而是包含几条主干河流的面状体系（图7-12），一条主干河流流经的镇域数量多数在3～5个（以秦岭内最小的县佛坪县为例，该县包含椒溪河、金水河、蒲河3个流域，其中最小的蒲河流域涉及佛坪县陈

家坝、石墩河和相邻宁陕县的四亩地
3镇)。

以本研究进行的3个镇域典型小流
域统一分析为例,发现在这个尺度下,
对"以小流域聚落为主体"的研究中,
工作量、综合分析量(因为基础对象是
各小流域的聚落斑块及斑块群构成的单
元)是可控的,数量居中,规模适度,
只有这样才能真正通过有限的"核点集
聚单元"管控与引导,实现更多具体聚
落斑块的管理。

柞水县域,按照河流体
系划分,可以分为三个
类似规划,分别涉及
3~5个镇域

图7-12 "上位流域乡村聚落发展管控规划"范围划分示意
(柞水县域)(资料来源:作者自绘)

所以该规划设计范围为包含3~5个
作业单元(接近3~5个镇域)的较大尺度流域空间研究范围,一个县可以编制3~4个"上位流
域乡村聚落发展管控规划",这一工作也更具有实际与指导性。

小流域聚落体系的形成,最终是由流域内众多大小不一的每一个聚落斑块组合而成,具体
斑块建设应该由农户、市场、建设机构组织完成的。所以,本研究认为斑块是基础,但更重要
的是斑块集群的选择与建设,否则为了寻找适宜大斑块的合适建设用地,最后往往带来的是大
量的空置与浪费。

这种斑块集群的选择应在空间集聚的基础上,强调与相应场域特征的耦合,它是本研究的
重点,也是"核点集聚区域"转为"单元"的重要依托与落脚点。特别是在当下"人民日益增
长的美好生活需求和不平衡不充分的发展之间矛盾"强调的背景下,村庄持续减少、内外交流
日益增大、相互流动日益加剧的背景下,聚落集群建设,即"聚落集聚单元"的进一步建设、
优化、管控显得尤为重要。

3)发展管控规划的编制路径

该建议如果作为一个规划实践课题,相应的规划程序是不可缺少的,县、镇、村相关规
划资料收集、详细调研等展开;进行包含小流域在内的流域生态空间、生产空间、生活空间
的系统化分析与论证,结合各种规划(包含县总体规划)、内外部条件确定该流域的整体发
展目标与规模,对其中上位流域(一般为四级、五级河流流域范围,其四级、五级主干流域
内的乡村聚落研究较多,虽然焦点仍是行政村落,但各村落相对集中,易于衔接,不是本课
题的重点,但在建议的发展规划中,应统一纳入)及小流域进行安排,提出整体管控与发展
意见。

其次在此基础上根据各小流域聚落斑块生产、生活、生态特征,结合实际调研及地形图纸
和用GIS分析方法发现小流域聚落体系化的真实状态及空间规律,并根据小流域内资源禀赋、实
际特征或者"核密度分布"等方法,发现合适的凝聚核,依托"场域"发展基本原则,进行小

流域集聚单元的构建，以生态红线为纲，结合发展分类及趋势，提出整体的集聚、消解对策。

进而根据整体的定位与预判，以及各流域产居关联的进一步分析，对集聚单元进行分类分级研究，对空间尺度做进一步推敲、调整，划定重点发展单元和协调单元，建构起合理的聚落域化体系建设目标，以导则的方式对整个小流域（域化单元）做出公共产品及具体发展建设的安排；以相应的公共产品提供为导引，流域生态维护为底线，围绕核点集聚单元建设设计出相应的刚性、弹性管控方法，以类似于城市图则的形式对每个小流域3~5个核点集聚单元进行诠释。

最终，对小流域进行再次梳理与反馈，对整体的河道、山体、交通等公共设施的建设进行系统的组织与维护，借助相应的奖惩措施与引导机制，实现小流域聚落的良性发展。

## 7.4.3　发展管控规划与相关规划的差异与不同

在乡村建设的热潮下，全国各地都在探索乡村规划的内容和形式，但基本都可以归纳为类似《陕西省村庄规划编制导则》里阐述的两大类，一种是县域村庄布局规划，一种村庄规划只是不同时间、不同地方，名称、所指及侧重略有不同，这里进一步将该建议规划与既有的两类规划进行对比（其中村庄规划采用的是浙江省的美丽乡村规划），以阐述其与传统乡村规划的差异（表7-10）。

在县域村庄布局规划中，由于村庄规模大、数量多，故往往借助GIS发现其中的建设规律，通过行政村的基本调研，从区域分析的角度进行等级制定及相关的系统安排，更多是一个统筹性的发展指导。

美丽乡村规划虽然也强调村域内不同聚落的统筹安排，但更多是对村委会所在核心聚落发展涉及用地进行的建设规划，关注村庄建设与治理问题，对村庄内非村委会所在聚落涉及较少；更多是基于村庄自身利益的发展规划，与周边的村落协调、互动较少，受外来商业干扰等短期性需求影响较大。

管控发展规划与相关规划的比较　　　　　　　　　　表7-10

| | 流域乡村聚落管控发展规划 | 县域村庄布局规划 | 美丽乡村规划 |
|---|---|---|---|
| 管理单位 | 县规划建设管理部门 | | |
| 规划范围 | 较大尺度流域空间范围 | 县域 | 村域 |
| 规划规模 | 800~1000平方千米 | 2000~3000平方千米 | 60~100平方千米 |
| 核心内容 | 小流域及聚落群的建设管控 | 县域尺度村庄发展定位 | 村庄建设与治理 |
| 编制数量 | 一个县编制3~4个规划 | 1个县编制一个规划 | — |
| 核心对象 | 主流域①（本次未过多涉及）<br>小流域（行政村、自然村）<br>集聚单元（聚落斑块群） | 行政村 | 村庄规划区内的建设用地 |

---

① 山区中的主流域往往主体为镇或县区所在地，该区域聚落用地较为平坦，一方面在进行县城或者镇总体规划的规划控制区研究时，都会进行专门管控；另一方面，由于用地平坦，聚落规模往往较大，行政村聚落斑块数较少，相关研究已较为成熟，不属于本次研究核心。

| | 流域乡村聚落管控发展规划 | 县域村庄布局规划 | 美丽乡村规划 |
|---|---|---|---|
| 规划目标 | 在相关规划基础上，进一步对大小聚落进行较为系统、详细的安排，根据流域特征，进行调整与建设管控 | 解决村庄的位置布局，确定不同村庄人口规模等级，确定区域村庄基础设施的布局 | 提出村庄建设与治理、产业发展和村庄管理的总体要求 |
| 成果形式 | 小流域乡村聚落域化体系；小流域域化单元、核点集聚单元管控体系，用于相关机构的建设管理规划审批 | 村庄体系（发展类型、等级规模、职能结构）、村庄规模测算等 | 对村民建房、村庄改造、村域道路、供水等各项建设做出明确规划 |

而山地区域，因为流域长达十几千米的线性分散特征，其集聚区域一般不止一个，一个美丽乡村规划更是不够；即使如此，面对一个流域三五独立的具体规划，县相关机构尚可准确把握，但面对3~50个流域近上百个分散的集聚区域具体规划，很难做到合理指导。

本书提出的"流域乡村聚落发展管控规划"，远远突破了既有"行政村"的体系管控模式，补充了"只有村组"小流域的聚落管控，同时实现"跨越行政村"小流域协同管控。其中"小流域域化管控单元"与"县域村庄布局规划"，有一定的雷同，但又有较大的深化与改革，它通过"重点发展优化""特色提升培育""生态还原疏导"三种线性引导模式的确定，替代了"以行政村为核心建制镇（集镇）、中心村和基层村三个等级"划分，实现了"点状管控向线状管控"的转移；通过"较少村民居住的小流域整体的管控"实现区域内各流域的管控覆盖，从而达到规划区域内各个空间的全覆盖（微流域，一般是以无人居住或者完全依附主干流域的形式存在，可以不计在内）。

此外，"小流域集聚单元"的建构，使得管理机构可以对行政村下每个片区的发展建设有一个清晰的认知与理解，通过"不同类型"、不同等级集聚单元的划分，建构起对小流域内几十个聚落协调发展的基本判断，实现对其中具体建设项目较为合理的主观性审核。

# 7.5 本章小结

小流域内部聚落集聚看似简单，但是一个复杂的现象，并不是一句"大分散、小集聚"所能囊括，故本章在前文一系列估算、分析的基础上，首先结合具体的健康评价，进一步对聚落集聚的特征、类型进行了总结提升，建构了以"小流域核点集聚单元"为基础，"小流域域化单元"为核心，符合开放流动趋势、生境保护观念的点轴域化集聚体系，简称为域化体系。

并在此基础上，按照"上位流域、小流域域化单元、小流域核点集聚单元"三个层级，分别从统筹协调方面、动态转换方面、保留提升方面提出了"域化单元总量平衡、流动连通有序加强""重点发展优化、特色提升培育、生态还原疏导""场域显化、集约优化、复合深化"的三级联动优化引导模式。

进而，根据小流域乡村聚落集聚建设中的实际问题，建构起以小流域社会—生态系统健康发展为导向，生态、生产、生活三大目标体系营建为基础的双层次聚落建设控制体系——三生双控管控体系。并结合案例小流域进行了涉及具体用地、规模，以及建设的"导则式""图则式"管控措施的总结：其中导则式管控包含空间体系定位与建构、公共设施及其他基本建设管控、生境建设管控3个方面12项；图则式管控包含核点集聚单元界限及建设用地利用控制、单元建设项目管控与风貌管控两个方面10项。

最终考虑到小流域聚落的复杂度，及当前具体管控规划中的缺失，建议各县编制3~4个以四至五级流域为限定的"上位流域乡村聚落发展管控规划"。该规划是跨镇域的区域性聚落管控规划，希望通过"小流域"线状点轴管控，实现乡村聚落空间集聚的科学引导，并弥补"行政村"点状管控不足、"自然村"全面控制意义不大的尴尬局面。

# 总结与展望

8

◎ 研究的主要结论与创新
◎ 研究的不足与展望

# 8.1 研究的主要结论与创新

## 8.1.1 主要结论

在理论研究的基础上，根据研究对象的特征初判及研究目标选取，本书按照"空间集聚关联表征总结—机制探寻与类型归纳—复合评价与优化建议"的逻辑进行了论文框架构建，将论文分为含章节3、章节4～5、章节6～7的三大板块，对每个板块都进行了细致的研究与分析，并得到一定的结论，具体如下：

1）结合秦岭南麓小流域的细分，初步进行了聚落空间集聚表征的总结

（1）由于社会发展阶段的变化，秦岭南麓小流域乡村聚落正由发散式生长向以不同程度集聚为导向的收缩发展转变，正按照"大分散、小集聚"的方针进行新的空间格局建构。

为了准确发现其中的具体特征，深入进行作用机制探寻，本书在秦岭南麓柞水段典型性分析及理论框架建构的基础上，首先利用A.N.syrahler水系划分方案（最小支流为第一级水系）形成的流域体系，对跨度较大的小流域界定重新进行了一级、二级、三级小流域的细分，明确了不同层面流域的嵌套关系，并相应地进行了基本空间特征归类梳理，具体指出：

• [1]由于跨度较大，小流域是嵌套存在的一个弹性概念，边界清晰、范围模糊，但确定参考系后，规模是确定的、可比较的；

• 小流域由不同等级支流形成，故小流域也相应地划分为"一、二、三级"三种尺度，且级别越高、流域规模越大（A.N.syrahler水系划分方案）；

• 小流域呈现出"一"字型、"Y"字型、非对称羽型等多种不同型制；级别越高，型制也越多，具有一定的嵌套分形特征；

• 不同级别、不同形态小流域的分布呈现出一定的随机特征，但二三级小流域并不多，本案例低于40%，其中三级更是在10条以下；

• GIS计算出来的小流域主干河流有效长度以及整个河流体系有效长度与流域规模成正态分布；

• 特殊的自然空间界面使得秦岭南麓小流域与黄土高原地区有很大不同，两侧陡峭，谷底狭窄，多数宽度在300米以内，最窄只有几十米；

• 小流域有效用地面积较小，与流域规模有一定关系，但受到地形特征等因素影响，并不完全成正比；

---

[1] "•"表示过程结论及衍生结论，是目标结论产生的前提或者深化。

• 三级流域中GIS生成的主干河流[1]有效河道一般在10～20千米，二级流域中GIS生成的有效河道大都在5～11千米[2]。二三级河流嵌套后的流域面积占比很高（含一级小流域），在乾佑河流域中达到82.3%。

（2）进而借助小流域GIS平台，结合进一步的实地走访，及对乡村聚落在典型小流域中四个时间阶段呈现出的空间关系进行初步调查、分析与总结，认为：

• 小流域分级与村组管理体系进行匹配，一般存在二级村民小组级别小流域、三级行政村级别小流域和三级跨行政村级别小流域三种（小流域作业单元与镇域有较强对应关系）；

• 纯自然的"羽"字型格局被明显的"枝"状格局、"线性"格局所代替，聚落在小流域中存在两种基本空间集聚特征——整体的"线状点轴、枝状点轴"两种延展发展构型；

• 具体表现为强干弱稍状、强干弱枝状、强干强枝状、强干中枝状四种小流域聚落的集聚格局，并得到前三种格局是主要研究对象的结论，得到二级、三级小流域是聚落集聚研究重要对象的结论。

（3）在此基础上，利用GIS的核密度估算工具展开了聚落的量化分析，进行"核密度估算区"的抽取，并借助"RROD"单元界定以及小流域地形特征，以2000米为研究长度进行"核点集聚区域"的设定与"核点集聚空间体系"的初步提取，从而建构起每个小流域的"点轴集中区"空间研究平台，并围绕之按"村组"与"核点集聚区域—集聚过渡区域—尾沟区域"的两种划分进行了聚落集聚斑块基本规模、相对聚集度、变化程度等指标的具体调查及表征形式的提取：

①进行GIS核密度估算时，带宽"设定"不同，小流域乡村聚落会呈现出"散点—小核—核点—核带"的不同抽象集聚特征，带宽越高，范围越大，数量越少。

②当借鉴"RROD"理论，并根据小流域特征进行调整后，进行带宽为1000米的设定时，二级小流域核密度估算区一般为1～2个，三级小流域为3～4个。

③此时，二级小流域第一个核密度估算区色彩饱和程度远大于第二个；而有些三级小流域各核密度估算区色差不大，有些三级小流域各核密度估算区色差较大；有些小流域核密度色彩饱和程度明显高于其他小流域。

④本研究将带宽为1000米（半径）计算出的核密度估算区设定为"核点集聚区域"[3]；把整条小流域各聚落呈现出的、以多个核点集聚为主线、其他线性集聚为辅助的空间格局设定为"小流域核点集聚空间体系"。

⑤点轴集中区主要指河流统计长度两侧包含林地、住宅、农业等小于25度的用地、河流用地以及局部（谷底中部特殊变化）超过25度用地总和。

⑥点轴集中区的长度，即每条小流域依托河流的、需要进行调研比较的统计长度，为核点

---

[1] 章节3.1进行了该界定的脚注解释。
[2] 小流域不仅仅是主干河道长度决定，这里也存在10～11千米的交错。
[3] 带宽为1000米是根据相关理论及流域特征进行调整而"设定"的，具体仍需进一步调查与验证。

过渡区1（有可能没有）+核点集聚区1+核点过渡区2+核点集聚区2+……+核点过渡区$n$+核点集聚区$n$+尾沟过渡区。依托河流主要指小流域中参与分析比较的二级、三级河道，根据前期的核密度估算，$n$一般小于5。

⑦由于小流域末端区域计算较少，统计长度一般小于主干河道有效长度，但有时需增加其上二级支流部分长度，也可能会大于主干河道有效长度。

⑧根据典型案例小流域聚落集聚斑块占地规模、斑块占比、聚集程度、变化幅度等空间特征的调查分析，从指标层面深化了核点集聚的概念，进行五种基本表征集聚形式的总结。

2）借助调研结果的场域关联解读，进行内在作用机制探寻及类型总结

（1）书中以总结并初步界定的"核点空间集聚体系"为基础，通过对典型案例小流域进行突出产业指向的农户收入、总体收入调研，农户产居、公共及游憩服务设施数量调研，满意度及空废常住调研，进行了类型划分，并相应地得到不同类型、不同背景下聚落在小流域中集聚变化的具体数据与特征：

• 小流域按照农户不同收入占比、不同类型农户数量占比，可划分为"农业生产主导型、农业主导游憩型、游憩主导休闲型"三种小流域；

• 提取出每千米35户、45户、50户、70户的居住农户等关键数字，强调了具备"较大规模农业及关联产业、公共及大型休闲设施，或成规模游憩服务农户"三种情况中的两种特征核点集聚区域的特殊性；

• 根据农户的出行选择及满意度情况等，验证了以RROD理论450~700米划分距离为基础，进行的1000米（核点集聚区域一半长度）最大距离划分的合理性；

• 指出了"含青年常住家庭"的重要性，对其数据及比例情况结合产业发展类型、流域特征进行了总结与归纳，提取出30%、45%、50%、85%的关键数字。

（2）借助欧洲社会学界代表人物布迪厄先生"场域"理论的研究，将各种社会性主要要素的研究结果，与空间集聚的结果进行匹配，提出了小流域内各聚落集聚的"扁平化、类型化、惯性化"的集聚本底特征，进行了"基础型核点集聚区域""复合型核点集聚区域""游憩型核点集聚区域""表征型核点集聚区域"的划分，具体如下：

①按照"大规模生产场域"和"限定性生产场域"建构了包含"小流域场域"及"核点集聚场域"的认知体系，丰富了传统的"村—组"研究方式。

②错位关联扁平化指空间集聚内向收缩与场域关联开放加强，不同层级、不同意义的场域关联造成匹配的所指与程度差异巨大，并进一步推动聚落的变化。

③局部关联类型化指达到一定标准的核点集聚区域，场域关联较好，受认可度较高，可按具体特征分为基础型核点集聚区域、复合型核点集聚区域、游憩型核点集聚区域三种集聚区域，而未达到一定标准的核点集聚区域，场域关联匹配特征不佳，受认可度较低，可定义为表征型核点集聚区域。

④基础型核点集聚区域，指分布农户不低于35户/千米、常住农户不低于30户/千米（可以

是纯粹中老年核心家庭常住）的核点集聚区域（2千米长）。

⑤复合型核点集聚区域，指具有较强关联效果，含青年常住农户不低35户/千米、具备"较大规模农业及关联产业、公共及大型休闲设施，或成规模游憩服务农户"三种情况中两种特征的核点集聚区域（2千米长）。

⑥游憩型核点集聚区域，指具有较强关联效果，但农户在20～35户/千米之间，含青年常住农户不低于10户/千米，具有"一定公共及大型休闲设施，和成规模游憩服务农户"的核点集聚区域（2千米长）。

⑦当基础型核点集聚区域，农户达到45户/千米以上，且含青年常住农户不低20户/千米时，这一类基础型核点集聚区域也具有较强的关联效果。

⑧整体关联惯性化指小流域乡村聚落在一定的空间集聚后，呈现场域关联加强、减弱惯性分化的趋势，但由于规模较小，很容易被改变。

⑨当小流域具有两个较强关联的基础型核点集聚区域，且整个小流域农户平均达到35户/千米（因为整个小流域都超过了基础型核点集聚区域的宅院数量特征），其也就具备了整个小流域强关联的基础条件。

⑩当小流域具有两个或以上已经成型的复合型核点集聚区域的小流域，该小流域也必然会呈现出较强的整体关联特征。

（3）在此基础上，结合具体与限定性场域特征相匹配的核点集聚区域数量、类型、位置及相互间关联强弱，以"无核点""单核点""双核点""多核点"为基础进行了7种集聚类型、17种形式的总结与推断：

· 乾佑河柞水段7条典型小流域分别为无核点线性弱关联、单核点线性弱关联、单核点线性强关联、双核点局部强关联、多核点线性强关联5种集聚类型，并根据流域级别、核点集聚特征可分为7种形式；

· 根据以上5种类型、7种形式的参数判断，在乾佑河柞水段其他小流域中还可以发现其他2种类型存在；

· 根据以上5种类型、9种形式的参数推断，还可以存在双核点线性弱关联、双核点线性强关联2种类型、8种形式；

· 因为不建议更多游憩型核点集聚区域的建构，故围绕其展开的类型及形式未进行推断。

3）结合PSR健康评价的确定，建构小流域域化体系，提出优化模式与措施

（1）小流域内聚落的集聚不是一成不变的，脆弱的生态环境限制、变化的社会需求、提升的个人认知、缩短的时空距离，都在进一步地影响着聚落的持续演变，只有更清楚地了解到聚落集聚产生的问题与影响，才能提出更具指导性的、更合理的发展建议与管控方案。

为此，书中针对具体的集聚特征，借助敏感性分析、生态足迹以及用地建设适宜性分析，以小流域的生态本底验证为起始，以三生融合为导向，对作用因子进行了梳理，并在前文研究

的基础上增加了以下关于生态及社会—生态的认知：

• 从生态影响的综合分析来看，在人口大量消减的背景下，在严格管控的治理下，秦岭南麓生态重要区域[①]中各小流域内，聚落建设对生态影响相对可控，山清水秀的格局是可维护与保持的；

• 生态概念非常复杂，有狭义的自然生态，也有含社会因子的复合生态。故相关评价还需要将小流域置于宏观生态价值的战略背景及作为一种人居类型的复合生态去考虑；

• 自然条件评价是聚落集聚的基础条件，严格禁止对自然河道的侵占、不适宜建设的坡地改变，及一级小流域内的非必要建设；

• 在乡村人口继续减少的背景下，应进一步推动聚落的消解与还原，推动宏观生态目标的实现，同时，在整体用地减少的统筹安排下，确需增加建设用地，及利用有条件建设用地的，应予以认真考虑。

（2）进而，在第2章理论基础研究中，小流域社会—生态PSR健康评价方法提出的基础上，通过第6章第三层级指标层因子的筛选、标准值的确立，标准化及权重的处理，建构了聚焦聚落集聚的"小流域社会—生态PSR健康评价体系"和"核点集聚区域社会—生态PSR评价体系"，并对核点集聚现象进行再次的量化总结与分析，具体如下。

①小流域社会—生态的PSR健康评价体系，是以整个流域为背景，以有方向川谷为基底，聚落集聚为评价对象，对其中自然生态要素和社会经济要素进行的综合诊断评价。

②因子共分为三个层级，第三层级指标层因子经过调研及综合分析而确定，应适用于各个小流域聚焦于聚落集聚的健康评价；其标准值在实际调研的基础上，参考相关规范及国家标准，根据具体因素设置目标不同，分别定义为积极值与消极值，具体数值对其他小流域评价值确定具有很强的借鉴与指导意义。

③小流域社会—生态的健康特征与其上位流域场域关联强弱有关，相互间的联系越强、流动越强，小流域的健康值越大，不同产业发展类型小流域都具有更加健康发展的趋势，但合理的游憩行为增加将更有助于健康值的提升。

④二级小流域更易于出现PSR健康评价结果较低，三级小流域更易于出现PSR健康评价结果相对较好的情况，也进一步证明了将二级小流域作为聚落空间集聚起始研究的推断与实践是合理的，也说明三级小流域是乡村聚落空间集聚的主要承载地。

⑤小流域社会—生态的健康特征与核点集聚区域的数量、规模呈正态分布，核点集聚区域越多，复合度越高，场域关联越强，小流域的健康值越大，小流域聚落建设的稳定度越高，但也会存在较多不协调的制约。

⑥在无特殊支流影响的前提下，一个较好核点集聚区域是二级小流域较高健康评价的最佳

---

① 章节1在生态典型性方面进行描述，根据相关规划与研究，秦岭南麓主要由44%的生态极重要区域、36%的生态重要区域、20%的生态协调区域组成。

状态；二至三个较好核点集聚区域是三级小流域较高健康评价的最佳状态；有特殊支流影响的小流域，核点集聚区域应控制在四个及以下。

⑦因为用地条件的限制，农业主导生产型小流域，在山区里，仍具有较好的发展优势与趋势，需要特别地扶持与引导；在当前新型城镇化的建设背景下，无论是哪一类特征的小流域，游憩功能都有可能以不同程度及状态介入其中，仍需要特别引导与控制。

⑧核点集聚区域不健康，则场域关联自然不强，相互间的匹配不适宜，应考虑如何消解。核点集聚区域处于不健康与健康的临界状态时，分别存在场域关联匹配与不匹配的两种状态：前者——说明当前状态较好，但存在较大问题，有被合并、整合的可能；后者——说明该核点集聚区域当前状态不利，但具有成为有较好场域关联核点集聚区域的趋势。

⑨对于处于亚健康的核点集聚区域而言，虽然有较好的场域匹配特征，但由于小流域生态建设与人文建设、原住区民与外来游憩者之间不同的诉求侧重，两者之前的矛盾是较强的，要求越高，存在问题越多，主观性影响会变得越来越重要。

⑩多数处于临界健康评价的核点集聚区域，主要问题表现在场域匹配方面有所不足，核点集聚区域归属感不强；有效农户规模较少、居住却较为分散；产业组织较为单一、相互间联系不够紧密。

（3）在核点集聚区域健康评价及场域关联匹配综合分析的基础上，以是否达到临界、不健康为标准，进行了"小流域核点集聚单元""小流域域化单元"的界定，提出"小流域点轴域化集聚体系"的概念，具体如下：

①小流域内核点集聚区域具备了空间集聚的特性，经历了场域关联特性的匹配，达到了临界状态的健康评价标准，就是一个较为合理的单元，也就由"核点集聚区域"转化为相对稳定的"核点集聚单元"。

②核点集聚单元可分为"基础型核点集聚单元""复合型核点集聚单元""游憩型核点集聚单元""表征型核点集聚单元（健康评价为临界状态，但场域关联并不匹配的核点集聚区域）"，其中"游憩型核点集聚单元"在小流域中应予以慎重考虑。

③小流域社会—生态单元根据侧重的不同，划分为小流域自然生态单元和小流域点轴集聚单元；而小流域点轴集聚单元根据健康评价结果划分为小流域消解单元和小流域域化单元，前者以消解成自然生态单元为基本趋势。

④小流域域化体系是以"社会—生态为本底、斑块集群为基础、场域关联为核心、协同发展为导向"的多层级多类型点轴集聚；强调既考虑"超越纯粹自然限制"，又考虑"彻底回归自然极化现象"；既考虑"流动开放协同"，又考虑"生境全域保护"的区域化、系统化辩证发展关系。

⑤小流域域化体系是以小流域域化单元为核心（不含小流域消解单元和小流域自然生态单元），以三级小流域为主要流域载体，含一定规模具有较好评价的二级小流域；小流域域化体系共划分为四个层级，是以斑块集群为落脚点，具有更多复合信息、拥有不同层级场域强关联

的集聚。

（4）最后，结合域化体系的建构，围绕不同层级，提出了聚焦不同侧重的三级联动优化引导模式；提出了以"导则式""图则式"单元管控为核心的三生双控优化措施；提出了以不同小流域为基础的"上位流域乡村聚落发展管控规划"的聚落规划建议，具体如下：

①在"上位流域层级"，更注重小流域之间、主次流域间统筹协调方面的组织引导模式；在"小流域域化单元层级"，更注重达到一定健康状态小流域动态转换方面的发展引导模式；"小流域核点集聚层级"更注重具有一定健康状态小流域核点集聚单元保留提升方面的调整引导模式。

②"农业主导生产型小流域""农业主导游憩型小流域""游憩主导休闲型小流域"三种小流域既是平行发展的不同类型小流域，也是不同阶段流域发展演进的类型目标，同一类型小流域具有不同的发展转换趋势。

③以健康小流域域化单元建构为导向，不同类型小流域根据条件不同可分别按照重点发展优化、特色提升培育、生态还原疏导三种模式进行有侧重的发展，并指出在当前乡村逐渐消解的背景下，重点发展优化，特色提升培育并不意味着指标增加，规模增加，也含有生态还原的内容在里面。

④二级小流域域化单元未来引导方向主要为重点发展优化，以及生态还原疏导两种模式；三级小流域域化单元主要为重点发展优化型、特色提升培育两种模式。

⑤以健康小流域核点集聚单元建构为导向，不同类型核点集聚单元可以划分为提升发展型核点集聚单元、保留观察型核点集聚单元、还原弱化型核点集聚单元。

⑥二级小流域核点集聚单元未来的发展方向主要为提升发展型核点集聚单元、保留观察型核点集聚单元；三级小流域核点集聚单元主要为提升发展型核点集聚单元、还原弱化型核点集聚单元。

⑦场域显化、集约优化、复合深化是小流域核点集聚单元向更健康集聚单元优化的主要调整完善模式；保留观察型则更注重场域显化的模式应用。

⑧以小流域社会—生态系统健康发展为导向，生态、生产、生活三大目标体系营建为基础的"导则式""图则式"双层次聚落建设控制体系——三生双控管控体系是聚落集聚优化的重要管控措施。

⑨小流域三生双控体系强调从"量化管控"到"地缘管控"的侧重，强调从"行动管控"到"目标管控"的侧重，强调从"空间管控"到"体系管控"的侧重；其中导则式控制包含3个方面12项，"图则式控制"包含两个方面10项。

⑩考虑到小流域聚落的复杂度，建议各县域编制以四至五级流域为限定的上位流域乡村聚落发展管控规划，进行包含小流域域化单元、小流域核点集聚单元，涉及具体用地、规模、建设的"导则式""图则式"管控。

### 8.1.2　主要创新

（1）技术创新：符合小流域特征的空间集聚平台提取与PSR评价体系建构

根据小流域内聚落基本集聚现象的比较，通过GIS核密度估算等方法的应用，提出了点轴集中区的概念，建构了易于推广、易于进行流域空间体系与聚落空间体系关联研究的平台，解决了小流域内聚落之间边界模糊、聚落外延边界模糊、数据统计与比较缺乏针对性、难以进行空间关联有效衔接的困境；而结合PSR评价方法，通过因子删选、参数确立，建构的针对小流域乡村聚落集聚的社会—生态健康评价体系，可为具体问题的量化分析与归纳、为小流域乡村聚落优化方案的探寻提供科学的依据与基础。

（2）理念创新：以场域关联为突破口探寻小流域聚落集聚的内在作用机制

在乡村聚落建设中，首次提出"场域关联"的理念，并以此为突破口，对乡村聚落发生的收缩式集聚进行系统分析，展开了与空间对应的匹配关联分析及量化总结。并通过三大关联属性的具体挖掘以及四类集聚核点的特征界定，有效且具有针对性地探讨了"产业发展引导""人本需求加强""多主体主导搬迁建设"等认知在小流域聚落集聚中的具体作用、影响与规律。另外，以此为基础展开的相关量化数据提取，也为下一步更大范围的科学量化归纳提供了扎实的基础。

（3）方法创新：借助小流域域化体系建构提出模式、措施等聚落集聚优化方法

针对健康评价分析的结果，以不同类型"核点集聚单元"及"小流域域化单元"构成的"小流域域化体系"建构为基础，按照"组织、发展、调整"展开的三级联动优化引导模式，结合"导则式、图则式"展开的三生双控优化引导措施，进行系统、辩证的分类、分级，进行全域、统筹的生境保护，进行双向、互动的双层次单元管控，将为聚落的进一步合理集聚、建设提供更具针对性、可行性的引导方法。

## 8.2　研究的不足与展望

### 8.2.1　研究不足

（1）研究案例的范围仍有一定局限

小流域是一个复杂的空间体系，大自然的鬼斧神工使得每个小流域千姿百态，虽然通过GIS系统进行了科学的提取与凝练，但仍有局限性，首先就是河流的有效宽度，本次研究案例最大的三级小流域谷底点轴集中区有效宽度平均都在135米，核点集聚区域平均宽度在332米。虽然在乾佑河所涉及的范围内，各小流域平均宽度已经是最大值，按照最大小流域的全域合理面积推算，也基本控制在这个范围以内，但是毕竟作者没有进行乾佑河以外更多区域的案例详

细普查，所以是否有较大差异，还需进一步拓展研究。

其次，由于聚落分散，仅典型案例研究7条小流域中，就有256个斑块，分布于长达84千米的详细研究范围内，调研整体数量不大，但相对难度较大，故限于经费、能力的原因，更多聚焦于7条小流域的具体对比研究（虽然是经过多重要素考虑删选过的），故仍有局限性。如归纳7种集聚类型17种集聚形式中，只有5种类型9种形式是总结出来的（当然这5种类型已经涉及全部类型划分的主要参数；二级、三级基本级别小流域；三大产业发展类型），另有2种是在乾佑河流域内根据推断，有目的地对比观察、补调产生的，其他多种类型在乾佑河流域内并未出现，仅是根据既有类型的关键影响数字类推的，故也有很多遗憾。

（2）流域作业单元研究及相关衔接不足

本书虽然以小流域为基础，进行了乾佑河流域柞水段各小流域的统一分析、比较与研究，相应地提出"错位关联扁平化""小流域域化单元优化策略"等内容，但还是立足于小流域本身提出的，在与外界交互层面的研究还是略显不足。

小流域沟口外沿与内部聚落之间的关系，场域关联的特征等研究还有一定缺失，故使得该问题在本研究中采取回避策略，而一个合理的、全面系统的规划研究，是必须关注这些内容的，特别是如果展开"上位流域乡村聚落发展管控规划"，那么"上位流域"主干河道本身的聚落及与小流域交界的聚落都需要进行联动考虑，而本书在这一方面涉足较少。

## 8.2.2　研究展望

本研究是在中国工程院重大咨询项目《秦巴山区绿色循环发展研究》的基础上，发现的一个关联性课题。目前，已成为才批准不久的"秦巴山区绿色循环发展研究二期"研究的主要内容之一。

未来，希望通过更大团队的介入，通过更多专业的配合，对更多位于类似"乾佑河流域柞水段"中的众多小流域展开进一步详细调查；通过各种关键数字、关键因子及推断的进一步验证，通过对主干流域及其与小流域交汇处聚落集聚研究的学习、补充，尽可能使建议的"上位流域乡村聚落发展管控规划"成为真正指导山地聚落营建的实施性规划。

并计划在此基础上，以书中已经重点关注的"流动""转换"为突破口展开专题性研究，进而结合本书既有研究成果，展开进一步的理论总结与提升。

# 附录1 乾佑河柞水段小流域聚落空间集聚之农户产居特征调查

_____镇（社区）_____行政村_____组_____位置编号_____

## 一、个人及家庭情况

1. 性别：①男　②女　年龄：_____岁

2. 您的职业（可多选）：

   ①务农　②养殖/牧业　③外出打工　④开店做生意　⑤学生　⑥无业

   ⑦其他_____

3. 家庭第一、第二主要收入来源：

   ①务农　②务工　③旅游服务　④政府补助

4. 家庭人口数：_____，其中常年在本村居住的：_____人

   家庭人口年龄范围：0~18岁____人；19~60岁____人；61岁及以上____人

5. 您家外出打工人数?

   ①无　②1人　③2人　④3人　⑤3人以上

   打工地点：①本村　②镇上　③市里或其他镇子　④省内其他城市　⑤外省

   回家频率：_____主要时间段_____

6. 您家有_____亩地，主要作物是：洋芋/玉米/红薯/油菜/其他_____

   耕地有_____块，主要耕作地点_____耕作距离_____

7. 您家主要饲养：猪/牛/羊/，有_____头，其他_____头，林地_____亩

## 二、居住情况

8. 有 无 老房子，安置或商品房_____套，位于_____

   ①支沟　②村中的集中居住点　③镇的小区　④周边县或市

9. 房子未改造/改造/增加/新建/搬迁，具体时间_____，原因_____

10. 如果家里有多余资金添置新房或重建旧宅，您希望建在什么地方?

    ①县上　②镇上　③沟口　④干道或景区边　⑤原地重建（不必考虑资金多少）

11. 您有没有租房，在哪里?

    ①沟口　②镇上　③县城　④周边县或市区

## 三、设施及生活环境情况

12. 你孩子年龄_____目前是上

①还小 　　②幼儿园 　　③小学 　　④中学 　　⑤务工

13. 在哪里上小学？

①沟里学校 　　②行政村 　　③镇上 　　④县城 　　⑤其他

14. 上学方式？

①走读 　　②住校 　　③在学校附近租房 　　④学校附近买房

15. 您一般到哪里看病？

①沟内卫生站 　　②行政村或周边村子 　　③镇医院 　　④县医

16. 您一般去哪里买生活用品？

①沟内商店 　　②行政村或周边村子 　　③镇上 　　④县城 　　⑤流动服务车

17. 您出沟的交通工具主要是_____（排第一、第二）

①步行 　　②摩托车 　　③公交 　　④小汽车 　　⑤其他（助动车）

18. 您能接受的日常步行活动距离可接受的是_____（沟内一周3～5次）：

①5分钟左右 　　②10分钟左右 　　③20分钟左右 　　④30分钟左右 　　⑤40分钟以上

## 四、生活满意度与愿望

19. 您对目前生活状况是否满意：

①非常满意 　　②比较满意 　　③一般满意 　　④不太满意 　　⑤非常不满意

20. 您觉得现状生活条件最不满意的一点是：

①上学不便 　　②环境卫生差 　　③公共服务设施（教育、医疗等）使用不便

④房屋年久失修 　　⑤基础设施不配套（供水、排水、用电等） 　　⑥购物不方便

⑦其他_____

21. 如果搬迁到新建造的村子，您对于自留地的态度是什么？

①一定要保留 　　②如果给予合理的补偿，可以不保留 　　③租赁出去 　　④无所谓

22. 未来您愿意从事什么工作？

①种地 　　②做小生意 　　③在附近工厂打工 　　④外出打工 　　⑤搞农家乐

⑥其他

# 附录2 乾佑河柞水段小流域乡村聚落发展的游客感知调查问卷

## 一、基本情况

1. 请问您的年龄_____

   □18岁以下　　□19~30岁　　□31~50岁　　□51~70岁

2. 请问您的职业是_____

   □行政公务人员　　□教育或受教育者　　□务工人员　　□企业经营人员

   □农业经营人员　　□其他

3. 您来自什么地方_____

   □本村　　□镇上或其他沟谷　　□柞水县　　□陕南三市　　□西安等周边城市

   □其他_____

4. 您的旅游目的是什么_____

   □民俗体验　　□景区旅游　　□休闲观光　　□经过路过　　□其他_____

## 二、旅游地点与时间

5. 您在这里停留最久的空间是（不含住宿）?

   □核心景区（如牛背梁等）　　□分散的山水沟谷里　　□农家乐　　□其他_____

6. 您都在哪些区域进行了参观休闲活动（不含住宿）?

   □核心景区（如牛背梁等）　　□分散的山水沟谷里　　□农家乐　　□其他_____

7. 您在景区参观了多长时间?

   □3~5个小时　　□1天　　□1~2天　　□其他_____

8. 您希望在这里待多久?

   □3~5个小时　　□1天　　□1~2天　　□其他_____

## 三、休闲游憩满意度

9. 您对本次旅游的评价是?

   □挺满意　　□比较满意　　□一般　　□不满意　　□非常不满意

10. 您对村落的建设状态满意吗?

    □挺满意　　□比较满意　　□一般　　□不满意　　□非常不满意

    ※如果觉得不满意，您认为最主要的问题是什么?

    □卫生条件差　　□餐饮单一　　□交通不便　　□服务态度差　　□开发过度

11. 您对村落的住宿满意吗？

　　□挺满意　　　□比较满意　　□一般　　　□不满意　　□非常不满意

12. 您觉得还需要增加以下哪些服务设施？

　　□旅游咨询点　　　□新的旅游景点　　□新的乡村旅游点　　□商业步行街

　　□农业休闲项目　　□特色民宿　　　□宾馆　　　　　　　□农家乐

　　□综合性商场　　　□公交站点　　　□文化体验设施

13. 本次旅行中您最喜欢的是什么？

　　_____


## 四、交通与满意度

14. 您是以什么方式到达这里的？

　　□步行　　　　□自行车　　　□自驾　　　□公共运输系统

15. 您认为来这里旅游方便吗？

　　□非常方便　　□一般　　　□不方便　　□非常不方便

16. 您对村落现状车流量满意吗？

　　□非常满意　　□满意　　　□一般　　　□不满意　　□非常不满意

17. 您对村落改造提升有什么建议？

　　_____

# 附录3 焦点小组集中座谈与走访[①]

1. （总体评价）：我们首先来聊一聊您现在的生活环境。（15~20分钟）

　　开始时间：　　　　　　　　　结束时间：

　　发言顺序：

　　1）您和您的家人从×××迁到×××来生活，总的来说感觉怎么样？

　　（1）您和您的家人最满意的是什么？（核心话题）

　　（2）您和您的家人最不满意的是什么？（核心话题）

　　2）您觉得搬迁以前的生活环境怎么样？

　　（1）您最怀念的是什么？

　　（2）您最不满意的是什么？

　　（3）您觉得搬到×××后生活环境是改善了、不如以前了，还是没什么变化？

　　3）您觉得在×××长期安顿下来生活怎么样？

　　（1）（归属感）您觉得自己是×××的居民吗？

　　（2）（二次搬迁）您有想过搬到别的地方生活，或是去别的地方工作吗？

2. （建成环境）：我们接着来聊一聊您现在居住的地段和住房。（10~15分钟）

　　开始时间：　　　　　　　　　结束时间：

　　发言顺序：

　　（1）您觉得新住房条件怎么样？比如住房的大小、房间数量、布局、厨房厕所的设计、有没有地方储藏东西、供水供电、供暖和供冷的情况？

　　（2）我们刚才聊了聊您家的住房。现在我们请您想一想您现在居住的环境，比如街道、绿地、路灯，您对这里的这些环境满意吗？

3. （生活方式）：下面我们来说一说您的日常生活吧。（10分钟）

　　开始时间：　　　　　　　　　结束时间：

　　发言顺序：

　　（1）您在之前居住的地方，家里的日常的食物一般都是哪里来的？现在的食物都是哪里来的？您和您的家人每天吃的粮食、水果、蔬菜、肉蛋奶等，种类数量和搬家前相比有变化吗？您是否满意这些变化？

　　（2）您闲下来的时候都做些什么？搬家前和搬家后有变化吗？

　　（3）您觉得搬家后生活习惯的改变对您和您家人的健康有影响吗？是好的或者坏的影响？

―――――――――

[①]　该座谈方案以作者配合密歇根大学进行的秦岭南麓社区健康评价调研为基础调整而成。

请您具体说一说。

4.（家庭）：我们下面来聊一聊和您一起生活的家人的情况。（5~7分钟）

开始时间：　　　　　　　　结束时间：

发言顺序：

现在有哪些家人和您住在一起？家里的人口有没有因为搬迁发生了什么变化？如果您觉得和家里人的关系在搬迁后发生了一些变化，也请您说说具体的情况。

（1）家里所有的人都和您一起搬到这里了吗？或者本来不住在一起，因为搬迁现在住在一起了？如果您的家人没有和您生活在一起，那是为什么？（比如有人没有搬来？有人搬到城里打工、上学了？）他们多久回来一次？

（2）老年人：现在谁和您住在一起呢？您觉得搬家后的生活是更安逸还是更困难了？

（3）亲戚：您家里有没有一些亲戚也和您一起搬到×××来？

5.（工作）：我们之前谈的主要是您的生活，下面我们来聊一聊您的工作和收入情况。（7~10分钟）

开始时间：　　　　　　　　结束时间：

发言顺序：

1）您觉得搬家后，家里的经济状况比起搬家前是更宽裕了，更紧张了，还是没有什么变化？

（1）您在搬到×××以前，家庭收入的主要来源是什么？搬迁后有什么变化吗？

（2）您家里有谁在上班工作吗？在哪里工作？

\*\*\*您觉得搬到这里后工作好找吗？您喜欢做现在的工作嘛？

（3）您的家庭花销在搬迁前后变化大吗？主要体现在哪些方面？

2）我们再来预想一下未来五年的生活。您觉得在五年中，家里的经济情况会有什么改变吗？为什么？

6.（交通）：最后，我们再来聊一聊您平常出行的情况。（5~7分钟）

开始时间：　　　　　　　　结束时间：

发言顺序：

总的来说，您觉得住在×××交通方便吗？

（1）在×××的日常出行方式是什么？

（2）您日常外出（或者孩子上学放学）通常是走路、骑车、坐公交车，还是开车？

（3）您需要经常离开×××去其他地方吗？去哪里做什么呢？您来回交通怎么解决的？

# 附录4 小流域乡村聚落相关评价指标得分调查

尊敬的专家:

您好! 为了更科学、合理地评价乡村聚落集聚与发展的水平与质量,笔者借用PSR评价体系,从由人口活动压力、社会经济发展压力、聚落建设压力和生态环境压力构成的系统压力;社会经济发展水平、聚落空废常住特征与生态环境影响要素构成的系统状态;政府、企业介入水平及不同人群的满意度构成的系统响应三个方面,初步构建了如下评价指标体系,请您根据自己的知识和经验,对各评价指标的优劣性及重要性进行评定、打分,非常感谢!

| 准则层 | 因素层 | 指标层 | 单位及部分指标释义 |
|---|---|---|---|
| 系统压力 | 人口活动压力 | X1总人口规模 | (人)点轴集中区域人口规模 |
| | | X2每千米农户人口规模 | (人)点轴集中区域内单位人口规模 |
| | 社会经济发展压力 | X3平均人均收入 | (元/人)各项村民收入平均值 |
| | | X4非传统农业、非务工收入占比 | (%)企业化农业公司、游憩服务等各项收入 |
| | 聚落建设压力 | X5宅院每千米平均数 | (户/千米) |
| | | X6核点建设聚集度 | (%)含斑块大小相对系数的集聚区相对聚集度 |
| | 生态环境压力 | X7流域平均宽度 | (米)点轴集中区平均25度以下用地平均宽度 |
| | | X8建设用地占比 | (%)建设用地占点轴集中区统计用地比例 |
| 系统状态 | 社会经济发展水平 | X9流域移民搬迁比率 | (%)点轴集聚区域农户占流域农户比例 |
| | | X10土地市场转型率 | (%)建设用地或农业用地流转占比 |
| | 聚落空废常住特征 | X11宅院平均空废率 | (%)— |
| | | X12含青年常住农户占比 | (%)常住青年核心家庭及主干家庭 |
| | 生态环境影响要素 | X13区域景观及农业质量相对比例 | (—)景观价值、农业产出的主观相对权重 |
| | | X14相对通达指数 | (千米)相对大型交通基础设施或县镇距离 |
| 系统响应 | 政府企业介入状态 | X15,2016年聚落相关投入占比 | (%)各流域占总流域投入 |
| | | X16,2016年旅游或农业投入占比 | (%)各流域占总流域投入 |
| | 村民及游客满意度 | X17村民满意度调查 | (—)调查结果按权重加和 |
| | | X18游客满意度调查 | (—)无游客小流域按照平均值计算 |

填表说明:评价采用相对值而非绝对值,按照指标项的重要程度,进行分级评分,共分为不重要、较重要、重要、很重要、非常重要五个等级,分值范围从+1到+5。如您对该指标体系有其他建议,请在调查表下的"建议"中给予指出。

附表1　小流域社会生态健康评价准则层指标专家打分

| 准则层 | 专家一 | 专家二 | 专家三 | 专家四 | 专家五 |
|---|---|---|---|---|---|
| 系统压力 | 4 | 4 | 4 | 4 | 3 |
| 系统状态 | 4 | 5 | 5 | 5 | 4 |
| 系统响应 | 5 | 3 | 3 | 4 | 5 |

附表2　小流域社会生态健康评价分项指标专家打分

| 准则层 | 因素层 | 指标层 | 专家一 | 专家二 | 专家三 | 专家四 | 专家五 |
|---|---|---|---|---|---|---|---|
| 系统压力 | 人口活动压力 | X1总人口规模 | 4 | 4 | 3 | 3 | 4 |
| | | X2每千米农户人口规模 | 5 | 5 | 4 | 3 | 4 |
| | 社会经济发展压力 | X3人均收入 | 4 | 5 | 4 | 4 | 2 |
| | | X4非传统农业非务工收入占比 | 3 | 4 | 5 | 4 | 4 |
| | 聚落建设压力 | X5宅院每千米平均数 | 5 | 3 | 4 | 5 | 4 |
| | | X6核点建设聚集度 | 4 | 4 | 4 | 4 | 4 |
| | 生态环境压力 | X7流域平均宽度 | 3 | 3 | 4 | 3 | 5 |
| | | X8建设用地占比 | 5 | 4 | 4 | 5 | 4 |
| 系统状态 | 社会经济发展水平 | X9流域移民搬迁比率 | 3 | 4 | 4 | 3 | 2 |
| | | X10土地市场转型率 | 4 | 4 | 3 | 3 | 3 |
| | 聚落常住空废特征 | X11宅院平均空废率 | 5 | 3 | 4 | 4 | 3 |
| | | X12含青年常住农户占比 | 4 | 3 | 5 | 4 | 5 |
| | 生态环境影响要素 | X13区域景观及农业质量相对比例 | 5 | 3 | 4 | 4 | 4 |
| | | X14相对通达指数 | 3 | 5 | 5 | 5 | 5 |
| 系统响应 | 政府企业介入状态 | X15，2016年聚落相关投入占比 | 4 | 4 | 3 | 4 | 4 |
| | | X16，2016年旅游或农业投入占比 | 5 | 4 | 4 | 3 | 5 |
| | 村民及游客满意度 | X17村民满意度调查 | 4 | 5 | 4 | 5 | 4 |
| | | X18游客满意度调查 | 4 | 4 | 5 | 3 | 5 |

建议：＿＿＿＿＿＿＿＿＿＿＿＿＿＿＿＿＿＿＿＿＿＿＿＿＿＿＿＿＿＿＿＿＿＿＿＿

您的意见和建议将是本研究成果的重要依据！十分感谢您的配合！

［1］ 中华人民共和国水利部. 小流域划分及编码规范：SL 653—2013［S］. 北京：中国水利水电出版社，2014.

［2］ 李瑛，陈宗兴. 陕南乡村聚落体系的空间分析［J］. 人文地理，1994（3）：13-21.

［3］ 吴良镛. 人居环境科学导论［M］. 北京：中国建筑工业出版社，2001.

［4］ 海贝贝，李小建. 1990年以来我国乡村聚落空间特征研究评述［J］. 河南大学学报，2013（6）：635-642.

［5］ 唐承丽，贺艳华，等. 基于生活质量导向的乡村聚落空间优化研究［J］. 地理学报，2014，69（10）：1459-1472.

［6］ 丁雯娟，周剑云，等. 乡村聚落空间形式研究综述［J］. 小城镇建设，2013（09）：90-93.

［7］ 陈宗兴，陈晓健. 乡村聚落地理研究的国外动态与国内趋势［J］. 世界地理研究，1994（01）：72-79.

［8］ Thorpe H. Rural Settlement［J］//J.W.Watson, J.B.Sisson. The British Isles：A systematic Geography.

［9］ （美）H·J·德伯里. 人文地理——文化社会与空间［M］. 王民，等译. 北京：北京师范大学出版社，1988.

［10］ Hill M. Rural Settlement and the Urban Impact on the Countryside［M］. London：Hodder & Stoughton，2003.

［11］ Gilg A W. Countryside Planning［M］. Second Edition. New York：Routledge，1996.

［12］ Gallent N, Meri J, et al. Introduction to Rural Planning［M］. New York：Routledge，2008.

［13］ Gordon E C, Rogers A N. New York：Rural Change and Planning——England and Wales in the Twentieth Century［M］. London: Spon Press，1996.

［14］ Demangeon A. 人文地理学问题［M］. 北京：商务印书馆，1993.

［15］ 王传胜，孙贵艳，等. 西部山区乡村聚落空间演进研究的主要进展［J］. 人文地理，2011，121（05）：09-14.

［16］ Hudson J C. A Location Theory for Rural Settlement［J］. Annals of the Association of American Geographers，1969，59（02）：365-381.

［17］ Bylund E. The Oretical Considerations Regarding the Distribution of Settlement in Inner North Sweden［J］. Geografiska Annaler，1960，42（04）：225-231.

［18］ 林超，楼桐茂，等. 大巴山地理考察简报［J］. 地理，1935，3（34）：1-4.

［19］ 朱炳海. 西康山地乡村聚落之分布［J］. 地理学报，1939，6：40-43.

［20］ 李旭旦. 白龙江中游人生地理观察［J］. 地理学报，1941，8：1-18.

［21］ 胡振洲. 聚落地理学［M］. 台北：三民书局，1977.

［22］ 金其铭. 中国农村聚落地理［M］. 南京：江苏科学技术出版社，1989.

［23］ 鲁西奇. 散村与集村：传统中国的乡村聚落形态及其演变［J］. 华中师范大学学报，2013，52（04）：113-129.

［24］ 岳邦瑞，李玥宏，等. 水资源约束下的绿洲乡土聚落形态特征研究：以吐鲁番麻扎村为例［J］. 干旱区资源与环境，2011，25（10）：80-85.

［25］ 林涛. 浙北乡村集聚化及其聚落空间演进模式研究［D］. 杭州：浙江大学，2012.

［26］ 范少言. 乡村聚落空间结构的演变机制［J］. 西北大学学报，1994，24（08）：295-304.

［27］ 邢谷锐，徐逸伦，等. 城市化进程中乡村聚落空间演变的类型与特征［J］. 经济地理，2007，27（06）：932-935.

［28］ 李伯华，曾菊新. 农户居住空间行为演变的微观机制研究——以武汉市新洲区为例［J］. 地域研究与开发，2008，27（05）：30-35.

［29］ 甘枝茂，岳大鹏，等. 陕北黄土丘陵沟壑区乡村聚落分布及其用地特征［J］. 陕西师范大学学报，2004，32（03）：102-106.

［30］ 乔家君. 中国乡村社区空间论［M］. 北京：科学出版社，2011.

［31］ 王勇，李广斌. 苏南乡村聚落功能三次转型及其空间形态重构——以苏州为例［J］. 城市规划，2011，35（07）：54-60.

［32］ 印亚男，高宜程. 安徽省繁昌县农村居民点体系重构与发展引导［J］. 小城镇建设，2011（03）：58-60.

［33］ 张玉英. 共生框架下村域农村居民点空间重构研究：农户视角——以重庆市合川区二郎镇兴坝村为例［D］. 重庆：西南大学，2013.

［34］ 许家伟，李培蕾，等. 欠发达农区村域经济对产业集聚区的响应机制研究——以河南省王胖庄为例［J］. 经济地理，2012（01）：114-118.

［35］ 高塔娜. 自然环境对农村聚落空间布局的影响——以成都地区新农村建设为例［D］. 成都：西南交通大学，2014.

［36］ 雷振东. 整合与重构——关中乡村聚落转型研究［M］. 南京：东南大学出版社，2009.

［37］ 郭晓东. 黄土丘陵区乡村聚落发展及其空间结构研究［D］. 兰州：兰州大学，2012.

［38］ 王焕，徐逸伦. 农村居民点空间模式调整研究——以江苏省为例［J］. 热带地理，2008，28（01）：68-73.

［39］ 浦欣成. 传统乡村聚落二维平面整体形态的量化方法研究［D］. 杭州：浙江大学，2012.

［40］ 汤国安，赵牡丹. 基于GIS的乡村聚落空间分布规律研究——以陕北榆林地区为例［J］. 经济地理，2000（05）：1-4.

［41］ 吴江国，张小林，冀亚哲. 不同尺度乡村聚落景观的空间集聚性分形特征及影响因素分

析［J］．人文地理，2014，135（01）：99-107.

［42］ 郭晓东，马利邦，等．基于GIS的秦安县乡村聚落空间演变特征及其驱动机制研究［J］．
经济地理，2012（07）：56-62.

［43］ 邱琰茗．基于GIS的重庆市开县乡村聚落空间分布特征影响因素初探［J］．首都师范大
学学报，2017，38（04）：72-75.

［44］ （法）白吕纳．人地学原理［M］．李旭旦，任美愕，等译．南京：钟山书局，1935.

［45］ Chisholm M. Rural Settlement and Land Use：An Essay in Lineation［M］．London：
Hutchinson University Library，1968.

［46］ Hoffman G W. Transformation of Rural Settlement in Bulgaria［J］．Geographical Review，
1964，54（01）：45-64.

［47］ Michael Pacione. Rural Geography［M］．London：Longman Higher Education，1984.

［48］ Turnock D. Rural Diversification in Eastern Europe：Introduction［J］．Geo Journal，
1998，46（03）：171-181.

［49］ Martin P. The Restructuring of Social Imaginations in Rural geography［J］．Journal of Ru-
ral Studies，1998，14（02）：121-153.

［50］ 陈勇．国内外乡村聚落生态研究［J］．农村生态环境，2005，21（03）：58-61.

［51］ Gilman R. The Eco-village Challenge［J］．Living Together，1991（02）:10-11.

［52］ 角媛梅，胡文英，等．哀牢山区哈尼聚落空间格局与耕作半径研究［J］．资源科学，
2006，5（03）：66-72.

［53］ 龙花楼．论土地整治与乡村空间重构［J］．地理学报，2013，68（08）：1019-1028.

［54］ 靳洪武．土地整治中乡村聚落保护的理性思考［J］．国土资源，2013（09）：42-43.

［55］ 李小建，乔家君．欠发达地区农户的兼业演变及农户经济发展研究——基于河南省1000
农户的调查分析［J］．中州学刊，2003，05：58-61.

［56］ 邵帅，郝晋伟，等．生产生活方式变迁史脚下的城乡居民点体系空间格局重构研究［J］．
城市发展研究，2016，05：84-93.

［57］ 李宪保，高强．行为逻辑、分化结果与发展前景［J］．农业经济问题，2013（2）：56-65.

［58］ 孟祥林．城镇扩展过程中的聚集均衡与新型城乡形态的农村聚落分析［J］．青岛科技大
学学报，2011，05：7-12.

［59］ 席建超，王新歌，等．旅游地乡村聚落演变与土地利用模式——野三坡旅游区三个旅游
村落案例研究［J］．地理学报，2014，69（04）：531-540.

［60］ 康晓光．中国贫困与反贫困理论［M］．南宁：广西人民出版社，1995.

［61］ 陈诚．经济发达地区乡村聚落用地模式演变——以无锡市惠山区为例［J］．地理研究，
2015，34（11）：2155-2164.

［62］ 赵万民．"巴"文化与三峡地域聚居形态［J］．华中建筑，1997，15（03）：4-10.

[63] 陈百明. 中国农村社区更新的未来取向 [J]. 中国农业资源与区划，2000，21（06）：51-54.

[64] 李伯华，曾菊新. 基于农户空间行为变迁的乡村人居环境研究 [J]. 地理与地理信息科学，2009，25（5）：84-88.

[65] 舒波，兰芳. 浅析现象学视野下农村聚落的场所精神——以成都平原为例 [J]. 西南交通大学学报，2011，12（05）：98-102.

[66] 余咪咪. 新型城镇化背景下安康移民搬迁安置区营建模式及策略研究 [D]. 西安：西安建筑科技大学，2016.

[67] 冯蕾成. 基于空间句法指导下成都平原农村聚落空间研究——以郫县三道堰为例 [D]. 成都：西南交通大学，2016.

[68] 徐荣荣. 基于空间句法的苏州传统村落景观空间形态研究 [D]. 苏州：苏州科技大学，2016.

[69] 雷振东. 乡村聚落空废化概念及量化分析模型 [J]. 西北大学学报（自然科学版），2002，04：421-424.

[70] 李君，李小建. 河南中收入丘陵区村庄空心化微观分析 [J]. 中国人口·资源与环境，2008，18（01）：170-175.

[71] 龙花楼，李裕瑞，等. 中国空心化村庄演化特征及其动力机制 [J]. 地理学报，2009，64（10）：1203-1213.

[72] 王智平，安萍. 乡村聚落生态系统的概念与特征 [J]. 生态学杂志，1995，14（01）：43-48.

[73] 陈勇，陈国阶，等. 岷江上游聚落分布规律及其生态特征——以四川理县为例 [J]. 长江流域资源与环境，2004，13（01）：72-77.

[74] 朱怀. 基于生态安全格局视角下的浙北乡村景观营建研究 [D]. 杭州：浙江大学，2014.

[75] 于洋. 城镇化进程中黄土沟壑区基层村绿色消解模式与对策研究 [D]. 西安：西安建筑科技大学，2014.

[76] 关小克，王秀丽. 生态刚性约束下的山区农村居民点整治与调控 [J]. 资源科学，2017，39（02）：220-230.

[77] 张小林. 乡村空间系统及其演化研究——以苏南为例 [M]. 南京：南京师范大学出版社，1999.

[78] 周国华，贺艳华，等. 中国农村聚居演变的驱动机制及态势分析 [J]. 地理学报，2011，66（04）：515-525.

[79] 李立敏. 村落系统可持续发展及其综合评价方法研究 [D]. 西安：西安建筑科技大学，2011.

[80] 史俊宏. 基于PSR模型的生态移民安置区可持续发展指标体系构建及评估方法研究 [J]

西北人口，2010，31（04）：31-35.

［81］ 刘利年. 黄土高原小流域水土流失综合治理研究［D］. 西安：长安大学，2004.

［82］ 龙毓骞. 美国小流域治理计划的实施步骤［J］. 水土保持，1980（01）：220-230.

［83］ 水利部长江水利委员会. 长江流域综合利用规划简要报告［R］. 武汉：水利部长江水利委员会，1990.

［84］ 梁士奎. 西北黄土高原小流域径流调控体系及水资源高效利用研究［D］. 郑州：华北水利水电学院，2004.

［85］ 孙立达，孙保平，等. 小流域综合治理理论与实践［M］. 北京：中国科学技术出版社，1992.

［86］ 杨成田，李云峰. 中小流域水资源合理调蓄问题［J］. 西安地质学院学报，1993（10）：1-5.

［87］ 王疆霞. 陕南土石山区小流域水土资源空间优化配置研究——以陕西省商南县马家沟小流域为例［D］. 西安：长安大学，2010.

［88］ 刘信儒. 国内外山区小流域综合治理概况［C］//北京：中华人民共和国水利部. 中国水土保持探索与实践——小流域可持续发展研讨会论文集. 北京：中国水利水电出版社，2005：601-606.

［89］ 周若祁，等. 绿色建筑体系与黄土高原基本聚居模式［M］. 北京：中国建筑工业出版社，2007.

［90］ 刘晖. 黄土高原小流域人居生态单元及安全模式——景观格局分析方法与应用［D］. 西安：西安建筑科技大学，2005.

［91］ 周庆华. 黄土高原·河谷中的聚落：陕北地区人居环境空间形态模式研究［M］. 北京：中国建筑工业出版社，2009.

［92］ 赵霁欣. 黄土高原山地小流域人居环境研究——陕西韩城盘河小流域村镇实态与发展［D］. 西安：西安建筑科技大学，2002.

［93］ 虞春隆，周若祁. 黄土高原沟壑区小流域人居环境的类型与环境适宜性评价［J］. 小城镇建设，2009（04）：66-70.

［94］ 朱占强，张军连，等. 退耕还林对宁南黄土丘陵区景观格局的影响——以中庄村典型小流域为例［J］. 生态学报，2010，30（1）：146-154.

［95］ 虞春隆，党纤纤. 基于流域的黄土高原城镇体系空间结构特征及协调发展策略——以泾河流域为例［J］. 小城镇建设，2018（02）：74-78.

［96］ 石培基，王祖静，等. 石羊河流域地区城镇空间扩展格局演化［J］. 地理科学，2012，32（7）：840-845.

［97］ 刘春腊，张义丰. 沟域经济背景下的山区空间发展战略研究［J］. 人文地理，2011（04）：74-79.

［98］ 赵万民. 西南地区流域人居环境建设研究［M］. 南京：东南大学出版社，2010.

［99］ 李晓峰，徐俊辉. 并立与分化——明清时期汉水流域复式城市的形成、类型与启示［J］. 新建筑，2013（04）：130–133.

［100］ 单之蔷. 秦岭：中国人的中央国家公园［J］. 中国国家地理，2005（06）：35–37.

［101］ 赵红. 秦巴山区公路桥涵抗水毁计算理论研究［D］. 西安：长安大学，2012.

［102］ 谢伟. 大秦岭：中国国家中央公园［M］. 西安：陕西出版集团，2012.

［103］ "科普中国"科学百科词条编写与应用工作项目审核组. 汉江（长江最大支流）［DB/OL］. 中国百度百科.

［104］ 梁轶，刘康，等. 基于河流网络结构和NDVI集成的流域植被变化研究——以旬河流域为例［J］. 水土保持通报，2007，10（05）：101–104.

［105］ 柞水县志编纂委员会. 柞水县志［M］. 西安：陕西人民教育出版社，1998.

［106］ 镇安县志编纂委员会. 镇安县志［M］. 西安：陕西人民教育出版社，1995.

［107］ 陕西省人民政府办公厅. 陕南地区移民搬迁安置工作实施办法（暂行）［N］. 陕西日报，2011–07–04.

［108］ 杨华. 我省易地扶贫搬迁资金管理有新规［N］. 陕西日报，2017–07–10.

［109］ 范少言，陈宗兴. 试论乡村聚落空间结构的研究内容［J］. 经济地理，1995，15（2）：44–47.

［110］ 陈紫兰. 传统聚落形态研究［J］. 规划师，1997，121（12）：37–41.

［111］ 翁翊暄. 廊的空间设计初探［D］. 南京：东南大学，2004.

［112］ 张所根. 传统聚落保护与更新的自力型模式探析——以西溪古镇为例［D］. 南昌：南昌大学，2007.

［113］ （德）沃尔特·克里斯塔勒. 德国南部中心地原理［M］. 北京：商务印书馆，2010.

［114］ 李小建，苗长虹. 增长极理论分析及选择研究［J］. 地理研究，1993，12（03）：45–55.

［115］ Friedman J. Regional Development Policy Case Study［M］. Cambridge：MIT Press，1966.

［116］ 陆大道. 关于"点—轴"空间结构系统的形成机理分析［J］. 地理科学，2002，01：1–6.

［117］ Hiller B，Hanson J. The Social Logic of Space［M］. London：Cambridge University Press，1984.

［118］ Hiller B，Penn A，et al. Natural movement or Configuration and Attaction in urban Pedestrian Movement［J］. Environment Planning B，1993，20（01）：29–66.

［119］ Hiller B. Cities as movement economies［J］. Urban Design Intenational，1996（01）：49–60.

［120］ 段进，（英）比尔·希列尔，等. 空间句法在中国［M］. 南京：东南大学出版社，2015.

［121］柴彦威，颜亚宁，等. 西方行为地理学的研究历程及最新进展［J］. 人文地理，2008，
　　　104（06）：1-6.

［122］降向端. 冀西山地区历史文化名镇名村保护与发展的空间策略研究［D］. 石家庄：河
　　　北师范大学，2011.

［123］Mathewson，Kent. Alexander Von Humboldt's Image and Influence in North American
　　　Gography，1804-2004［J］. Geographical Review，2006，96（06）：416-438.

［124］（美）雷金纳德·戈列奇，（澳）罗伯特·斯廷森. 空间行为的地理学［M］. 柴彦威，
　　　等译. 北京：商务出版社，2013.

［125］肖笃宁. 景观生态学［M］. 北京：科学出版社，2017.

［126］陈晓明. 景观生态学理论与方法在小城镇总体规划的实践［D］. 广州：华南理工大
　　　学，2011.

［127］俞孔坚，李迪华. 城乡与区域规划的景观生态模式［J］. 国外城市规划，1997，03：
　　　27-31.

［128］（美）蕾切尔·卡森. 寂静的春天［M］. 吕瑞兰，李长生，译. 上海：译文出版社，
　　　2015.

［129］（美）丹尼斯·米都斯，等. 增长的极限［M］. 李涛，等译. 吉林：吉林人民出版社，
　　　2013.

［130］余中元，李波，等. 社会生态系统及脆弱性驱动机制分析［J］. 生态学报，2014，34
　　　（07）：1870-1879.

［131］Bekers F，Folke C，et al. Linking Social and Ecological Systems［M］. Cambridge：Cam-
　　　bridge University Press，1998.

［132］Janssen M A. Complexity and Ecosystem Management［M］. Chettenham：Edward Elgar
　　　Publishers，2003.

［133］Cumming G S，Barbes G，et al. An exploratory framework for the empirical measurement of
　　　resilience［J］. Ecosystems，2005，8（08）：975-987.

［134］喻忠磊. 基于农户调查的旅游乡村社会——生态系统适应性研究［D］. 西安：西北大
　　　学，2012.

［135］Ostrom E. A General Framework for Analyzing Sustainability of Social Ecological Systems［J］.
　　　Science，2009（325）：419-422.

［136］谭江涛，章仁俊，等. 奥斯特罗姆的社会生态系统可持续发展总体分析框架述评［J］.
　　　科技进步与对策，2010，27（22）：42-47.

［137］叶峻. 社会生态学与协同发展论［M］. 吉林：吉林人民出版社，2012.

［138］Strom E，Gardne R，et al. Rules，Games，and Common-pool Resources［M］. Ann Ar-
　　　bor：Michigan University Press，1994.

［139］Beisner B E，Haydon D T，et al. Alternative Stable States in Ecology［J］. Frontiers in Ecology and the Environment，2003（1）：376-382.

［140］Walker B，Holling C S，et al. Resilience，Adaptability and Transformability in Social-Ecological Systems［J］. Ecology and Society，2004，9（2）：5-6.

［141］沈渭寿，等. 区域生态承载力与生态安全研究［M］. 北京：中国环境科学出版社，2010.

［142］陈利顶，傅伯杰. 干扰的类型、特征及其生态学意义［J］. 生态学报，2007，20（04）：581-586.

［143］唐海萍. 生态阈值：概念、方法与研究展望［J］. 植物生态学报，2015，39（9）：932-940.

［144］赵平新. 谈事物（变量间）的临界状态与效率状态［EB/OL］. 新浪博客http://blog.sina.com，2012.

［145］李湘梅，肖人彬，等. 社会—生态系统弹性概念分析及评价综述［J］. 生态与农村环境学报，2014，11（9）：681-687.

［146］Holling C S. Resilience and Stability of Ecological Systems［J］. Annual Review of Ecology and Systematics，1973，4（1）：1-23.

［147］May R M. Stability and Complexity in Model Ecosys-tems［M］. Princeton：Princeton University Press，1973.

［148］May R M. Thresholds and Breakpoints in Ecosystems with a Multiplicity of Stable States［J］. Nature，1977（269）：471-477.

［149］Groffman P M，Baron J S，et al. Ecological thresholds：The key to Successful Environmental Management or an Important Concept with no Practical Application［J］. Ecosystems，2006（9）：1-13.

［150］孙晶，王俊，等. 社会—生态系统恢复力研究综述［J］. 生态学报，2007，27（12）：5371-5381.

［151］Khan，Shabana. Vulnerability Assessments and Their Planning Implications：a Case Study of the Hutt Valley，New Zealand［J］. Natural Hazards，2012（64）：1587-1607.

［152］马世骏，王如松. 社会—经济—自然复合生态系统［J］. 生态学报，1984，4（01）：1-9.

［153］蔡晶晶. "社会—生态"系统视野下的集体林权制度改革：基于福建省的实证研究［M］. 北京：中国社会科学出版社，2012.

［154］Konstantinos A D. Ekistics：An introduction to the science of human settlements［M］. Oxford：Oxford University Press，1968.

［155］（德）斐迪南·滕尼斯. 社区与社会（共同体与社会）［M］. 林荣远，等译. 北京：北

京大学出版社，1999.

［156］费孝通. 江村经济：中国农民的生活［M］. 北京：商务印书馆，2002.

［157］查晓鸣，杨剑. 基本人居生态单元的概念演进分析［J］. 四川建筑，2012，32（06）：
21-22.

［158］贺勇. 适宜性人居环境研究——"基本人居生态单元"的概念与方法［D］. 杭州：浙
江大学，2004.

［159］世界环境与发展委员会. 我们共同的未来［M］. 吉林：吉林人民出版社，1997.

［160］杨灿，朱玉林. 国内外绿色发展动态研究［J］. 中南林业科技大学学报，2015，09
（06）：43-50.

［161］Pearce D，et al. Blueprint for a Green Economy［M］. London：Earth scan publications
Ltd，1989.

［162］Eric Neumayer. The Human Development Indicator and Sustainability —a Constructive Proposal
［J］. Ecological Economics，2001，39（10）：101-114.

［163］王海燕. 论世界银行衡量可持续发展的最新指标体系［J］. 中国人口·资源与环境，
1996，01：39-44.

［164］曹彬，林剑艺，等. 可持续发展评价指标体系研究综述［J］. 环境科学与技术，2010，
03：99-105.

［165］FAO Proceedings. Land Quality Indicators and Their Use in Sustainable Agriculture and Rural
Development［R］. Rome：the Land and Water Development Division，FAO Agriculture
Department，1997.

［166］Rainer W A L Z. Development of Environmental Indicator Systems：Experiences from Ger-
many［J］. Environmental Management，2000，25（06）：613-623.

［167］郑华伟. 基于PSR模型的土地利用系统健康评价及障碍因子诊断［J］. 长江流域资源与
环境，2012，21（09）：1099-1105.

［168］史俊宏. 基于PSR模型的生态移民安置区可持续发展指标体系构建及评估方法研究
［J］. 西北人口，2010，31（04）：31-35.

［169］笪可宁，赵云龙，等. 基于压力—状态—响应概念框架的小城镇可持续发展指标体系研
究［J］. 生态经济，2004（12）：38-40.

［170］于一凡，田达睿. 生态住区评估体系国际经验比较研究［J］. 城市规划，2009，33
（08）：59-62.

［171］BREEAM. Building Research Establishment Environmental Assessment Method［EB/OL］.
（2011-06-08）. http://www.breeam.org.

［172］李鸥，宋晔皓. 综合解读三大评估体系中的绿色社区指标［J］. 世界建筑，2010，08：
118-119.

［173］崔新旭. 基于SEM的陕西新农村绿色建筑农民满意度评测研究［D］. 西安：西安建筑科技大学，2012.

［174］刘祥熙. 四川盆周山区乡村聚落发展度及其重构研究［D］. 成都：四川农业大学，2012.

［175］齐康. 城市建筑［M］. 南京：东南大学出版社，2001.

［176］冯海发. 农村城镇化发展探索［M］. 北京：新华出版社，2004.

［177］赵承华. 乡村旅游及其推动农村产业结构优化研究［D］. 武汉：武汉理工大学，2009.

［178］Clark Colin. The Conditions of Economic Progress［M］. London：Macmillan，1960.

［179］沈玉昌，龚国元. 河流地貌学概论［M］. 北京：科学出版社，1986.

［180］张婷. 基于DEM的流域沟谷网络尺度特征及尺度分［D］. 南京：南京师范大学，2008.

［181］林庆，林孝松. 基于DEM的山区县域小流域划分［J］. 重庆第二师范学院学报，2015，28（05）：160-163.

［182］田达睿. 基于分形地貌的陕北黄土高原城镇空间形态及其规划方法研究——以米脂沟壑区为例［D］. 西安：西安建筑科技大学，2016.

［183］禹文豪，艾廷华. 核密度估计法支持下的网络空间POI点可视化分析［J］. 测绘学报，2015，44（01）：82-89.

［184］吴江国，张小林，冀亚哲. 不同尺度乡村聚落景观的空间集聚性分形特征及影响因素分析［J］. 人文地理，2014，135（01）：99-107.

［185］吴嘉逸，席唱白，等. 核密度法的南京苏果超市分布热点探测［J］. 测绘科学，2017，11：68-73.

［186］乔文怡，李玏，等. 2016～2050 年中国城镇化水平预测［J］. 经济地理，2018，02：51-58.

［187］孙妍. 浅析休闲产业对经济发展的影响［J］. 西北大学学报（哲学社会科学版），2001（05）：107-113.

［188］（加）斯蒂芬L·J·史密斯. 游憩地理学［M］. 北京：高等教育出版社，1992.

［189］保继刚，楚义芳. 旅游地理学［M］. 北京：高等教育出版社，2012.

［190］国家统计局. 指标解释·人民生活［EB/OL］.（2013-10-29）. 国家统计局官网.

［191］姚先国，叶荣德. 中国农村地区间收入极化及构成变动——一个新的动态分解公式及其应用［J］. 统计与信息论坛，2012（3）：56-60.

［192］思代慧. 农户分化、社会资本对借贷行为影响的实证研究［D］. 咸阳：西北农林科技大学，2017.

［193］李伯华，刘传明，曾菊新. 乡村人居环境的居民满意度评价及其优化策略研究：以石首市久合垸乡为例［J］. 人文地理，2009，24（1）：28-32.

［194］朱晓华，陈秧分，刘彦随. 空心村土地整治潜力调查与评价技术方法——以山东省禹城

参考文献

市为例 [J]. 地理学报, 2010, 06: 736-744.

[195] 王海兰. 农村"空心村"的形成原因及解决对策探讨 [J]. 农村经济, 2005, 09: 21-22.

[196] 薛力. 城市化背景下的"空心村"现象及其对策探讨——以江苏省为例 [J]. 城市规划, 2001, 25 (06): 8-13.

[197] 甘犁. 城镇住房空置率及住房市场发展趋势 [R]. 成都: 西南财经大学; 中国家庭金融调查与研究中心, 2014.

[198] (英) 齐格蒙特·鲍曼. 流动的现代性 [M]. 上海: 上海三联书店, 2002.

[199] 秦婷婷. 鲍曼的流动的现代性思想探析 [DB/OL]. 360文档库.

[200] Pierre Bourdieu. The Logic of Practice [M]. Palo Alto: Stanford University Press, 1990.

[201] Wacquant L D. Towards a Reflexive Sociology: A Workshop with Pierre Bourdieu [J]. Sociological Theory, 1989, 07 (01): 26-63.

[202] P.Bourdieu, L.D.Wacquant. An Invitation to Reflexive Sociology [M]. Chicago: The University of Chicago Press, 1992.

[203] 李全生. 布迪厄场域理论简析 [J]. 烟台大学学报, 2002 (04): 146-150.

[204] 赵超楠. 基于场域状态的建筑内部空间"微城市"设计概念研究 [D]. 广州: 华南理工大学, 2017.

[205] 赵晓军. 城乡一体抑或乡城一体——探索我国城乡平衡融合新模式 [J]. 中国市场, 2011, 02 (2): 61-65.

[206] 自然生态保护司. 生态功能区划暂行规程 [EB/OL]. (2003-08-15). 中华人民共和国生态环境部官网.

[207] 谢正伟. 山地城市建设用地与非建设用地共轭规划研究 [D]. 重庆: 重庆大学, 2016.

[208] 郭羽, 俞皓. 生态敏感度评价指标体系在规划中的应用研究 [J]. 环境科学与管理, 2016, 09 (5): 23-27.

[209] 刘怀星, 王晓媚, 等. 浅谈土壤固化剂在地基处理中的应用 [J]. 科技创新导报, 2014, 02 (2): 96.

[210] 姚佳. 生态保护红线三维制度体系研究 [D]. 上海: 东华大学, 2015.

[211] 魏步青, 杨玉义, 等. 基于生态敏感度分析的邹城山区土地利用与环境保护研究 [J]. 山东省农业管理干部学院学报, 2012, 03 (2): 19-20.

[212] 阳凯. 基于生态足迹的玉华洞风景区生态承载力评估 [J]. 能源与环境, 2011, 04 (2): 71-73.

[213] 顾康康. 生态承载力的概念及其研究方法 [J]. 生态环境学报, 2012, 21 (2): 389-396.

[214] 孙嘉平. 基于生态足迹法的玉树市土地生态承载力分析 [D]. 西宁: 青海民族大学,

2016.

［215］杨桂华，李鹏. 旅游生态足迹的理论意义探讨［J］. 旅游学刊，2007，22（2）：54-58.

［216］Colin Hunter. Sustainable tourism and the touristic ecological footprint［J］. Environment, Development and Sustainability，2002（4）：7- 20.

［217］Stefan Gössling, et al. Ecological footprint analysis as a tool to assess tourism sustainability［J］. Ecological Economics，2002（43）：199-211.

［218］王保利，李永宏. 基于旅游生态足迹模型的西安市旅游可持续发展评估［J］. 生态学报，2017，37（11）：4777-4784.

［219］徐秀美，郑言. 基于旅游生态足迹的拉萨乡村旅游地生态补偿标准——以次角林村为例［J］. 经济地理，2017，37（04）：218-224.

［220］郑吉，陶丽娜. 拉萨乡村旅游地旅游生态足迹模型构建［J］. 旅游纵览，2015，10（04）：206-207.

［221］全文选，洪名勇. 西部民族地区农业可持续发展评价——以贵州省为例［J］. 山地农业生物学报，2010，12：524-527.

［222］黄海，刘长城，等. 基于生态足迹的土地生态安全评价研究［J］. 水土保持研究，2013，20（02）：193- 196.

［223］赵先贵，马彩虹，等. 基于生态压力指数的不同尺度区域生态安全评价［J］. 中国生态农业学报，2007，11（06）：135- 138.

［224］张锐，刘友兆，等. 我国耕地生态安全评价及障碍因子诊断［J］. 长江流域资源与环境，2013，22（07）：945-951.

［225］孟展，张锐，等. 基于熵值法和灰色预测模型的土地生态系统健康评价［J］. 水土保持通报，2014，34（08）：226-231.

［226］沈延生. 村政的兴衰与重建［J］. 战略与管理，1998（12）：1-34.

［227］项继权. 中国乡村治理的层级及其变迁——兼论当前乡村体制的改革［J］. 开放时代，2008（03）：77-87.

［228］何光普. 国家与乡村互动下的中国基层行政组织变迁［D］. 长春：吉林大学，2014.